교인을
양육하고
돌보는 권사

교인을 양육하고 돌보는 권사

저자 김병태

초판 1쇄 발행 2021. 9. 2.
초판 5쇄 발행 2024. 9. 13.

발행처 도서출판 브니엘
발행인 권혁선

책임교정 조은경
책임영업 기태훈
책임편집 브니엘 디자인실

등록번호 서울 제2006-50호
등록일자 2006. 9. 11.

서울특별시 송파구 백제고분로28길 25 B101호 (05590)
마케팅부 02)421-3436
편 집 부 02)421-3487
팩시밀리 02)421-3438

ISBN 979-11-90308-55-7 03230

독자의견 02)421-3487
이 메 일 editorkhs@empal.com

북카페 주소 cafe.naver.com/penielpub.cafe
인스타그램 @peniel_books

도서출판 브니엘은 독자들의 원고를 설레는 마음으로 기다리고 있습니다.
위의 이메일로 간단한 기획 내용 및 원고, 연락처 등을 보내주십시오.

도서출판 브니엘은 갓구운 빵처럼 항상 신선한 책만을 고집합니다.

교인을
양육하고
돌보는 권사

김병태 | 지음

권사는 ＿＿＿＿＿＿＿＿ 교인을 양육하고 돌보는 또 다른 목회자다

브니엘

　권사는 교인을 섬세하게 양육하고 돌보는 또 다른 목회적 사역을 담당한다. 위대한 하나님의 경륜을 이루어가셨던 예수님이나 사도 바울 주변에는 여인들의 아름다운 섬김의 손길이 있었다. 사실 예수님과 동고동락하면서 3년이나 훈련받았던 제자들마저 주님이 걷는 십자가의 길을 외면한 채 어디론가 다 사라져버렸다. 고난과 죽음의 길이었기에. 그런데 몇몇 여인은 외롭고 고통스러운 십자가의 길을 걷고 있던 예수님의 곁을 떠나지 않고 끝까지 함께했다. 갈릴리에서 예루살렘 골고다 언덕까지 변함없이….

　2019년 어느 무더운 여름, 이효순(63) 권사님이라는 분이 충남 당진에 있는 삼봉교회 담임목사님을 찾아왔다. 그는 폐암 말기 판정을 받았다. 암 진단을 받고 자신이 40년 넘게 출석한 교회 목사님을 찾아간 것이다. 권사님은 목사님에게 많은 말을 쏟아냈다.

　"목사님, 암 판정을 받았는데 어떻게 회개해야 할까요?"

"그동안 제가 잘못한 일이 있다면 용서해주세요."

"제가 떠난 뒤 남편과 애들을 잘 살펴주세요."

그러면서 봉투를 내밀었다. 봉투엔 천만 원권 수표가 자그마치 10장이나 들어 있었다. 권사님은 아무도 모르는 비밀로 해달라고 당부하면서 덧붙였다.

"목사님 뜻대로 마음껏 사용하세요. 그 돈을 좋은 일에 써주시기만 하면 돼요."

권사님은 2년이 지난 2021년 7월, 목사님이 간증을 〈국민일보〉에 알린 시점에도 수원에 사는 딸과 함께 건강하게 잘 지내고 있다고 한다.

영국 속담에 "삶의 9할은 그저 그 자리에 있는 것이다"라는 말이 있다. 묵묵히 자기 자리를 지키는 건 생각 이상으로 너무 소중하다. 때로는 내가 서 있는 자리가 작게 보일 수 있고 하찮게 여겨질 수 있다. 그래서 자기 자리와 일에는 관심을 쏟지 않을 수도 있다. 그러나 내가 서 있는 그 자리에서 내가 해야 할 일을 묵묵히 감당해 나가는 사람이 교회를 변화시키고 목회를 아름답게 동역하는 것이다.

자기 자리에서 주어진 일에 겸손하고 온유하게 섬기는 권사, 작은 친절과 배려를 아끼지 않는 권사, 다른 사람의 필요를 외면하지 않고 섬겨주는 권사, 따뜻한 위로와 격려의 말로 가슴을 울려주는 권사, 품격 있는 자태와 정제된 말로 작은 감동을 불러일으키는 권사, 이런 권사야말로 목사의 손이 미치지 않는 그곳에서 목양사역을 하는 또 다른 목자이다.

권사는 교회 안의 각종 중요 조직에 핵심 구성원으로 세움받는다. 위원회, 팀, 부서에서 중요한 역할을 감당한다. 각 부서나 팀에서 이런저런 사역을 하는 것도 소중하지만 구역장이나 교사로 다른 사람을 가르치고 양육하는 사역을 담당한다. 또 다른 사람을 예수 그리스도의 제자, 그리스도의 좋은 군사로 세우는 너무나 소중한 사역을 하고 있다. 말로 가르칠 수도 있지만 행동으로 본을 보임으로 가르치는 리더이다.

그렇기에 보배로운 입술, 따뜻한 가슴, 사랑의 미소를 머금은 눈길, 가슴에 맺혀 있는 아프고 힘든 말을 들어주는 귀, 다른 지체가 무거워서 끙끙대는 짐을 함께 거들어주는 손, 이 모든 것 하나하나가 너무나 소중한 교육 안내서다. 주님은 이런 것들을 통해 하나님 나라의 비전을 이루어가고, 그리스도의 몸인 교회를 세워가길 원하신다. 세움받았다면 부끄럽지 않게 섬겨야 한다. 사랑받고 인정받는 권사가 되려는가? 그렇다면 '섬기지 못할 변명거리'를 둘러댈 생각은 버려야 한다.

생각해보면 나같이 연약하고 보잘것없는 자에게 그리스도의 몸인 교회를 세우기 위해 권사의 직임을 주신 게 얼마나 감사하고 영광스러운 일인가? 그렇다면 그리스도의 몸인 교회에 꼭 필요한 플러스 일꾼이 되어야 마땅하다. 사실 교회 안에 중직자로 세워졌지만 교회에 덕이 되지 못하고 목회에 해가 되는 일꾼도 존재하는 게 사실이다. 막달라 마리아, 브리스길라, 루디아와 같은 긍정의 영향을 가져온 여인도 있지만 유오디아와 순두게와 같이 부정적인 영향을 가져온 여인도 존재한다.

어느 길을 선택할 것인지, 그것은 전적으로 본인에게 달려 있다. 다른 사람을 넘어지게 만드는 걸림돌, 누군가에게 깊은 상처를 주는 일꾼은 되지 말아야 한다. 교인들의 아픔을 보듬어주고, 가슴에 가득 담긴 고민과 갈등을 들어주고 상담해주는 권사가 되면 어떨까? 사랑하는 사람을 먼저 보내고 외로움과 이별의 상처로 힘들어하는 성도의 손을 꼭 잡아주고 따뜻하게 안아줄 수 있는 권사가 되면 어떨까? 부부간에 일어나는 갈등, 고부간에 일어나는 마찰, 자식을 키우면서 치미는 속상함과 화를 따뜻한 차 한 잔을 마시면서 녹여줄 수 있는 권사가 될 순 없을까?

가사와 자녀 양육의 고달픈 짐을 지고 직장에서 부딪히는 이런저런 고민을 두 손 잡고 함께 주님께 기도할 수 있는 권사가 되면 어떨까? 그 누구에게도 마음에 담긴 이야기를 터놓을 수 없이 고독한 길을 걷고 있는 목회자에게 아름다운 음악이 담긴 CD를 선물해주는 권사는 어떨까? 시대에 맞지 않는 말 같지만 '귀머거리 3년, 벙어리 3년, 장님 3년'이라는 프레임에 갇혀 외로운 길을 걷고 있는 사모에게 따뜻한 밥 한 그릇 대접하는 권사는 어떨까? 예수님의 사랑의 심장을 가진 따뜻한 권사 말이다.

이 책은 다른 사람의 필요를 채워주고 누군가의 고통과 아픔을 보듬을 수 있는 따뜻한 권사가 될 수 있는 안내서가 될 것이다. 자신을 뽐내고 드러내기보다 다른 사람을 세우고, 목회를 세우고, 그리스도의 몸인 교회를 세우는 권사 말이다. 이 책의 안내를 따라 한 걸음 한 걸음 걸어가다 보면 분명히 주님께 "잘했다"고 칭찬 듣는 권사, 목회자의 든든한 동역자, 온 성도들에게 존경받는 권사가 되리라 확신하면서 이 책을 내놓는다.

글쓴이 김병태

C·O·N·T·E·N·T·S
차 례

특별 부록.

돌보는 권사를 위한 상황별 대표기도문

권사는 _____ 교인을 양육하고 돌보는 또 다른 목회자다

P·A·R·T 1

권사는
직분을 바로
이해하고
섬겨야 한다

권사란 직분을 바로 이해하고 섬기라

영혼을 돌보는 유능한 상담자가 되라

탁월한 교사, 세우는 구역장이 되라

01
직분 이해

권사란 직분을
바로 이해하고 섬기라

어디선가 남성과 여성이 말싸움한다. 이때 남성이 목에 힘을 주면서 여성을 몰아친다.

"암탉이 울면 집안이 망해요!"

그러자 여성이 눈을 흘기면서 남성에게 대든다.

"여자 말을 잘 들으면 자다가도 떡이 생깁니다!"

사도 바울 역시 "여자가 가르치는 것과 남자를 주관하는 것을 허락하지 아니하노니 오직 조용할지니라"(딤전 2:12)고 말한다. 이 성경 구절은 목사안수에 대한 논쟁을 둘러싸고 지금도 끊이지 않고 일고 있다. 여기서는 그러한 논쟁을 하고자 하는 것이 아니다. 다만 교회는 여성의 사역을 간과하거나 축소해서는 안 된다는 사실을 강조하고 싶을 따름이다.

사실 요즘은 "암탉이 울어야 집안이 흥한다"라고 말한다. 성경 역시 복음과 하나님의 왕국을 위해 빛나게 쓰임받았던 수많은 여성을 드러내고 있다. 그뿐만 아니라 성령은 영적 은사를 남자나 여자를 가리지 않고 동등하게 주셨다. 더구나 오늘날 사회가 인정하고 활용하는 여성의 능력과 잠재력을 구태여 교회만이 축소하거나 사장해서는 안 된다.

교회에서는 세례받은 여성도들 가운데 신앙훈련을 잘 시켜서 서리집사로 임명한다. 서리집사로 세움받아서 다년간 교회 사역을 효율적으로 감당하고 교인의 모범이 될 만한 자를 선별하여 공동의회를 통해 선출한 후, 일정 기간 훈련하여 권사로 세운다. 그 목적은 그리스도의 몸인 교회를 건강하게 세우기 위함이다.

그렇기에 권사는 교회 안에서 중요한 여성 지도자이다. 이들은 교회 안에서 어머니의 역할을 감당한다. 가정에서 어머니의 역할이 소중하듯 교회에서도 영적 어머니인 권사의 역할은 너무나 소중하다. 그래서 나는 "권사님은 온 교인의 어머니입니다. 어머니의 역할을 잘해주면 교회가 화목해지고 웃음이 넘칩니다"라고 강조한다.

평신도 지도자의 직분을 바로 이해하라

바울에게는 남다른 자랑거리가 많았다. 그것은 돈도 아니고 좋은 직장도 아니었다. 그가 자랑하는 것은 십자가였고 약함이었다. 더구나 그가 입에 침이 마를 정도로 자랑하는 것이 있었는데, 바로 소중한 사람들이었다. 그는 여러 서신에서 자신과 함께 복음을 위해 수고

했던 사람들을 추천하면서 자랑하기를 아끼지 않았다.

바울은 한 번도 만나 보지 못한 로마교회 성도들에게 여집사 뵈뵈를 추천했다. "내가 겐그레아교회의 일꾼으로 있는 우리 자매 뵈뵈를 너희에게 추천하노니 너희는 주 안에서 성도들의 합당한 예절로 그를 영접하고 무엇이든지 그에게 소용되는 바를 도와줄지니 이는 그가 여러 사람과 나의 보호자가 되었음이라"(롬 16:1-2).

뵈뵈는 고린도에서 12킬로미터 떨어진 항구도시 겐그레아에 살고 있었던 여인이다. 바울은 제2차 선교여행을 마치고 고린도로 돌아오는 길에 겐그레아에서 뵈뵈를 만나게 되는데, 그때 뵈뵈는 머리를 깎으므로 서원한 것을 지키겠다는 굳은 결심을 보여주었다. 바울은 로마로 갈 소망이 있었다. 그런데 바울이 로마로 가는 길을 열어준 사람이 바로 뵈뵈였다. 뵈뵈는 그곳에서 바울이 쓴 로마서를 로마에 전하라는 특명을 받고, 로마에 있는 성도들에게 그 편지를 전했다.

바울은 그녀를 가리켜 겐그레아교회의 일꾼으로 소개한다. 아마 겐그레아교회의 유력한 지도자였던 것으로 보인다. 그녀에 대한 자세한 설명은 없지만 아마도 사업을 해서 넉넉한 재력을 갖고 있었을 것이며, 바울의 선교사역을 위해서 아낌없이 후원했을 것이다. 그래서 바울은 그녀를 가리켜 '보호자'라고 소개했다. 보호자는 돕는 사람이다. 하나님 나라를 위해, 영광스러운 복음을 위해 적극적으로 조력하는 사람 말이다. 재정적인 후원 없이 바울이 어떻게 사역할 수 있었겠는가? 그런데 뵈뵈는 자신이 가진 재력으로 하나님 나라를 위해 달려가는 바울에게 적극적인 후원자가 되었다.

그녀는 바울을 도울 뿐만 아니라 여러 사람을 돕는 후원자가 되었다.

교회의 가난하고 연약한 지체를 보면 그냥 지나치지 않는 여인이었다. 자신의 소유를 아끼지 않고 다른 사람들의 필요를 채워주었던 여인이었다. 그래서 바울은 그녀를 자신의 심장과 같이 소중히 여겼고, 로마교회가 그녀에게 합당한 예절을 갖춰서 정성껏 맞이해주기를 부탁했던 것이다. 권사란 바로 뵈뵈와 같은 사역을 수행하는 여인이라고 할 수 있다.

사실 권사란 직분은 성경에는 나타나지 않는다. 그래서 어떤 사람은 "성경에도 없는 직분을 왜 만들었느냐?"고 항변한다. 그러나 성경에 나오는 초대교회는 아직 조직화되지 않은 상태였다. 초대교회 이후에 교회는 더 성장하게 되었고, 교회의 부흥과 더불어 자연적으로 교회의 새로운 조직이 필요했다. 그래서 성경에는 나오지 않지만 교회의 조직을 운영하기 위해 효율적인 직제가 필요했던 것이다. 그렇다고 "성경에 없으니 인간적인 조직이요 불필요하다"고 말할 수는 없다.

실제로 권사제도를 만든 것은 그리 오래되지 않았다. 장로회 헌법에 교회의 직원을 창설직원, 항존직원, 임시직원, 준직원으로 구분하고 있다(헌법에 대한 설명은 저자가 속한 장로회 헌법으로 설명하고 있음을 양해해주기 바란다). 창설직원은 사도시대의 직원이고, 항존직원은 장로와 집사이다. 물론 항존직원이 개인의 항존직원이냐, 교회에 항상 존재해야 할 직원을 의미하느냐에 대해서는 논의가 되고 있다. 임시직원은 전도사, 전도인, 권사(勸師), 남녀 서리집사다. 여기서 권사는 당연직 제직회원이다. 나이는 45세 이상이다. 공동의회에서 투표수 2/3 이상을 얻어야 한다. 그리고 준직원은 강도사, 목사 후보생으로서 개인적으로는 그 당회 아래 있지만 직무상으로는 노회의 관리 아래 있다.

권사는 일반적으로 서리집사를 거쳐 다년간 신앙생활에 흠이 없고, 성도들에게 모범이 되는 여성도를 교회 안의 평신도 지도자로 세운 것이다. 그렇기에 권사는 교회 안에서 평신도 지도자라는 정체성을 잊지 말아야 한다. 권사야말로 영광스러운 직제이다. 권사 된 자는 스스로 직분의 영광을 잊지 말고 주어진 직분을 충성스럽게 잘 감당해야 한다. 그뿐만 아니라 교회 역시 권사를 교회의 평신도 지도자로 인정하여 존경의 태도를 잃지 않아야 한다.

한편 권사는 교회의 질서를 잊지 말아야 한다. 대한예수교장로회 총회 헌법 〈제3장〉에서 권사의 직무와 권한에 대해서 다음과 같이 규정한다. "권사는 당회의 지도 아래 교인을 방문하되 병환자와 환난을 당하는 자와 특히 믿음이 연약한 교인들을 돌보아 권면하는 자로 제직회 회원이 된다." 권사가 당회의 지도 아래 있어야지 경거망동해서는 안 된다. 가끔 교회 안에서 권사가 자신의 본분을 잊고 장로와 목회자를 거스르고 교인들을 휘두르려고 하는 사람이 있다. 그런데 헌법에서는 "권사는 당회의 지도 아래"라고 못 박고 있다. 권사는 당회와 목회자의 지도 아래 본인에게 주어진 사명을 잘 감당하도록 삼가 조심해야 한다.

아무리 많은 학식을 가졌고, 다른 사람보다 많은 재산을 소유했을지라도, 심지어 사회적으로 높은 지위에 있을지라도 교회 안에서는 영적 질서가 있다. 그렇기에 영적 권위를 무시해서는 안 된다. 만약 영적 질서와 권위를 무시한다면 본인 역시 여성으로서 갖는 영광스러운 평신도 지도자의 자리에서 무시당하게 될 것이다.

권사(勸師)는 희랍어 '파라클레시스'를 번역한 말이다. 이 단어는 권면, 격려, 간청, 위로, 위안 등과 같은 의미가 있다. 헬라어 '파라칼레오'는 돕기 위하여 '간청하다'(행 28:20, 눅 8:41, 고후 12:8), '권면하다'(고후 12:18, 막 1:40), '위로하다'(고후 1:4), '화해시키다'(행 16:39)로 번역되는 동사이다.

바울은 하나님이 우리에게 주신 은사 가운데 하나를 위로하는 은사라고 설명했다. "혹 위로하는 자면 위로하는 일로"(롬 12:8). 여기서 '위로'라는 단어는 격려, 권위 등으로도 번역될 수 있다. 권사는 초신자나 신앙이 약한 사람들을 위하여 신앙적인 권고도, 위로도 하면서 목회자를 돕는 역할을 한다.

권면하고 위로하며 격려하는 사역은 기질이나 성향으로 볼 때 남성보다 여성이 더 잘 감당할 수 있다. 영적인 어머니로서 권면하고 위로하는 사역을 잘 감당하기 위해서는 하나님의 말씀에 익숙해야 한다. 권사는 인간적인 말로 권면하고 위로하는 게 아니라 하나님의 말씀과 영적 원리 속에서 상하고 약한 교인들을 세워주어야 한다. 그래서 권사는 하나님의 말씀이 그 안에 풍성히 거하여야 한다.

그뿐만 아니라 부드럽고 유순한 말투와 포용력이 넓은 마음을 가져야 한다. 까칠한 마음으로는 교인들을 세울 수 없다. 다른 지체의 아픔을 공감할 수 있고 슬픔을 함께 느낄 수 있어야 한다. 공감능력이 떨어지면 교인들의 필요를 채워줄 수 없다. 성령은 우리 마음을 부드럽고 온유하게 다듬으신다. 그래서 성령 충만한 권사가 좋은 영적 어머니가 될 수 있다.

권사의 자격과 직무를 바로 깨달으라

바울은 후배 목회자인 디모데에게 목회 지침을 주고 있다. 목사와 집사가 갖춰야 할 자격 요건에 대해서 열거한 후 이렇게 말했다. "집사의 직분을 잘한 자들은 아름다운 지위와 그리스도 예수 안에 있는 믿음에 큰 담력을 얻느니라"(딤전 3:13).

이것이 비단 목사와 집사에게만 해당하는 말씀이겠는가? 교회 안에서 섬기는 모든 직분자에게 해당되는 말씀이다. 어떤 직분이든 그 직분을 잘 수행하는 사람에게는 하늘에서의 보상이 주어질 것이다. 그뿐만 아니라 이 땅에서, 더구나 교회 공동체 안에서도 아름다운 보상이 주어질 것이다. 직분을 잘 감당하는 사람들은 하나님은 물론이거니와 교회 안에서도 칭찬받고 인정받는다. 그리고 직분을 잘 감당하는 자에게는 더 나은 직분도 주어진다. 어디 그뿐이겠는가? 개인적으로는 믿음의 확신과 더 강한 담력이 생겨난다.

그렇다면 권사는 어떤 자를 세워야 하며, 어떻게 사명을 감당해야 하는가? 사실 성경에는 권사에 대한 자격 요건이나 직무가 명시되어 있지 않다. 그러나 대한예수교장로회 총회 헌법 〈제3장〉에서 권사의 자격과 직무에 대해서 다음과 같이 규정하고 있다.

1. 권사의 직무와 권한

권사는 당회의 지도 아래 교인을 방문하되 병환자와 환난을 당하는 자와 특히 믿음이 연약한 교인들을 돌보아 권면하는 자로 제직회 회원이 된다.

2. 권사의 자격과 선거와 임기

① 자격

여신도 중 만 45세 이상 된 입교인으로 행위가 성경에 적합하고 교인의 모범이 되며 본 교회에서 충성되게 봉사하는 자.

② 선거

공동의회에서 투표수 과반수 이상의 찬성을 얻어야 한다. (단, 당회가 공동의회에 그 후보를 추천할 수 있다.)

③ 임기

권사는 안수 없는 종신 직원으로서 정년(만 70세) 때까지 시무할 수 있다. (단, 은퇴 후에는 은퇴권사가 된다.)

3. 무임권사

타교회에서 이명 와서 아직 취임을 받지 못한 권사다. (단, 만 70세 미만자는 공동의회에서 권사로 피선되면 취임식을 행하여 시무권사가 될 수 있다.)

4. 은퇴권사

권사가 연로하여 퇴임한 권사이다.

5. 명예권사

당회가 다년간 교회에 봉사한 여신도 중에 60세 이상 된 입교인으로 행위가 성경에 적합하고 모범된 자를 임명할 수 있다.

권사는 여자 성도 가운데 세운다. 그런데 공동의회에서 투표수 과반수 이상의 찬성을 얻어야 한다. 그렇기에 공동체의 신망을 얻지 못하면 권사가 될 수 없다. 권사 투표를 위해 교인들에게 선거운동을 할 수도 없지 않은가? 그렇다면 평소에 교인들의 인정을 받는 자여야 한다. 그렇지 않으면 과반수 이상의 찬성을 받기가 어렵다. 가끔 투표에서 떨어진 후에 상처받는 모습을 본다. 그렇게 할 것이 아니라 평소에 교인들에게 본이 될 수 있는 신앙생활을 했어야 마땅한 일이다. 오히려 자신을 돌아보고 반성해야 할 일이다.

헌법에서도 "그 행위가 성경에 적합하고 교인의 모범이 되어야 한다"라고 규정하지 않던가? 권사는 하나님의 말씀을 두려워할 줄 알아야 하고, 하나님의 말씀이라면 어떤 일이 있어도 순종하는 태도를 보여야 한다. 하나님의 말씀을 듣기만 하는 것이 아니라 하나님의 말씀대로 하려고 애써야 한다.

특히 권사는 본 교회에서 충성되게 봉사하는 자여야 한다. 권사는 본 교회 중심이어야 한다. 성도들 가운데 신앙생활을 잘하다가 마음에 맞지 않으면 "교회를 옮긴다"는 말을 하는 이가 있다. 그런 사람은 신앙에 문제가 있는 것이다. 자신의 마음에 다 맞는 교회가 과연 어디 있겠는가? 어느 누가 자기 마음에 다 맞추어 주겠는가? 그렇다면 결국 상처란 존재할 수밖에 없지 않겠는가? 그런데 하찮은 상처 때문에 교회를 옮기겠다고 말하는 사람은 권사의 자격이 없다.

권사는 상처를 극복하고 믿음으로 승화시켜 영적인 성숙으로 이끌수 있는 자여야 한다. 그러한 갈등과 상처가 다가올 때 다른 지체를 돌아보고 배려할 줄 알아야 한다. 충성이란 무슨 일이 있어도 마음의 중심을 다해 끝까지 하나님의 말씀을 이루어가는 것이다.

헌법은 "권사는 당회의 지도 아래 교인을 방문하되 병환자와 환난을 당하는 자와 특히 믿음이 연약한 교인들을 돌보아 권면하는 자로 제직회 회원이 된다"라고 명시하고 있다. 권사가 감당해야 할 일차적인 직무는 바로 권면하고 위로하는 사역이다.

교회에는 어리고 연약한 지체, 아픔과 상처를 갖고 신음하고 있는 지체가 많다. 그런데 정작 그들을 돌아보고 세워줄 성숙한 일꾼은 그리 많지 않다. 허물고 상처를 주는 교인은 많지만 정작 아픔과 상처를 싸매주고 치유해주는 일꾼은 부족하다. 고통당하고 힘들어하는 지체를 하나님의 말씀과 성령께서 주시는 지혜로 상담하고 권면하는 자가 바로 권사이다.

누구나 사랑을 받기는 쉽다. 그러나 사랑을 주기는 어렵다. 격려받고 위로받고 싶은 욕구는 크다. 그러나 다른 사람을 격려하고 위로하는 착하고 충성된 일꾼은 적다. 다른 사람에게 힘을 공급해주고 용기를 불어넣어 일어서게 하는 권사는 어머니의 마음을 품어야 한다. 어머니는 자기희생의 마음을 갖고 있다. 나보다 자식의 평안과 행복을 더 많이 생각한다. 자신의 몸이 으스러질지라도 자식을 위한 헌신을 아끼지 않는다. 어머니는 아버지보다 사랑으로 감싸주고 안아준다. 섬세함을 가지고 있다. 자녀의 필요에 매우 민감하다.

권사 직분은 명예나 장식품이 아니다. 드러나게, 혹은 은밀하게 봉사하여야 할 직분이다. 직분을 맡아 놓고 제대로 봉사하지 않으면 나중에 하나님 앞에서 책망받을 뿐만 아니라 목회자의 힘을 빼앗아간다. 더구나 교인들에게 본이 되지 않고 부정적인 영향을 끼치게 된다. 권사가 되어 교회에 나쁜 병을 전염시켜서야 되겠는가?

봉사는 많이 하는데 문제를 만들고 상처를 주는 권사가 있다. 착하고 충성된 권사는 상처를 남기는 봉사자가 아니다. 교인들이나 교회에 덕을 끼치고 유익을 주는 봉사를 한다. 착하고 충성된 권사는 주인의 마음을 시원하게 하는 봉사를 실천한다. 자기만족을 위한 봉사가 아니라 주인의 의도를 잘 알아서 주인의 뜻에 맞게 섬긴다.

이러한 권사가 되려면 불평하지 말아야 한다. 대신에 칭찬하는 말을 즐겨야 한다. 대적하거나 방해하지 않고 협력하고 화합할 줄 알아야 한다. 지체들을 미워하는 대신 사랑해야 한다. 절대 남을 저주하지 말고 축복해야 한다. 목회자나 교인 사이를 이간질하는 것이 아니라 화목하게 해야 한다. 다른 사람을 낙담시키기보다 격려하고 용기를 주어야 한다.

훈련받아 능숙한 권사가 되라

"잘 다스리는 장로들은 배나 존경할 자로 알되 말씀과 가르침에 수고하는 이들에게는 더욱 그리할 것이니라"(딤전 5:17). 교회 공동체는 마땅히 목사나 장로를 존경해야 한다. 왜 그런가? 하나님이 교회의 영적 지도자로 세워주셨기 때문이다. 그들의 권위를 무시하거나 도전하는 것은 그들을 세운 하나님을 무시하고 도전하는 일이나 다를 바가 없다. 그렇다면 이러한 존경과 섬김이 목사나 장로에게만 해당되는가? 그렇지 않다. 교회의 영적 지도자라면 누구에게나 해당되는 말씀이다.

그런데 중요한 것이 있다. 아무나 이런 존경을 받을 수 있는가 하는 것이다. 오늘날 한국교회는 상처와 분열로 치닫고 있다. 왜 그런가? 한마디로 다 표현하기는 어렵지만, 분명한 사실 하나는 그 중심에 바로 목사와 교회의 중직자가 서 있다는 것이다. 존경받아야 할 그들이 존경받기는커녕 비난받고 손가락질당하고 있는 것이 현실이다.

악하고 게으른 나쁜 권사가 되지 않기 위해서는 훈련을 잘 받아야 한다. 훈련되지 않은 권사가 여기저기 다니면서 말썽을 일으킨다. 실제로 교회 안에는 항상 문제를 일으키고 말썽만 피우며 분란을 일으키는 일꾼도 적지 않다.

그렇다면 존경받는 권사가 되기 위해 훈련해야 할 영역은 무엇인가?

<u>첫째, 권사는 신앙 인격훈련을 받아야 한다.</u>

인격을 갖추지 못한 자를 권사로 세우면 오히려 그리스도의 몸인 교회를 헤치게 된다. 아름다운 인격은 사람을 감동시킨다. 제임스 알렌은 「생각의 연금술」이라는 책에서 이렇게 말했다. "맑고 아름다운 인격은 그 무엇보다 중요합니다. 그런 인격은 어떤 것에도 배척되는 일이 없어서 내부 가득 기쁨과 행복을 담고 있습니다." 성공적인 삶, 행복한 신앙생활은 아름다운 인격에서 시작된다.

삐뚤어진 인격을 가진 사람은 그 사람이 지식인이든 권력자이든 재력자이든 간에 삐뚤어진 삶을 살게 된다. 그러나 아름다운 인격은 그 삶의 품위를 더하며 바른 삶을 살게 한다. 신앙생활에서도 그 사람이 가진 성품과 인격이 얼마나 중요한지 거듭 느낀다. 성품이나 인격이 바로 형성되지 않은 성도는 신앙의 형태도 그렇게 만들어진다. 그렇기에 착하고 충성된 권사가 되려면 아름다운 신앙 인격을 갖추도록 훈련해야 한다.

아름다운 인격을 위해서는 마음과 영혼의 저장소를 좋은 것으로 채워야 한다.

어느 인디언 추장이 손자에게 마음에 대해서 이렇게 말했다.

"애야, 우리 마음속에는 두 마리의 늑대가 있단다. 한 마리는 사악한 늑대란다. 사악한 늑대는 미움, 교만, 질투, 절망, 욕심, 거만, 거짓, 자만심이란다. 반대로 다른 한 마리는 선량한 늑대로 기쁨, 평안, 겸손, 사랑, 소망, 믿음을 의미하지."

그 말을 들은 손자가 추장 할아버지에게 물었다.

"그렇다면 두 늑대가 싸우면 어떤 늑대가 이기나요?"

그러자 추장이 웃으며 대답했다.

"그거야 내가 먹이를 주는 놈이 이기겠지."

권사는 자신의 마음과 영혼의 저수지에 좋은 것들로 채워야 한다.

둘째, 권사는 내면세계를 아름답게 가꿔야 한다.

바울은 교회 안에 있는 여성도들에게 이렇게 권면했다. "또 이와 같이 여자들도 단정하게 옷을 입으며 소박함과 정절로써 자기를 단장하고 땋은 머리와 금이나 진주나 값진 옷으로 하지 말고 오직 선행으로 하기를 원하노라. 이것이 하나님을 경외한다 하는 자들에게 마땅한 것이니라"(딤전 2:9-10).

여성은 본래 아름다움을 추구한다. 또 절제된 아름다움은 여성이 가져야 할 품위기도 하다. 그러나 지나친 허영심에서 나오는 무절제한 꾸밈은 천박하기까지 하다. 외모의 아름다움보다 중요한 것은 내면의 아름다움이다.

교회는 돈 많은 사람이 명품을 자랑하는 공공장소가 아니다. 권사가 되어 자랑이나 할 양으로 교회에 온다면 심각한 문제가 아닐 수 없다. 값비싼 옷이나 물건을 자랑하면 공동체에 위화감을 조성하고 다른 지체에 상처를 주게 된다. 더구나 젊은 여성은 노출이 심한 옷을 입어 서로를 불편하게 하는 일이 없어야 한다. 외모는 깨끗한 옷으로 단장하고 내면을 더욱 아름답고 단정하게 가꾸는 데 주력해야 한다.

셋째, 권사는 아름다운 언어훈련을 해야 한다.

입에서 나온다고 다 말이 아니다. 상대방을 세워주는 덕스러운 말을 해야 그게 말이다. 권사 가운데는 날카로운 칼과 같은 입을 가진 사람이 있다. "그들이 칼같이 자기 혀를 연마하며 화살같이 독한 말로 겨누고 숨은 곳에서 온전한 자를 쏘며 갑자기 쏘고 두려워하지 아니하는도다"(시 64:3-4).

말은 인격이자 신앙 성숙의 표지이다. 자기 혀를 악하게 길들여서는 안 된다. 양약과 같은 말을 골라 하도록 덕이 되고 은혜로운 혀로 길들여야 한다. 내가 휘두르는 혀에 의해 수많은 사람이 죽어 나가기도 하고, 수많은 사람이 살아나기도 한다. 죽이는 혀를 휘두를 것인가, 살리는 혀를 휘두를 것인가?

넷째, 권사는 좋은 태도를 훈련해야 한다.

태도는 인생의 행복과 불행을 결정짓는다. 태도는 인생의 성공과 실패를 좌우한다. 아름다운 신앙은 좋은 태도를 보인다. 좋은 권사는 태도가 다르다. "이와 같이 너희도 명령받은 것을 다 행한 후에 이르기를 우리는 무익한 종이라. 우리가 하여야 할 일을 한 것뿐이라 할지니라"(눅 17:10).

사람들은 어디서나 높은 자리에 올라가려고 발버둥을 친다. 높아지려는 욕구는 인간이면 누구나 갖고 있기 마련이다. 살다 보면 높이 올라가고 싶은 욕망은 언제나 꿈틀거린다. 그런데 높이 올라갈수록, 즉 고도가 높아질수록 태도가 중요하다. 높은 사람일수록 겸손하고 아랫사람을 배려하는 자세와 태도가 없으면 그 지위의 높이는 인격의 높이가 아니라 자만심의 높이로 바뀌게 된다. 고도가 높아질수록 자만하지 않고 자세를 낮추고 자중해야 한다. 고도는 자신을 낮추면 더욱 올라갈 수 있다. 결국 고도는 전적으로 태도가 결정한다.

우리가 가져야 할 바람직한 인생 태도가 있다. "기쁨은 더하고 슬픔은 빼고 행복은 곱하고 사랑은 나누자." 칭찬받는 권사는 항상 웃음을 잃지 않고 친절하다. 절대 거만하지 않고, 오히려 온유하고 겸손하다. 권사는 거짓 없이 정직하고 진실해야 한다. 남을 해치고 비난하는 것이 아니라 남을 유익하게 하고 칭찬하는 자가 되어야 한다. 목회자를 헐뜯고 도전하는 권사는 그리스도의 몸인 교회를 해하는 악한 자이다.

<u>다섯째, 권사는 건강한 생활영성을 훈련해야 한다.</u>

바울은 "경건의 모양은 있으나 경건의 능력은 상실한 그리스도인"을 경계하기도 했다. 영성은 생활로 나타나게 되어 있다. 교회에서 드리는 예배는 생활예배로 드러나야 한다. 삶으로 드리는 예배, 삶에서 나타나는 영성이 그리스도인의 생명이다. 그런데 많은 그리스도인이 교회에서는 영적인데 가정이나 직장에서는 영적인 모습을 찾아볼 수가 없다.

어느 부부가 외출했다 돌아오는 차 안에서 사소한 일로 말다툼을 벌였다. 서로 말도 하지 않고 썰렁하게 집으로 돌아오고 있었다. 문득 차량 밖으로 개 한 마리가 지나가고 있었다. 운전하던 남편이 빈정거리며 아내에게 말했다.

"저 개! 당신 친척이잖아? 반가울 테니 인사나 하지?"

그러나 남편의 말이 떨어지기 무섭게 아내가 그 개에게 이렇게 소리쳤다.

"안녕하셨어요? 시아주버님!"

권사 정도가 되면 가정에서부터 달라야 한다. 가정생활에서 영적인 삶을 살지 못한다면 어떻게 권사라고 할 수 있겠는가! 세상 사람들과는 분명히 달라야 한다. 그런데 서로 한 방 때리고 맞으면서 사는 사람이 많다. 경건생활을 교회 봉사에만 국한하지 말아야 한다. 경건은 가정이나 직장, 이웃관계에서 드러나야 한다. 그것이 생명력 있는 신앙이라 할 수 있다.

착하고 충성된 권사는 영성의 대가 휴 프래더가 하는 말을 마음에 새겨야 한다. "늘 당신이 하는 일은 무엇이나 결국 사람들에게 알려진다는 생각으로 살아라." 사람들에게 알려지지 않는 말은 없다. 당신이 은밀하게 하는 행동도 언젠가는 드러나게 되어 있다. "우리 두 사람만 알고 있자"고 신신당부하지만 어디 그렇던가? 세상에 영원한 비밀은 존재하지 않는다. 비밀이라고 생각되는 것은 아예 행하지도 말아야 한다.

착하고 충성된 권사가 되기 위해 스스로 훈련하고, 교회에서도 칭찬받고 인정받는 훈련된 권사가 되도록 행해야 한다. 칭찬받는 권사는 교회 안에서 어머니와 같은 사람이어야 한다. 좋은 권사는 교회의 여기저기에서 궂은일을 마다하지 않고 섬기는 봉사자여야 한다. 그뿐만 아니라 목회자나 지체들에게 좋은 협력자가 되어야 한다. 착한 권사는 지체를 세워주고 유익하게 만드는 길라잡이 역할을 잘 감당해야 한다. 불난데 부채질하는 싸움쟁이가 아니라 분열과 다툼이 있는 곳에 평화를 주도하는 화평하게 하는 자여야 한다. 좋은 권사는 예수님이 부탁하신 위임명령에 순종하여 사람을 낚을 줄 아는 유능한 전도자여야 한다.

>>> PART_1

영혼을 돌보는
유능한 상담자가 되라

02
직분 이해

교회는 아픔과 상처가 있는 사람들이 찾아오는 곳이다. 육체적, 정신적, 경제적, 영적으로 다양한 질병과 문제를 가진 사람들이 교회에 찾아와서 치유와 회복을 갈망한다. 그래서 교회 안에는 문제없는 사람이 없다.

사실 교회 울타리 안에서 신앙생활을 하면서도 수많은 상처를 경험한다. 목회자에게 상처받고, 성도 간에 얽히고설킨 문제로 가슴앓이하기도 한다. 주님을 사랑하는 마음으로 봉사를 하지만 봉사하는 과정에서도 수많은 아픔과 상처를 경험한다. 그래서 교회를 떠나고 싶다는 생각을 하기도 하고, 어떤 이는 미련 없이 떠나기도 한다.

영적으로 성숙한 바울과 바나바도 사역현장에서 그렇게 심하게 다투지 않았던가? 바울은 데마로부터 당한 배신감을 좀처럼 잊지 못하고 성도들에게 조심하라고 경각심을 심어주고 있다. 유오디아와 순두게도 교회 안에 유력한 일꾼이었음에도 서로 갈등하고 다툼으로 교회에 파장을 일으켰다. 어디 그뿐인가? 본인들은 얼마나 아팠겠는가? 이것이 지상교회의 현실이다.

그렇기에 교회 안에는 상담을 통해 돌봐주고 치유해주며 다른 지체를 세워주는 사람이 필요하다. 죄를 지은 아담과 하와를 찾아오신 하나님은 유능한 상담자이셨다. 가난하고 병든 자, 아픔과 상처받은 사람들을 찾아와서 친구가 되신 예수님 역시 탁월한 상담자이셨다. 성령님은 수많은 그리스도인에게 임재하셔서 치유를 통해 회복된 삶을 허락하신다.

그렇다면 교회 역시 상담을 통한 치유와 회복을 꿈꿔야 하지 않겠는가! 그렇다면 누가 이 사역을 감당할 것인가? 물론 목회자가 해야 할 일이다. 그리고 교회 안에 훈련된 상담자를 세워 감당해야 한다. 그러나 이 사역은 이들만의 전유물이 아니다. 교회 공동체 전체가 해야 할 사역이다. 특히 교회 안에서 권사가 감당하기에 아주 적절한 사역이 바로 상담과 치유사역이다.

영적 병원에서 유능한 간호사가 되라

사람은 누구나 온전해지기를 갈망한다. 그런데 우리는 구원 전이나 구원받은 후에도 온전한 삶을 풍성하게 누리지 못하는 경우가 허다하다. 왜 그런가? 우리를 무력하게 만드는 정신적, 감정적, 육체적 질병들 때문이다.

예수님은 사람들에게 영적, 심리적, 육체적으로 온전하게 회복되는 선물을 주셨다. 예수님은 기묘자이시다(사 9:6). 여기서 기묘자란 기묘한 일을 조언하는 사람을 뜻한다. 예수님은 탁월한 상담자로 오셨다. 예수 그리스도는 우리에게 기묘한 일을 조언하고 결정하시는 분으로 하나님의 뜻을 성취하셨다.

그뿐만 아니라 예수님은 우리에게 보혜사 성령님을 선물로 보내주셨다(요 14:16-17). 보혜사(헬. 파라클레토스)는 옹호자, 상담자, 돕는 자, 중재자 등으로 번역할 수 있다. 성령은 그리스도인의 삶에 개입하여 상담해주심으로 치유와 회복을 경험하게 하신다. 그렇기에 오늘날 현대교회도 설교와 가르침, 상담과 기도를 통해 성도의 삶을 온전하게 치유하고 회복하는 사역을 감당해야 한다.

그래서 치유상담가 데이빗 씨맨즈는 교회가 해야 할 치유사역에 대해서 심각한 도전을 주고 있다. "사람들은 다양한 증상들을 앓고 있다. 복음은 이러한 여러 가지 종류의 정서적 상처를 경험하고 있는 사람들에게 줄 메시지를 가지고 있는가? 그들 모두를 고칠 수 있다고 말해주지 못한다면 우리는 교회문에 자물쇠를 걸어 잠가야 한다. 기독교는 더 이상 존재할 가치가 없으며, 우리가 외치는 복음도 더 이상 외칠 필요가 없다."

교회 안에는 병들고 고통 중에 있는 사람이 많다. 마치 영적 병원과도 같다. 그렇기에 교회는 낙심하거나 시험받은 교인을 찾아가 위로하고 권고하며 용기를 갖도록 해주어야 한다. 그들이 치유와 회복을 통한 온전하고 풍성한 삶을 누릴 수 있도록 도와주어야 한다.

결국 교회와 상담은 뗄 수 없는 관계에 있다. 그렇다면 상담이란 무엇인가? 기독교에서는 상담학을 이렇게 정의할 수 있다. "상담학이란 성경이 인간과 인간이 가진 문제에 대하여 무엇이라고 교훈하고 있는가를 규명하고, 하나님이 원하시는 인간으로 변화된 삶을 살아가도록 돕는 학문이다." 일반 상담과는 달리 기독교 상담학이란 성경을 해석하는 작업인 동시에 실천적인 작업이다. 성경 해석을 바로 하여 삶의 정황에 적용하는 일련의 신학적 행위인 것이다.

유명한 철학자이자 신학자인 어거스틴의 울부짖음을 들어보자. "나는 내 영혼에 상처를 내서 피를 흘리게 함으로써 나 자신마저도 도저히 끌고 다닐 수 없을 지경이었으며, 어디에 내려놓을 것인지조차 발견하지 못하고 헤매었다. 나는 소름 끼치는 한 장소에 발이 묶여서 결코 편히 쉬지도 못했으며 도망치지도 못했다." 그러나 주님의 품에 안긴 그는 「고백록」에서 이렇게 고백했다. "하나님이시여, 당신의 품에서 안식을 얻기까지 내게는 쉼이 없었나이다."

진정한 치유는 하나님을 떠나서 무질서, 혼란, 분열, 소외, 격리, 왜곡, 타락, 부조화, 파편화 속에서 내팽개쳐진 비정상적인 인간의 상태가 하나님께서 지으신 모든 것을 보시니 "보시기에 심히 좋았더라"고 하신 상태로 회복되는 것을 말한다. 즉 창조 당시의 조화, 정돈, 온전함, 질서, 평화의 상태로 회복되는 것을 말한다. 그렇기에 기독교가 지향하는 치유란 신체적, 심리적, 영적, 사회적 질병으로부터 회복시키는 것을 말한다.

영적 병원인 교회는 모든 성도에게 참된 안식과 치유와 회복을 경험하도록 해야 한다. 17세기의 천재 파스칼도 이렇게 고백했다. "내 영혼이 여호와 당신의 품에 안기기 전에는 안식을 몰랐나이다." 인간의 온 전함은 예수 그리스도를 만남에서 이루어진다.

'상처'라는 단어가 히브리어로 '라짜즈'인데 '산산조각 내다, 깨뜨리다, 눌러 부수다, 낙담시키다'라는 뜻이다. 헬라어로는 '불랍토'인데 '방해하다, 해롭게 하다'라는 뜻이 있다. 상처는 자신뿐만 아니라 남을 괴롭히는 일이다.

사실 상처는 사소한 것에서부터 출발한다. 작은 사건이 큰 상처로 비약한다. 대부분의 상처는 지극히 사소한 말, 사사로운 행동에서 시작된다. 부부간의 싸움은 칼로 물 베기라고 대수롭지 않게 생각한다. 그러나 하찮은 부부싸움이 큰 싸움으로 번지는 것을 자주 보게 된다.

상처는 주로 가까운 사람들에게서 받는다. 전혀 모르는 사람에게서 상처받는 일은 거의 없다. 함께 사는 사람, 늘 만나서 교제하고 접촉하는 사람으로부터 상처를 받는다. 그들이 무심코 던지는 한마디 말이나 대수롭지 않게 취하는 행동으로 인해 아파한다.

그뿐만 아니라 상처는 점점 커진다. 육체의 상처는 치료하면 아물고 흉터가 없어지기도 한다. 그런데 마음의 상처는 잘 아물지도 않고 치료하기도 힘들다. 이런 상처는 누구나 가지고 있다. 어떤 성도는 "목사님은 상처 같은 것을 안 받지요?"라고 묻는다. 그런데 그렇지 않다. 목사도 상처를 받는다. 오히려 더 많은 상처를 갖고 있다. 단지 내색하지 않을 뿐이다. 그래서 목사의 속을 썩은 고목 같다고 말하지 않던가!

문제는 육체의 상처보다 마음의 상처가 훨씬 더 깊고 치료하기가 힘들다는 데 있다. 성형수술의 발달로 육체의 상처는 흉터도 없이 거의 감쪽같이 치료된다. 그러나 마음의 상처는 골이 깊다. 영적 거장인 바울 역시 오랜 세월이 흘렀어도 데마에게서 받은 상처를 여전히 떨쳐버리지 못하고 마음속 깊이 남아 있었다. 그로부터 배신당한 아픔을 쉽게 씻을 수가 없었다.

그렇다면 그런 상처를 어떻게 치료할 수 있는가? 마음과 영혼의 상처를 치유하고 회복하는 방법은 여러 가지가 있다. 성령의 임재를 통해서나 영적 은사인 기도의 능력을 통해서도 이루어진다. 미술이나 음악을 통해 치유하기도 하고 좋은 책을 읽음으로써 치유받기도 한다. 무엇보다 소중한 치유 방법이 있다. 좋은 사람을 만남으로 상처를 치료하는 것이다. 위로해주고 감싸주며 격려해줄 때 상처가 치료된다. 큰 슬픔, 큰 고통을 당한 사람 곁에 있어 주는, 말없이 같이 울어주는 권사가 필요하다. 함께 고통을 나누는 마음이 가장 큰 위로가 된다.

예수님은 상처받은 치유자이셨다. 그렇듯이 하나님은 상처를 경험한 권사를 통해 다른 사람을 위로하고 치유하며 상담자로 사용하기를 원하신다. 동병상련이라 했듯이 같은 아픔을 경험해본 사람의 손길 자체가 위로와 치유가 된다. 그렇기에 인생의 쓴맛을 많이 경험한 권사라면 하나님이 더 귀하게 사용할 그릇일 수 있다. 그런데 자칫 상처를 믿음으로 승화시키지 못한 사람은 오히려 더 많은 상처를 불러일으키는 악성 바이러스 같은 역할을 할 수 있음을 잊지 말아야 한다.

교회가 영적 병원이라고 한다면 예수님은 의사이시다. 주님이 아픔과 상처가 있는 자를 만져주시면 그들이 치유와 회복을 경험한다. 그렇다면 주님과 함께 동역하는 목회자나 권사는 바로 간호사와 같다. 의사가 되시는 주님과 함께 치유사역을 위해 귀하게 쓰임받는 권사는 착하고 충성된 종이라 칭찬받게 될 것이다.

신앙 상담자가 되기 위한 과정을 익히라

"주 여호와께서 학자들의 혀를 내게 주사 나로 곤고한 자를 말로 어떻게 도와 줄 줄을 알게 하시고 아침마다 깨우치시되 나의 귀를 깨우치사 학자들같이 알아듣게 하시도다"(사 50:4). 예수님은 은혜로운 말로 수많은 곤고한 사람을 치유하며 고쳐주셨다. 예수님은 사마리아 수가 성 우물가에서 무거운 인생 짐을 지고 목말라하는 여인에게 예배자의 삶을 가르쳐주셨고, 새로운 인생의 용기와 변화를 경험하게 하셨다.

예수님 당시의 종교지도자들은 자기 죄는 은폐하면서 남의 죄에 대해서는 매우 신랄하게 비판했다. 그래서 간음하다가 현장에서 들킨 여인을 인정사정 두지 않고 예수님 앞으로 끌고 왔다. 그들은 자신들이 알고 있는 율법을 통해 여인을 돌로 쳐야 한다고 다그쳤다.

그러나 예수님은 "너희 중에 죄 없는 자가 먼저 돌로 치라"(요 8:7)고 도전하셨다. 그러자 마음에 찔림받은 사람들은 어디론가 사라져버렸다. 두 사람만 남은 자리에서 예수님은 그 여인에게 치유와 도전의 말씀을 주셨다. "나도 너를 정죄하지 않는다. 그러나 앞으로 다시는 이런 죄를 짓지 말라." 예수님은 용서를 통한 치유와 도전으로 변화를 촉구하셨다.

신학자 웨인 오츠 박사는 목사가 해야 할 원초적인 사역을 이렇게 말한다. "성도들이 다양한 위기를 당하고 있을 때에 목사는 성령님의 인도하심을 받아 상황을 유의검토해서 잘 관찰하고 처리하는 데 따라서 영적으로 성숙하고, 정신적으로 건전한 사람이 나올 수도 있고, 또는 영적으로 후퇴하고 정신적으로 병든 사람이 나올 수도 있는 어마어마한 차이가 생긴다. 결국 목사는 어떤 새로운 일을 굳이 행하도록 부르심을 받는 것이 아니라 남들이 목사에게 기대하고 있는 일, 그리고 기독교 초기부터 살아계신 그리스도께서 목사에게 위임하셨던 일을 보다 과학적으로, 보다 정확하게 수행하기 위해 부르심을 받은 것이다." 교회를 건강하게 세우는 칭찬받는 권사는 웨인 오츠 박사가 말하는 목사가 감당할 상담사역을 유능하게 잘 감당해야 한다.

유능한 상담자 예수님은 치유를 위한 세 가지 상담적 요소를 갖고 계셨다. 첫째, 경청이다. 치유와 상담은 사실 청취할 줄 아는 능력이다. 예수님은 언어적 요소와 비언어적 요소를 통해 사람들의 마음에 있는 소리를 들어주셨다. 둘째, 예수님은 회개와 용서를 통해 사람들을 치유하셨다. 셋째, 사랑이다. 예수님은 사람들에게 하나님의 사랑을 보여주고 경험하게 하셨다.

상담학의 대가 제이 E. 아담스 박사는 '권면적 상담'이라는 상담 기법을 제시하면서 문제 해결의 과정을 다음과 같이 말한다. "첫째, 경청하라. 둘째, 이해하라. 셋째, 분석하라. 넷째, 권면하라. 가장 깊은 종류의 개입을 구체화하라. 그리고 성경을 통하여 소망을 주라. 다섯째, 해결하라. 상담자는 피상담자의 인격과 행동의 변화를 가져와야 한다. 상담자는 피상담자가 옛사람을 벗고 새 사람을 입도록 도와주어야 한다." 아담스 박사는 "4~6주간의 상담 과정을 통해 옛 습관을 벗어버리고, 4~6주간의 계속되는 상담을 통해 새로운 습관을 입게 해야 한다"라고 주장한다.

한편 '성경적 상담'을 제시하는 로렌스 크렙은 다음과 같은 상담 단계를 제시한다.

1. 문제 감정을 확인하라

     --- 격려 ---〉 7. 영적으로 조절된 감정을 확인하라

2. 문제 행동을 확인하라

     --- 권고 ---〉 6. 성경적 행동을 계획하고 수행하라

           5. 안전한 결단

3. 문제 사고를 확인하라

     --- 교화 ---〉 4. 성경적 사고를 명확히 하라

로렌스 크렙은 1단계로 '격려'에 의한 상담을 제시하고, 2단계로 '권고'에 의한 상담을 제시한다. 그리고 3단계에서는 '교화'(가르침)에 의한 상담을 제안한다.

앞 대가들의 얘기를 종합하면 유능한 상담자가 되기 위해 권사가 훈련해야 할 상담 과정은 다음과 같다.

1. 상담 전 단계

   – 도울 용의와 시간이 있음을 표현한다.

   – 내담자와 상담 환경을 위한 정돈을 한다.

   – 내담자에 관한 자료를 살펴본다.

   – 상담 사례를 검토해본다.

   – 기도로 준비한다.

– 약속 시간을 정확히 지킨다.

2. 상담 시작 단계

(1) 수용의 단계
1) 내담자를 따뜻하게 맞아들인다.
2) 내담자가 먼저 앉도록 권한다. 상담하기에 유익한 위치를 선정해야 한다.
3) 자연스러운 대화로 시작한다. 일상적인 대화나 수집된 자료를 근거로 대화를 시작한다.
4) 두려움과 불안해하는 내담자를 안심시켜 중심문제로 신중하게 유도한다. 내담자를 자극하여 말을 꺼내도록 한다. 그러나 급하게 유도하지는 말라.
5) 상담 내용에 대한 불안을 느끼지 않도록 안심시켜준다. 비밀이 누설된다고 생각될 때 마음속에 있는 이야기를 하지 않는다.
※ 수용의 단계에서 가장 중요한 것은 라포(rapport, 친밀감)의 형성이다. 수용의 단계는 사실 재어보는 단계이다. 그런데 상호 신뢰의 편안한 관계가 형성되지 않으면 그다음 단계인 문제 서술 단계가 이루어질 수 없다.

(2) 문제 서술 단계
1) 내담자의 문제 진술에 대한 상담자의 경청과 이해의 단계다.
2) 내담자의 말을 주의 깊게 경청해야 한다.

3) 제시된 문제가 진정한 문제가 아닐 수도 있으므로 문제에 대한 진술을 잠정적으로만 수용하고 진정한 문제를 내놓도록 유도한다. 진정한 문제를 알기 위해서는 몇 차례의 상담이 요청될 수 있다.

4) 지혜롭게 질문하라.

첫째, 폐쇄된 질문을 사용하지 말고 개방적인 질문을 사용하라.

둘째, 양자 택일식 질문을 피하라.

셋째, 간접적인 질문을 하라.

넷째, 질문을 연달아서 하지 말라.

다섯째, "왜?"라는 질문은 주의하라.

여섯째, 대화의 흐름을 단절시키는 질문을 피하라.

5) 적절한 반응을 보이라.

첫째, 구어적 반응 : 심사적 반응, 이해적 반응, 지원적 반응, 해석적 반응, 평가적 반응, 반사적 반응.

둘째, 행동적 반응 : 머리를 끄덕임, 인정해주는 표정(예, 그래요), 미소, 침묵.

6) 조심스럽게 관찰하라.

첫째, 내담자의 언행을 조심스럽게 관찰하라. 음성이나 성량, 화제의 변화에 주목하라.

둘째, 처음 토하는 말이나 끝맺는 말에 주의하라.

셋째, 반복되는 주제에 관심을 가지라.

넷째, 감정의 변화에 주의하라. 눈물, 호흡, 자세를 바꾸는 것을 놓치지 말라.

7) 기타 주의사항

첫째, 지나치게 아는 체하거나 "나라면 이렇게 한다"라는 식의 표현을 삼가라.

둘째, 내담자에게 말을 많이 하게 한다.

셋째, 침묵을 두려워하지 말라. 침묵은 내담자가 어떤 감정을 통제하려고 갈등하거나, 중요한 문제에 대해 생각하거나, 더 말해줄까 그만둘 것인가를 놓고 마음에 갈등을 일으키는 과정일 수 있다. 이때 상담자는 "서두르실 것 없습니다" "말하기가 어려울 때도 있어요"라고 격려해준다.

(3) 권면적 해결의 단계

1) 상담자는 내담자의 통찰을 돕는 노력을 해야 한다. 성경을 통해 격려와 소망을 주고, 가르침과 훈계, 그리고 권면을 통해 삶의 새로운 방향을 제시한다.

2) 상담자와 내담자가 함께 해결책을 모색한다. 상담은 상담자와 피상담자의 동시적인 책임관계이다.

3) 상담 과정에서 내담자 자신이 직면하고 있는 문제에 주체적으로 대처하도록 자립을 촉진해준다.

첫째, 할 수 없다는 말을 하지 말라.

둘째, 모든 문제를 직면하는 자에게 희망을 주어야 한다.

셋째, 예수님 안에서 옛사람은 죽고 새 사람으로 변화될 수 있음을 깨닫게 한다.

넷째, 과거로 돌아가는 일도 필요하다.

다섯째, 문제를 전체적인 구조와 관련하여 해결하라.

여섯째, 적절한 징계를 시행하라.

일곱째, 모범을 통하여 해결하라.

4) 내담자가 차츰 긍정적인 면을 보여 변화와 진보를 보였을 때 이것을 인정해주고 용기를 북돋아주어야 한다.

5) 긍정적인 끝맺음을 하여라.

첫째, 격려와 희망의 감정을 갖고 떠나도록 해준다.

둘째, 격려의 말이나 짤막한 기도로 상담을 끝맺는다.

셋째, 상담이 지연되는 것을 지혜롭게 해결하라.

3. 상담의 종결단계

(1) 적절한 시기에 상담을 종결하고 다음 상담을 약속한다.

(1회 면담 : 50분 제한)

(2) 상담 내용을 잊기 전에 특이 사항을 기록해둔다.

1) 세 가지 종류의 기록 : 면담 중에 기록하는 노트, 녹음, 내담자가 떠난 후에 기록하는 노트.

2) 기록 방법 : 동의를 구하고 짤막한 내용으로 기록하되 은밀한 내용 기록은 삼간다.

3) 상담 내용이 누설되지 않도록 철저히 보관한다.

(3) 상담 후 시도와 재평가를 통한 돌봄이 유지되어야 한다.

앞에서 기술한 상담의 단계와 기술을 습득한다면 처음 상담하는 권사라도 자신감을 가지고 상대방과 대화를 이끌어갈 수 있을 것이며, 유능한 영적 상담자, 영적 치유자가 될 수 있을 것이다.

유능한 상담자는 훈련으로 세워진다

　　　　유능한 상담자의 길을 걷기 위해서는 몇 가지 훈련해야
할 것이 있다.

　<u>첫째, 친밀한 신뢰관계를 형성하는 능력을 훈련해야 한다.</u>
　상담자와 피상담자가 라포가 형성되지 않으면 상담관계가 형성되지
않는다. 라포는 상담이나 의사의 진료, 교육을 위한 전제조건이다. 이
것은 신뢰와 친근감을 바탕으로 이루어진 심리적인 유대관계를 말한
다. 즉 서로의 마음이 통하는 상태를 말한다.
　사실 교회에서는 이미 거의 라포가 형성된 상태이다. 너무 잘 알고
있는 관계이고, 가정사나 인생사에 대해서도 잘 아는 경우가 대부분이
다. 기본적인 신뢰관계가 형성되었기에 사실 상담이 그만큼 쉽다.
　그런데 이 신뢰관계는 한편으로 부담스럽기도 하다. 왜냐하면 교회
안에서 너무 익숙하게 잘 알고 있어서 선입견이 형성될 우려가 크다.
더구나 평소에 존경받고 신뢰받을 수 있는 인격을 보였으면 다행인데,
그렇지 못하면 불신하게 되어 상담이 제대로 이루어지지 않는다.
　그러므로 권사는 평소 자신의 신앙생활을 잘 돌아봐야 한다. 그렇지
않으면 교인들에게 외면당하고 무시당할 수도 있다. 다른 사람을 도와
주려고 하는데 상대방이 "너나 잘하라"고 한다면 심각한 문제가 아닐
수 없다.

　<u>둘째, 은혜로운 말을 사용하는 훈련을 해야 한다.</u>

상담이란 말을 통해 다른 사람을 돕는 사역이다. 그런데 다른 사람이 나에게 말을 걸어오지 않는다면 상담을 할 수 없다. 다른 사람이 속에 있는 말을 나에게 털어놓고 싶어 하지 않는다면 상담관계가 형성될 수 없다.

나는 언젠가 어느 대학병원에 심방을 간 적이 있다. 병문안을 마치고 돌아오는 길에 국내에서 유명한 어느 교회 권사님을 만나서 대화를 나누게 되었다. 교회에서 호스피스 사역을 하는 분이셨다. 나는 거기서 신선한 충격을 받았다. 비록 나이는 들었지만 너무나 교양이 넘치는 자태를 엿볼 수 있었다. 얼굴에는 미소와 친절함이 배어 있었다. 그분의 입에서 나오는 말은 부드럽고 온유했다. 작고 나지막한 목소리였지만 사람을 끄는 매력을 갖고 있었다. 몇 시간이라도 함께 대화를 나누고 싶었다. 은혜롭고 유익한 시간이었다.

유능한 상담자는 바로 이러한 언어훈련을 해야 한다. 피상담자가 자기 속에 있는 말을 하고 싶을 정도의 매력을 가지고 있어야 한다. 오히려 상담함으로 상처받고 더 힘들어진다면 누가 상담을 하겠는가?

셋째, 상대방의 마음에 있는 말을 끌어내는 훈련을 해야 한다.

상담은 상처와 아픔과 고통을 가진 사람의 마음을 어루만지는 일이다. 그렇다면 상담자는 상대방의 속사정을 알고 마음속에 감춰둔 이야기를 들을 수 있어야 한다. 마음속에 감춰둔 고민과 탄식을 볼 수 있어야 한다. 겉으로 표현하지 않는 마음속에 감춰둔 이야기를 끄집어내는 능력을 훈련해야 한다.

상대방이 마음속에 있는 이야기를 털어놓도록 하기 위해서는 상담자가 진실함과 진지함을 보여주어야 한다. 상담자가 건성으로 듣고 마음의 아픔과 고통을 공감해주지 않는다면 입을 다물고 만다. 상담자는 "이 사람은 무엇을 필요로 하는가? 이 사람은 나로부터 무엇을 원하는가? 나는 이 사람을 위해서 무엇을 할 수 있는가?"에 대해서 진지한 고민을 던지면서 피상담자의 말을 들어야 한다.

단순히 정보를 얻으려고 하는 태도나 가십거리로 삼으려고 하는 마음이 감춰져 있을 때 피상담자는 속사정을 말해야 할 이유를 찾지 못한다. 아픈 마음을 충분히 공감해주어야 한다. 그를 정죄하고 판단하기보다는 아픔을 먼저 느껴주고 이해해주어야 한다. 상담자가 실패하는 것 가운데 하나는 섣불리 해답을 주려고 하는 것 때문이다. 설득하려고 노력하는 것보다 더 소중한 것은 함께 따라가 주는 따뜻한 마음이다.

넷째, 상대방의 감정 흐름을 잘 살피는 훈련을 해야 한다.

상담 중에 취하는 피상담자의 감정의 흐름을 볼 수 있어야 한다. 표정이 달라지고 한숨이 섞여 나오며 감정이 격해지는 것을 유심히 관찰해야 한다.

상담 중에 잠시 중지하는 것을 두려워하지 말아야 한다. 그 시간은 성찰의 시간이다. 생각과 감정을 정리하며 성령께서 일하시도록 하는 시간이다. 상담자는 상대방의 언어적, 비언어적 메시지를 읽을 줄 알아야 한다. 사람은 입으로만 말하는 것이 아니라 비언어적 수단으로도 말한다. 상담에서는 오히려 비언어적 언어가 더 중요하다. 의사소통의 내용을 언어적 경로와 비언어적 경로를 통해 분석한 결과, 언어적 요소는 7%, 음성적 요소는 38%, 얼굴 요소는 55%였다.

피상담자가 경험하는 감정은 그가 사용하는 말의 내용이나 말투를 통해서 알 수 있다. 이러한 감정의 흐름은 상담의 내용과 깊은 관련이 있다. 이를 표면적 느낌이라고 부른다. 그뿐만 아니라 상담자는 대화의 부분이 어떻게 연결되는가를 해석함으로써, 즉 '행간을 읽음'으로써 숨겨진 느낌을 포착할 수도 있다. 이렇게 추측된, 그리고 해석된 느낌을 심층적 느낌이라고 부른다. 상담자는 심층적 느낌을 근거로 피상담자와 그가 처한 상황이 어떠하리라고 짐작하게 된다. 그러나 상담자는 심층적 느낌의 표현은 유보하는 것이 좋다.

다섯째, 피상담자에게 자신의 모든 관심을 기울이는 훈련을 해야 한다.

관심을 기울이는 데도 기술이 필요하다. 관심 기울이기 기술은 다른 사람의 이야기를 듣는 동안에 나타내는 신체적 행동이다. 거동, 시선의 마주침, 표정 등과 같은 이런 행동은 말하고 있는 사람에게 당신의 메시지를 전달한다. 효과적인 관심 기울이기 기술은 그 당사자에게 관심이 있다는 사실을 의사소통하는 것이다.

여섯째, 공감적 의사소통을 하는 훈련을 해야 한다.

상담자는 상대방이 느끼는 감정을 이해해야 한다. 그뿐만 아니라 그 이해를 말로 표현해야 한다. 공감적으로 의사소통하는 첫 단계는 바로 내담자 자신이 당면하고 있는 문제에 대해서 스스로 어떻게 느끼는지 주의 깊게 들어주는 것이다. 그다음 단계는 내담자의 감정과 그가 처한 상황을 대표해줄 만한 적절한 말을 생각하는 것이다. 세 번째 단계는 내담자의 감정과 그의 상황을 잘 이해하고 있다는 말을 그에게 전해주는 것이다.

이러한 공감적 의사소통이 성공하기 위해서는 상대방이 이야기하고 있는 동안 그의 말에 귀를 기울여야 한다. 공감과 동정은 서로 다르다. 공감은 상담자가 피상담자의 처지에서 그와 같은 정서를 경험하는 것이다. 만약 내담자가 슬퍼하면 상담자도 슬픔을 느끼고, 그가 두려워하면 상담자도 두려움을 경험할 뿐만 아니라 그와 함께 나타나는 신체적 반응(경련, 땀에 젖은 손, 불규칙한 심장박동 등과 같은)도 경험할 수 있다.

그러나 내담자의 감정을 함께 경험하는 것이 반드시 그에게 도움이 된다고 생각할 필요는 없다. 단지 다른 사람이 느끼는 바를 이해할 수만 있다면 그를 돕기가 보다 용이해질 수 있는데, 이것이 바로 공감을 의미하는 것이다. 상담자가 상대방의 감정에 너무 지나치게 빠져들게 되면 상담이 진행되어야 할 방향을 상실할 수 있다.

앞에서 제시하는 여섯 가지는 상담자로서의 권사가 꼭 훈련해야 할 것들이다. 틈틈이 세심하게 훈련한다면 상담 시 많은 도움이 될 것이다.

또한 상담자로서의 권사가 상담할 때 주의해야 할 몇 가지가 있다. 이것은 상담을 하면서 꼭 유념해야 할 기술들이다. 만약 여기서 한두 가지라도 지켜지지 않는다면 상담은 원만하게 진행되지 못할 것이다.

첫째, 철저하게 비밀을 지켜주라.

교회 안에서의 상담이 실패하는 이유 중 하나는 바로 비밀 보장이다. 많은 목회자가 목회 상담을 하지만 오히려 부작용이 나타나는 경우가 잦다. 상담 내용을 설교나 교육에서 인용하거나 다른 사람에게 누설하기 때문이다. 그래서 상담자는 상대방과 나눈 대화 내용을 철저하게 비밀로 지켜주어야 한다. 평신도는 상담 내용의 비밀 보장에 대해서 더 가볍게 생각하는 경우가 많다. 권사가 심방을 하거나 교인의 가정사에 대해서 알고 난 후 소문이 나서 큰 상처를 입는 경우가 한두 건이 아니다.

둘째, 가정사에 지나치게 개입하는 것도 위험할 수 있다.

목회 상담을 할 때 자칫 가정사에 너무 깊이 개입함으로 실패하는 경우가 허다하다. 깊은 내용을 상담하고 나면 발가벗겨진 느낌이 들 때가 있다. 설교나 교육을 통해 비슷한 내용이 나와도 자신의 문제를 다룬다고 생각되기도 한다. 그래서 목회 상담을 하고 난 후에 교회를 떠나는 교인을 보게 된다. 더구나 아무리 상담자가 도와주고 싶은 마음으로 노력을 해도 도와줄 수 있는 영역이 있는가 하면, 도와줄 수 없는 영역도 있다.

셋째, 섣불리 판단하지 말아야 한다.

상담신학자 아담스 박사는 상담자로 인한 상담 실패의 원인을 다음과 같이 지적한다. 첫째, 지나치게 동정적일 때이다. 둘째, 성급한 결론을 내릴 때이다. 셋째, 기본적 유형을 잘못 분석할 때이다. 넷째, 너무 감정적으로 개입할 때이다. 다섯째, 권위를 잘못 사용할 때이다.

상담자는 피상담자의 일방적인 말을 섣불리 판단하고 결정 내리지 말아야 한다. 상담하러 온 사람은 모든 상황과 사건을 자기 처지에서 설명한다. 그래서 피상담자의 말만 듣고 그대로 판단하면 사실을 크게 오해하고 왜곡시킬 수 있다. 상담하러 온 사람의 마음을 헤아려주고 그의 필요가 무엇인지 분석하기 위한 자료일 뿐이다. 그렇다고 상담하러 온 사람을 경계하거나 불신하라는 뜻은 아니다.

넷째, 이성과의 상담을 피하라.

상담하다 보면 상담자와 피상담자 사이의 깊은 신뢰관계가 형성된다. 더구나 아픔을 가진 사람에 대한 동정심도 유발된다. 그러다 보면 이성과의 상담에서 잘못된 관계에 빠지게 되는 일도 있다. 그렇기에 동성 간의 상담이 좋고, 굳이 이성과의 상담이 필요하다면 매우 조심해야 한다. 은밀한 장소나 밀폐된 공간을 피해야 한다. 자동차 안에서의 상담이나 외딴곳에서의 상담을 피해야 한다. 상담실이나 회의실도 밖에서 보이도록 만들고 상담할 때는 문을 살짝 열어두어야 한다. 더구나 정서적인 친밀감이 생기다 보면 생각지도 못한 관계에 빠져들 수 있어서 피해야 할 상담 내용까지 다루지 않도록 주의해야 한다.

다섯째, 자신의 한계를 인정하고 전문가에게 위탁하는 용기가 있어야 한다.

대부분의 교역자나 권사는 전문적인 상담자가 아니다. 그런데 상담하다 보면 전문적인 상담자나 의사의 도움을 받아야 할 때도 있다. 그때는 주저하지 말고 전문기관에 의뢰해야 한다.

<u>여섯째, 영적인 것을 지나치게 강조하거나 무시하지 말아야 한다.</u>

너무 영적인 사람은 모든 것을 영적인 것으로 오판하기도 한다. 정신적인 문제가 있는데도 귀신이 들려서 그렇다고 결론을 내리고 기도원을 찾아가거나 예배하고 기도하면 된다고 말한다. 반대로 영적으로 문제가 있음에도 불구하고 영적인 세계를 믿지 못하는 사람은 정신적, 혹은 심리적인 문제로만 치부해버린다. 그래서 영적인 것과 정신적인 것에 대한 분별을 잘해야 한다.

<u>일곱째, 상담 중에 발생하는 부적절한 의사소통을 주의해야 한다.</u>

예를 들면 잡담, 과도한 불평, 소문, 의존관계의 간청, 남을 이간시키는 일과 같은 말은 도움이 되지 못한다. 이러하였을 때는 피상담자의 감정이 다치지 않는 방법으로 대화의 주제를 바꾸어야 한다.

앞에서 기술한 상담 기술을 잘 습득하고 훈련한다면 권사는 유능한 영적 상담자, 영적 치유자가 될 수 있다. 교인들을 돌보고 양육하는 권사로서 해야 할 역할을 충분히 잘 감당할 수 있을 것이다.

03

직분 이해

>>> PART_1

탁월한 교사,
세우는 구역장이 되라

직분을 맡은 자는 자신이 맡은 사역을 성실하게 잘 감당해야 한다. 직분을 맡아놓고 자기 역할을 감당하지 못한다면, 다른 지체들을 불편하게 하는 일이자 목회자의 힘을 빼는 일이며, 하나님께 죄를 짓는 일이다. 그렇기에 "맡은 자들에게 구할 것은 충성이니라"(고전 4:2)는 말씀을 항상 명심해야 한다.

공동체생활을 위해서는 짊어져야 할 짐이 있다. 바울은 갈라디아 교인들에게 두 가지 짐에 대해서 말했다.

첫째, 각자가 부담해야 할 짐이다. "각각 자기의 짐을 질 것이라"(갈 6:5). 여기에 나오는 짐은 혼자서 짊어질 수 있는 정도의 짐 꾸러미이다. 마치 배낭과 같은 짐을 말한다. 자신이 짊어질 수 있는 짐은 스스로 감당해야지, 그렇지 않으면 다른 사람들에게 피해를 준다.

탁월한 교사, 세우는 구역장이 되라   053

둘째, 서로 져주어야 할 짐이다. "너희가 짐을 서로 지라. 그리하여 그리스도의 법을 성취하라"(갈 6:2). 여기에 나오는 짐(바로스)은 혼자서 짊어지기에는 너무 힘든 일을 가리킨다. 모든 교인은 각자 자기가 해야 할 일을 감당해야 하고, 그 일에 대한 책임을 져야 한다. 그러나 혼자 힘이나 능력으로 감당하기 힘든 무거운 짐은 서로 나눠서 져야 한다. 그것이 주님이 말씀하신 사랑의 법을 성취하는 비결이다.

권사에게는 교회 안에서 짊어져야 할 짐이 부과되어 있다. 이 짐을 질 때 교인들에게 선한 영향력을 끼치게 되고, 목회자가 힘을 얻을 수 있으며, 교회가 부흥할 수 있는 계기가 된다. 권사가 감당해야 할 사역 가운데 아주 중요한 사역이 바로 교회 공동체 안에서의 교사와 구역장의 사명이다. 이 사역은 영혼을 돌보고 섬기는 목회자의 몫을 나눠지는 사역이기에 권사는 작은 목자의 심정을 가져야 한다.

영혼을 변화시키는 탁월한 교사가 되라

선지자 에스겔은 여호와의 음성을 들었다. "인자야 너는 이스라엘 목자들에게 예언하라. 그들 곧 목자들에게 예언하여 이르기를 주 여호와께서 이같이 말씀하시되 자기만 먹는 이스라엘 목자들은 화 있을 진저 목자들이 양 떼를 먹이는 것이 마땅하지 아니하냐. 너희가 살진 양을 잡아 그 기름을 먹으며 그 털을 입되 양 떼는 먹이지 아니하는도다. 너희가 그 연약한 자를 강하게 아니하며 병든 자를 고치지 아니하며 상한 자를 싸매주지 아니하며 쫓기는 자를 돌아오게 하지 아니하며 잃어버린 자를 찾지 아니하고 다만 포악으로 그것들을 다스렸도다. 목자가 없으므로 그것들이 흩어지고 흩어져서 모든 들짐승의 밥이 되었도다. 내 양 떼가 모든 산과 높은 멧부리에마다 유리되었고 내 양 떼가 온 지면에 흩어졌으되 찾고 찾는 자가 없었도다"(겔 34:2-6).

안타까운 하나님의 심정이 토로 되고 있다. '내 양'을 향한 하나님의 사랑과 그들을 향한 인간 지도자들의 무책임한 태도를 신랄하게 표현해주고 있다. 자기 배만 불리고 자기 안일에 도취해 있을 뿐 양들에 대해서는 무관심하다.

목자에게는 연약한 자를 강하게 세우고, 병든 자를 고쳐주며, 상한 자를 싸매주고, 길을 잃은 양을 찾아야 할 책임이 있다. 그런데 오히려 살진 양을 잡아 자기 실속과 이권을 챙기기에 분주하다. 양들은 불쌍하게도 흩어져서 헤매다가 들짐승의 밥이 되고 있다. 이것은 이스라엘 백성들의 상태를 보여주고 있으며 이스라엘 지도자들의 사악함을 여실히 드러내주고 있다.

그런데 오늘날의 현실이 이와 다르지 않다. 영혼을 돌볼 자로 세움받았지만 그들을 내버려 둔 영적 지도자가 많다. 교회 안에서 교사의 직분을 맡았지만 영혼에 대한 애착도 없이 영혼의 상태도 모른 채 버려둔 교사가 적지 않다.

어느 기독교 언론에 따르면 한국교회는 해마다 주일학교 어린이 5만 명을 포함해서 20만 명이 줄어들고 있다고 한다. 이는 한국교회를 향한 심각한 경고장이며, 이미 오래전부터 적신호가 들어와 있다는 방증이다. 교회교육선교회 회장 김성환 목사는 말한다. "한국교회 어린이 예배가 사라지고 있다. 교회의 50% 이상이 어린이 예배를 드리지 않고 있다." 그에 따르면 "노회 산하에 100여 교회가 있지만 그중 50%가 어린이 예배가 없다. 특히 중소형 교회는 심각하다"고 한다.

저출산으로 인한 어린이 인구가 현격히 감소하고, 주 5일 근무제와 주 5일 수업으로 인한 가족 나들이가 교회 출석을 어렵게 한다. 어디 그뿐인가? 대입 중심의 한국적 교육 병폐가 직분자의 자녀들까지도 학원으로 내몰고 있다. 더구나 사회 교육이나 놀이문화가 이미 교회 교육이나 놀이문화보다 월등하게 나은 형편이다.

오늘날 한국교회는 사회의 변화에 능동적으로 대처하지 못하는 게 사실이다. 교회시설은 사교육을 위한 학원이나 학교시설에 미치지도 못하는 실정이다. 더욱이 사회 교육이 갖는 프로그램보다 앞서는 프로그램 개발도 이루어지지 않고 있다. 심지어 10년, 20년 전에 부르던 율동과 찬송에 머물러 있다. 아이들이 교회의 신앙교육에 흥미를 갖지 못하는 것이 당연하다. 교회에 나와 딱딱한 의자에 앉아서 따분하게 예배드리느니 차라리 컴퓨터나 텔레비전 앞에 앉아서 즐기는 게 훨씬 더 흥미롭다. 그렇기에 아이들을 교회로 끌어낸다는 게 보통 어려운 일이 아니다.

어쩌다가 교회는 나왔을지라도 아이들의 실태를 보라. 사실 요즘 학생들을 가르치는 교사들의 고민은 이만저만이 아니다. 예배시간에 10, 20분 늦는 것은 다반사다. 찬양시간에 땅만 쳐다보고 있고, 설교시간에 옆에 있는 친구와 장난치거나 아예 핸드폰을 붙잡고 있다. 기도시간에 눈을 멀뚱멀뚱 뜨고 천정을 쳐다보거나 주변을 두리번거리고 축도가 끝나기도 전에 도망쳐버린다. 짧은 분반 공부시간에도 온몸을 비비 꼬면서 몸부림친다. 이런 아이들과 영적 씨름을 하자니 어느 교사가 마음 편할 리 있겠는가?

교회학교의 마이너스 성장은 한국교회의 위기를 예견하고 있다. 사회의 고령화보다 더 심각한 것은 한국교회의 고령화현상이다. 이런 상황에서 한국교회와 교사는 환골탈태를 각오하지 않으면 안 된다. 교회학교를 다시 살리려면 각고의 노력을 해야 하는데, 무엇보다 교사의 사명감과 헌신을 회복해야 한다. 교사가 영적 부르심에 대한 자부심을 품고 부르심의 영광을 생각하면서 영혼에 대한 애착과 사명의식을 회복해야 한다. 교사의 영성이 회복되지 않으면 교회학교의 부흥은 기대할 수 없다. 교사의 절대적인 헌신이 수반되지 않고서는 교회학교가 일어설 수 없다.

어느 주일학교 교사가 자기 아들이 공부를 잘하게 해달라는 기도 제목 하나만 가지고 기도원에 올라갔는데, 막상 기도하려고 보니 자기 아들을 위한 기도는 안 나오더란다. 오히려 자기가 맡은 반 아이들이 생각나서 밤새워 그들을 위해 눈물로 기도했다고 한다. 이것이 바로 교사의 마음이다.

교사의 영향력은 대단하다. 헌신 된 교사 한 사람이 가져올 결과는 실로 엄청나다. 시카고의 무디기념교회에는 84세 된 할머니 교사가 있다고 한다. 그 할머니는 중등부 교사로 재직하고 있는데, 그분의 제자 중 85명의 학생이 목회자가 되었다고 한다. 이것이 바로 교사의 영광이 아니겠는가? 교사는 84세가 되어도 포기하지 않는 이런 열정이 있어야 한다.

주일학교 전문가들은 아이들이 교회를 떠나는 원인으로 교회의 무관심을 지적한다. 한국교회는 대부분 장년 전도와 장년목회에 치중한

나머지 어린이사역은 등한시하고 있다. 교회 재정의 대부분은 장년사역과 해외선교에 집중되어 있다. 당장 교회 재정에 별로 도움이 되지 않는 주일학교에 투자하는 것을 기피하고 있다. 그러나 교회 부흥을 위해서는 아이들의 눈높이에 맞는 주일학교 운영과 재정에 과감한 투자가 필요하다.

교회학교 교사는 아이들을 보면 눈물 흘릴 정도로 사랑하는 마음을 갖도록 주일이 되기 전에 충분히 기도해야 한다. 이것이 바로 부모의 마음이다. '1통 2문 3기'라는 말이 있다. 주일학교 교사들만 아는 일종의 암호이다. 1번의 통화, 2번의 문자메시지 보내기, 3번에 걸쳐 아이들의 이름을 부르며 기도하기다. 당신은 과연 어떤 교사인가?

미국 어느 교회의 교회학교에는 존이라는 문제아가 있었다. 그는 고집불통, 욕설, 거짓말, 좌충우돌, 도벽, 말대꾸, 무례, 예배시간에도 심한 장난으로 항상 난장판을 만들었다. 얼마나 문제아였는지 교회학교 교사들은 모두 존을 포기하고 말았다. 교사들은 존을 교회에 나오지 못하도록 퇴학을 시키자고 부장에게 강력히 주장했다.

"다른 어린이들을 위해 존을 퇴학시켜야 합니다."

그때 한 여교사가 존을 맡겠다고 자청하고 나섰다. 결국 존은 그 여교사의 반에 편입되었으나 존의 무법천지 활동은 날이 갈수록 심해졌다.

어느 날, 여교사가 싸움하는 존을 말리며 훈계했다. 그러자 존은 험악한 욕설을 하며 교사의 얼굴에 침을 뱉었다. 여교사는 얼굴의 침을 닦으며 존에게 말했다.

"존, 우리 집에 놀러 오렴. 너에게 줄 멋진 선물이 있단다."

고민 끝에 선생님의 집을 방문한 존은 여교사로부터 예쁜 조끼와 편지를 선물로 받았다. 편지에는 이런 내용이 적혀 있었다.

"존, 나는 너를 사랑한단다. 절대 우리 반을 떠나지 않았으면 좋겠다. 선생님은 너를 위해 매일 기도한단다."

이튿날 여교사의 집 앞에는 한 소년이 무릎을 꿇은 채 울고 있었다. 그는 존이었다.

'사랑의 기도'는 사람을 변화시킨다. 교사는 시대적인 변화와 문화적인 흐름을 읽을 줄 알아야 한다. 장신대 기독교 교육학 이규민 교수는 한국교회 교사들을 보면서 이렇게 한탄한다. "어느 교회 주일학교에서 10년도 더 된 노래를 여전히 부르고 있는 걸 봤다. 변하지 않는 그 자체가 위기다. 20년 전 노래가 교사에겐 좋을지 몰라도 지금의 아이들에겐 전혀 받아들여지지 않을 것이다."

그러면서 이 교수는 주일학교 교육이 아이들의 지지를 얻으려면 3F를 지향해야 한다고 말한다. "지금까지 주일학교가 3M, 즉 물리적 힘(Masculine)과 사실성(Material), 진지함(Meaning)을 고수했다면 이제부터는 3F, 즉 감성적 힘(Femine)과 판타지(Fiction), 재미(Fun)를 추구해야 한다."

세상의 것이라고 무조건 배격하지 말고 그것을 변화시켜 복음적인 것으로 바꾸어낼 줄도 알아야 한다. 쓴 약을 그냥 아이에게 주면 먹으려 하지 않는다. 사탕과 함께 줘야 비로소 그 약이 그 아이에게로 들어가 변화를 일으키는 힘으로 작용할 수 있다. 지금 아이들의 문화코드를 읽는 것은 복음을 전하는 데 있어 매우 중요한 과제이다.

이 외에도 교사가 가져야 할 사명자의 태도가 있다. 교사는 학생들의 가정과 긴밀한 관계를 맺어야 한다. 학생들의 부모와 좋은 관계를 맺어야 한다. 학생들에 관한 관심을 가져야 한다. 학생들의 형편과 사정을 잘 알고 그들의 관심이 무엇인지 파악해야 한다. 학생들을 돌보고 섬길 줄 알아야 한다. 주중에 심방하는 것을 잊지 말아야 한다. 학생이 결석하면 가능한 주일에 바로 심방하는 것이 좋고, 전화 심방은 반드시 주초에 해야 한다. 주말에 하는 전화는 관심과 사랑보다는 "주일에 나오라"는 통보 이상이 될 수 없기 때문이다.

교사는 학생들의 좋은 친구가 되어야 한다. 학생들과 눈높이를 맞춰야 한다. 지루한 공과공부가 되지 않도록 세심한 준비를 해야 한다. 학생들의 관심을 끌어내기 위해 노력해야 한다. 학생들끼리 팀워크를 만들어주고 또래 집단을 활용해야 한다. 저학년은 스킨십을 해주고 고학년은 깊은 대화를 나눠주어야 한다. 주일에 학생들보다 반드시 먼저 와서 그들을 반겨주어야 한다.

구역을 살려 교회를 세우는 구역장이 되라

사도 바울은 데살로니가교회 교인들에게 자신은 유모와 아버지의 마음으로 사역했다고 고백한다.

"우리는 그리스도의 사도로서 마땅히 권위를 주장할 수 있으나 도리어 너희 가운데서 유순한 자가 되어 유모가 자기 자녀를 기름과 같이 하였으니 우리가 이같이 너희를 사모하여 하나님의 복음뿐 아니라 우리의 목숨까지도 너희에게 주기를 기뻐함은 너희가 우리의 사랑하는 자 됨이라. 형제들아 우리의 수고와 애쓴 것을 너희가 기억하리니 너희 아무에게도 폐를 끼치지 아니하려고 밤낮으로 일하면서 너희에게 하나님의 복음을 전하였노라. 우리가 너희 믿는 자들을 향하여 어떻게 거룩하고 옳고 흠 없이 행하였는지에 대하여 너희가 증인이요 하나님도 그러하시도다. 너희도 아는 바와 같이 우리가 너희 각 사람에게 아버지가 자기 자녀에게 하듯 권면하고 위로하고 경계하노니 이는 너희를 부르사 자기 나라와 영광에 이르게 하시는 하나님께 합당히 행하게 하려 함이라"(살전 2:7-12).

여기서 유모는 어머니를 말한다. 바울은 어머니의 마음으로 교인들을 돌아보고 섬겼다. 교인들을 얼마나 사랑했는지 단지 복음을 나누어 줄 뿐만 아니라 목숨까지도 주기를 기뻐했다. 그렇다면 바울은 왜 이렇게 행했을까? 사랑했기 때문이다. 바울은 교인들에게 폐를 끼치지 않기 위해 밤낮을 가리지 않고 일하면서 애썼다. 어디 그뿐인가? 그는 거룩하고 옳고 흠 없이 행하기 위해 경건훈련에 모범을 보였다. 자신도 행하지 않는 삶을 자녀에게 요구할 수 없었기 때문이었다.

한편 바울은 영적 아버지로서 데살로니가교회 교인들을 양육하고 훈련했다. 그는 아버지의 심정으로 권면하고 위로하며 경계했다. 하나님의 말씀으로 권면하고 가르치지 않으면 바른 성도로 자랄 수 없기 때문이다. 그러면서도 바울은 아버지가 갖는 엄격함을 잃지 않았다. 만약 자식이 잘못된 길을 가는데도 내버려 둔다면 그것은 아버지가 아니고 자식이 아니라는 증거이기 때문이다.

교회 성장의 중요한 요소 가운데 하나는 '구역 활동'이다. 구역 활동을 통해 목회자 혼자서 감당할 수 없는 목회적인 돌봄을 평신도와 분담하게 된다. 이러한 구역 활동을 통해 교인들은 소속감을 느끼게 되고 교회와 다른 지체들에 대해 애정을 갖게 된다. 구역이라는 소그룹을 통해 구체적으로 봉사하게 되고 지체 간의 사랑과 섬김을 경험하게 된다. 구역 활동을 통해 교인들은 친밀한 교제를 회복하게 된다.

그런데 이렇게 중요한 구역 활동의 원동력은 구역장에게 달려 있다. 구역장의 활동 범주와 역할에 따라 구역의 사활이 걸려 있다. 그렇다면 구역장이 갖춰야 할 자질은 무엇인가?

1. 인격적인 자질
① 사람을 좋아하는 자여야 한다.
② 주장하기보다 섬기기를 즐겨하는 자여야 한다.
③ 긍정적인 말과 사고를 하는 자여야 한다.

2. 영적인 자질
① 영적인 분별력이 있어야 한다.
② 말씀에 풍성히 거해야 한다.
③ 계속해서 배우고 훈련받는 자여야 한다. 칼빈은 "교회는 훈련이다"라고 강조했다.
④ 소명감과 사명감이 있어야 한다. 영혼을 안고 눈물을 흘리며 기도할 수 있는 자여야 한다.
⑤ 무엇보다도 하나님을 더 사랑하는 자여야 한다.

3. 사역적인 자질

① 사람들을 다룰 수 있는 리더십이 있어야 한다.

② 심방과 상담에 유능해야 한다.

③ 예배 인도에 대해 원숙함이 있어야 한다.

구역장은 구역 활성화를 위해 세심한 노력을 기울이지 않으면 안 된다. 그러기 위해서는 구역장이 감당해야 할 사역들이 있다.

1. 구역 행정관리

① 구역원들의 예배와 모임 현황을 파악하여 권면하고 책망한다.

② 구역에서 나오는 헌금이 복음을 위해 올바로 활용되도록 관리하고 통제한다.

③ 구역 일꾼들이 심방하고 상담하는 일을 계획적으로 실시한다.

④ 구역의 방향이 목회 방향과 교회의 지향점과 일치하고 있는지 점검해야 한다.

⑤ 구역 모임이 오히려 경제적인 부담감이나 빈부에 대한 스트레스를 가중하지 않도록 해야 한다.

⑥ 입적한 교인의 심방과 이사한 교인의 환송을 하고, 이사 간 교인은 타 교구로 넘겨준다.

⑦ 모든 일과 행정을 복음 전파에 초점을 맞춰야 한다.

⑧ 교회의 제반 행사와 보조를 맞춘다.

2. 구역원 관리

① 구역원들에게 도전을 주어야 한다.

② 심방과 상담을 통해 다정한 친구가 되어야 한다.

③ 작은 일(생일, 결혼기념일, 진학, 진급, 개업 등)에 관심을 두어야 한다.

④ 구역원의 애경사에 적극적으로 협력해야 한다.

⑤ 불신 가족에게 사소한 관심을 더 기울여야 한다.

⑥ 구역원이 교회의 핵심 구성원으로 활동할 수 있도록 인도해야 한다.

⑦ 구역원들의 효율적인 교제의 끈을 마련해주어야 한다.

⑧ 매사에 긍정적이고 적극적인 구역원으로 양육해야 한다.

3. 소그룹 성경공부 인도

① 성경공부 인도를 위해 말씀과 기도로 충분히 준비해야 한다.

② 성경공부의 분명한 목표를 설정해야 한다. 기대를 불러일으키고 방향을 제시해주어야 한다.

③ 다른 사람들이 말할 수 있도록 분위기를 만들어주어야 한다. 정답제시형의 공부가 되지 않아야 한다.

④ 좋은 질문을 많이 계발해야 한다.

4. 역할 분담

① 구역장 : 구역원을 심방하고 상담한다. 구역 예배를 인도한다. 날짜와 장소는 미리 연락한다. 구역원의 동태에 대한 제반 사항을

재빠르고 정확하게 보고한다. 구역원의 영적 상태를 파악하여 성장할 수 있도록 적절한 도움을 준다. 담당교역자와의 긴밀한 유대관계를 갖는다.

② 권찰 : 구역장의 일을 보좌한다.

5. 구역 활동

① 구역 심방 및 상담 : 개개인의 형편과 영적인 상태를 알고 돌아봐야 한다.

② 구역 예배 : 성경공부와 친교를 효율적으로 나눠야 한다.

③ 구역 전도 : 전도와 선교적인 사명을 수행해야 한다.

④ 구역 봉사 : 사랑의 섬김을 실천해야 한다.

⑤ 친교 활동 : 구역원 간의 친밀한 영적 교제를 통해 아름다운 공동체를 경험하게 해야 한다.

구역장의 직무를 감당하는 것은 쉬운 일이 아니다. 그러나 구역장이 자신의 사명을 잘 감당할 때 개인적으로는 말할 수 없는 보람과 기쁨을 맛볼 것이며, 교회를 부흥시키고, 하나님으로부터 상급을 풍성히 받을 것이다.

구역장은 구역의 모든 일을 돌아보는 책임자이다. 구역장은 구역의 지도자이며 목자이다. 구역장은 적어도 작은 목회를 하는 목회자와 같다. 그렇기에 교인들을 잘 준비시켜서 섬기는 일을 효과적으로 감당할 수 있도록 해야 하고, 교회의 다양한 일꾼들을 길러내야 한다. 교인들이 구령의 열정을 갖고 전도할 수 있게 해야 한다. 구역이 활성화될 때 그리스도의 몸인 교회는 온전히 세워지게 된다.

바울처럼 영혼의 책임자로 거듭나라

   교사나 구역장으로서의 권사는 바울의 심장을 품어야 한다. 바울은 빌립보 교인들에게 쓴 편지에서 영혼에 대한 애착을 잘 보여주고 있다.

"내가 너희를 생각할 때마다 나의 하나님께 감사하며 간구할 때마다 너희 무리를 위하여 기쁨으로 항상 간구함은 너희가 첫날부터 이제까지 복음을 위한 일에 참여하고 있기 때문이라. 너희 안에서 착한 일을 시작하신 이가 그리스도 예수의 날까지 이루실 줄을 우리는 확신하노라. 내가 너희 무리를 위하여 이와 같이 생각하는 것이 마땅하니 이는 너희가 내 마음에 있음이며 나의 매임과 복음을 변명함과 확정함에 너희가 다 나와 함께 은혜에 참여한 자가 됨이라. 내가 예수 그리스도의 심장으로 너희 무리를 얼마나 사모하는지 하나님이 내 증인이시니라. 내가 기도하노라. 너희 사랑을 지식과 모든 총명으로 점점 더 풍성하게 하사 너희로 지극히 선한 것을 분별하며 또 진실하여 허물없이 그리스도의 날까지 이르고 예수 그리스도로 말미암아 의의 열매가 가득하여 하나님의 영광과 찬송이 되기를 원하노라"(빌 1:3-11).

여기서 우리는 바울의 빌립보 교인들을 향한 사랑을 통해서 영혼의 책임자로서 권사가 가져야 할 몇 가지 마음가짐을 확인할 수 있다.

첫째, 바울은 빌립보 교인들을 늘 생각하는 사역자였다.

생각한다는 것은 그만큼 큰 관심과 애정을 품고 있다는 뜻이다. 빌립보 교인들이 바울에게 얼마나 소중한 존재였는지 그들을 생각할 때마다 바울은 감사했다.

둘째, 바울은 빌립보 교인들을 위해 항상 기도하는 사역자였다.

기도는 애정에서 나온다. 기도는 돕고자 하는 마음에서 나온다. 관심 없는 권사는 기도하지 않는다. 바울이 빌립보 교인들을 위해 기도할 때마다 그는 기쁨을 감출 수가 없었다. 그들 안에 복음을 위해 동참하는 삶이 있었기 때문이다. 빌립보 교인들은 바울이 로마 감옥에 갇혀 있을 때 불편하지 않도록 온갖 지원을 아끼지 않았다. 그래서 바울은 그들을 위해 기도했고, 기도할 때마다 바울의 심장은 터질 듯이 기뻤다.

셋째, 바울은 빌립보 교인들을 예수님의 심장으로 사랑했다.

그는 하나님을 증인으로 채택할 정도로 빌립보 교인들에 대한 애정에 있어서 부끄러움이 없었다. 영혼을 책임진 자는 예수 그리스도의 심장으로 영혼을 사랑해야 한다. 십자가에서 심장이 파열될 정도로 사랑의 제물이 되신 그리스도의 사랑과 헌신이 없이는 영혼을 책임질 수 없다.

넷째, 바울은 빌립보 교인들에 대해 기대하고 있었다.

바울이 가진 빌립보 교인들에 대한 기대는 그가 드리는 기도에 잘 나타나 있다. "내가 기도하노라. 너희 사랑을 지식과 모든 총명으로 점점 더 풍성하게 하사 너희로 지극히 선한 것을 분별하며 또 진실하여 허물 없이 그리스도의 날까지 이르고 예수 그리스도로 말미암아 의의 열매가 가득하여 하나님의 영광과 찬송이 되기를 원하노라"(빌 1:9-11). 기대가 없다는 것은 아예 관심과 애정이 사라졌다는 뜻이다. 관심과 애정이 없는 사람에게서는 이런 기도가 나올 수 없다. 어떤 사람에게 기대를 잃지 않는 것은 매우 중요하다. 기대를 잃지 않는 한 포기하지도 않는다.

〈꽁치 한 마리〉라는 감동적인 이야기가 있다.

고등학교 1학년인 영호라는 학생이 있었다. 그런데 벌써 사흘째 결석이었다. 방과 후 담임선생님은 가파른 언덕을 한참 올라가 방 두 칸짜리 영호네 집을 찾았다. 방안은 어지러웠고 온갖 냄새가 코를 찔렀다.

"아직 저녁도 못 먹었구나. 그렇지?"

선생님은 구석에 던져진 라면 두 봉지를 끓여 먹으며 처음으로 영호와 많은 얘기를 나누었다. 영호 부모님은 초등학교 3학년 때 이혼했고, 영호는 밤무대 밴드 마스터인 아빠와 단둘이 살았다. 아빠는 잦은 지방 출장으로 한 달에 절반은 집에 들어오지 않았다.

"선생님, 실은 저 록카페에서 일해요. 사람들의 체취를 느낄 수 있어 좋거든요."

선생님은 마음이 아팠다. 선생님은 아픈 마음을 달래며 영호에게 말했다.

"그래도 공부는 때가 있단다. 아무리 힘들어도 학교는 다녀야지."

다음 날부터 선생님은 아침마다 모닝콜을 해서 영호를 깨웠다. 그러나 일주일쯤 지나자 다시 전화를 받지 않았다. 새벽 6시가 되었다. 선생님은 아예 영호네 집으로 차를 몰았다. 영호는 그 후부터 조금씩 달라졌다. 가끔 수업시간에 질문도 하고 학급 친구들과 어울리며 성적도 조금씩 올라갔다.

그러나 한 달쯤 지났을 때 영호는 자퇴서를 냈다.

"선생님, 노력해 봤지만 학교와 저는 도저히 맞질 않아요."

공든 탑이 와르르 무너지자 선생님은 결국 포기하기로 했다. 마지막으로 따뜻한 밥이나 한 끼 먹이고 싶어 영호를 데리고 식당에 갔다. 상위에 꽁치구이 한 마리가 올라왔다. 영호가 식당 주인에게 물었다.

"이 꽁치는 어떻게 요리하는 거죠?"

그런데 영호의 다음 말이 선생님의 가슴을 쳤다.

"내일 아빠가 오시는데 해드리면 맛있게 잘 드실 것 같아서요."

순간 선생님의 눈에서는 눈물이 핑 돌았다. 이렇게 착한 아이를 포기하려 했던 자신이 부끄러웠다. 어느덧 선생님의 머릿속에는 '포기'라는 단어가 서서히 지워지고 있었다.

사도 바울의 영혼에 관한 관심과 애착은 데살로니가교회 교인들에게 하는 말에도 잘 나타나 있다. "우리의 소망이나 기쁨이나 자랑의 면류관이 무엇이냐. 그가 강림하실 때 우리 주 예수 앞에 너희가 아니냐. 너희는 우리의 영광이요 기쁨이니라"(살전 2:19-20). 얼마나 애정이 가득한 표현인가?

영혼을 책임진 자는 우리가 맡은 그 영혼이 소망이어야 한다. 그들이 삶의 기쁨이어야 한다. 그들이 자랑거리여야 한다. 주님 앞에 설 때 그들이 우리의 영광이어야 한다. 이런 교사나 구역장은 행복하다. 이런 교사나 구역장을 작은 목자로 둔 학생이나 구역원은 행복하고 복 되다.

영혼을 변화시키려는가? 그렇다면 아낌없이 칭찬하고 격려하라. 안데르센은 초등학교 5학년 때까지 읽기와 쓰기도 제대로 못 하는 낙제생이었다. 안데르센이 5학년 때 담임선생님인 뮤렐이 우연히 안데르센이 쓴 글을 보았다. 선생님은 안데르센에게 말했다.

"안데르센, 넌 참 글을 잘 쓰는구나. 넌 이다음에 꼭 훌륭한 작가가 되겠는데."

담임선생님이 던진 격려와 칭찬 한마디가 오늘날 세계적인 동화 작가를 탄생시켰다.

알베르트 아인슈타인은 학창 시절에 따돌림을 당하는 대표적인 바보였다. 그의 고등학교 생활기록부에는 "이 학생은 무슨 공부를 해도 성공할 가능성이 없음"이라고 적혀 있었다고 한다. 이런 성적표를 받아 든 그의 어머니가 얼마나 낙담했겠는가?

그런데 그의 어머니는 낙담하기는커녕 오히려 이렇게 격려했다.

"아들아, 너는 다른 아이들과는 다르단다. 네가 남들과 똑같다면 너는 결코 천재가 될 수 없어."

어머니의 칭찬에 힘입은 아인슈타인은 낙담하지 않고 묵묵히 학문에 매진하여 오늘날 물리학의 대명사가 되었다. 칭찬을 아끼는 교사는 변화를 포기한 교사이다. 사람을 변화시키려면 칭찬을 아끼지 말아야 한다.

교사나 구역장은 영혼을 다루는 생명사역자이다. 이 사역은 관계 속에서 승패가 결정된다. 그렇다면 당신은 학생이나 구역원들에게 어떻게 인식되고 있는가?

어느 일간지에서 초등학생들이 좋아하는 선생님과 싫어하는 선생님에 대한 조사결과를 일본 학생들과 비교하여 실었다.

한국 학생들이 좋아하는 선생님 4위는 늘 웃는 얼굴로 대하는 선생님, 3위는 순수하고 솔직한 선생님, 2위는 희망과 용기를 주는 선생님, 1위는 재미있는 선생님이었다. 일본 학생들이 좋아하는 선생님 4위는 열심히 가르치는 선생님, 3위는 친하기 쉬운 선생님, 2위는 유머가 있는 선생님, 1위는 상냥한 선생님이었다.

반면에 한국 학생들이 싫어하는 선생님 4위는 무뚝뚝한 선생님, 3위는 잘난 체하는 선생님, 2위는 교실에서 담배 피우는 선생님, 1위는 짜증을 많이 부리는 선생님이었다. 일본 학생들이 싫어하는 선생님 4위는 잔소리가 심한 선생님, 3위는 완고한 선생님, 2위는 편파적인 선생님, 1위는 화를 잘 내는 선생님이었다.

아이들이 바라는 선생님의 모습은 영혼을 책임지는 권사가 갖춰야할 자격 요건이기도 하다.

권사는 _____ 교인을 양육하고 돌보는 또 다른 목회자다

권사는
목회자를 세워주는
동역자가
되어야 한다

목회를 돕는 효과적인 심방대원이 되라

교인을 돌보는 피스 메이커가 되라

목회자를 세워주는 동역자가 되라

04

목회 동역자

>>> PART_2

목회를 돕는
효과적인 심방대원이 되라

미국에서 널리 알려진 강해설교자 크리스웰 목사는 심방의 중요성을 세일즈맨들의 성공 사례를 들어 이렇게 설명한다.

"세일즈맨들의 성공에 대해 전국 도매상조합에서 이런 조사 결과를 내놓았다. 48%의 세일즈맨들은 한 번을 방문한 후 포기한다. 25%는 두 번 방문 후 포기한다. 결국 88% 세일즈맨들이 한두 번, 혹은 세 번을 방문한 후 포기한다. 그런데 12%의 세일즈맨들은 줄기차게 방문한다. 줄기차게 방문하는 그 12%가 사업의 80%를 해내고 있다. 세 번째 방문으로 포기하는 88%는 고작 사업의 20%밖에는 해내지 못했다."

이러한 결과를 근거로 크리스웰 목사는 이런 결론을 맺는다.

"줄기차게 방문하면 반드시 보상이 따른다. 그러나 이보다 더 중요한 일이 있다. 양 떼를 잘 알고 사랑하고 방문하며 섬기는 목사는 사람들의 마음속에 영원히 거룩한 자리를 차지한다."

그는 계속해서 목회와 심방에 대해서 이렇게 역설한다.

"세계적으로 위대한 목사님들이 보여주는 모범은 한결같이 사람들과의 인간적인 접촉을 통한 것이다. 강단은 설교자의 보좌이지만 그 보좌는 교인들의 애정에 의존하지 않는 한 안정을 누리지 못한다. 교인들의 애정을 사기 위해 당신은 그들을 방문하여 그들을 알아야 하며, 당신이 그들에게 말할 기회를 나눠야 한다. 심방하는 사람은 교인들의 사랑을 차지한다."

권사는 심방을 통해 목회에 동역하게 된다. 목사가 심방사역에 모든 힘을 기울일 순 없다. 목회자가 기도와 말씀 연구에 주력할 수 있도록 권사는 심방을 통해 도와야 한다.

먼저 심방의 중요성을 이해하라

사도 바울은 루스드라와 이고니온과 안디옥으로 돌아가서 제자들의 마음을 굳게 하여 이 믿음에 머물러 있으라 권면한다. "복음을 그 성에서 전하여 많은 사람을 제자로 삼고 루스드라와 이고니온과 안디옥으로 돌아가서 제자들의 마음을 굳게 하여 이 믿음에 머물러 있으라 권하고 또 우리가 하나님의 나라에 들어가려면 많은 환난을 겪어야 할 것이라 하고"(행 14:21-22).

바울은 제1차 선교여행을 마무리지을 즈음에 루스드라에서 복음을 전하다가 거의 반죽음이 되어 성 밖으로 내버려졌다. 초주검이 된 바울은 아무 일도 없었던 것처럼 다시 일어났다. 그리고 다시 복음사역을 위해 더베로 갔다.

바울은 루스드라와 이고니온, 그리고 안디옥으로 돌아가서 박해에도 불구하고 자신이 뿌린 복음의 씨앗이 어떻게 열매를 맺고 있는지 확인했다. 앞의 사도행전 14장 말씀에 나오는 "마음을 굳게 한다"라는 단어는 "힘 있게 해준다, 튼튼하게 만든다"라는 의미다. 즉 바울은 교인들을 격려함으로 믿음 위에 굳게 서도록 조처했다는 뜻이다.

어려운 시대를 살아가는 성도들은 이런저런 사정과 형편으로 신앙이 흔들리고 무너지는 경우가 잦다. 아무리 믿음이 좋은 성도일지라도 거듭되는 시련으로 넘어질 수 있다. 권사는 이러한 성도들을 바라보면서 아픔을 느끼고 눈물을 흘릴 줄 알아야 한다. 그것이 바로 어머니의 마음이다. 그 아픈 마음을 가지고 심방을 통해 힘을 불어넣어주고 견고하게 세워주어야 한다.

성도는 한 인간으로서 당하는 공통적인 어려움과 시련을 겪는다. 직장이나 사업상 당하는 어려움이 있고, 같이 시대적인 아픔을 받기도 하며, 갈등과 관계 파괴의 고통도 당하게 된다. 게다가 일반인이 당하는 것과는 달리 신앙을 지키기 위해 당하는 시련도 있다. 그리스도인이기에 직장생활에서 치러야 하는 부자유함도 있고, 정직하게 사업을 경영하기 위해 치러야 하는 손해도 있다. 따라서 그리스도인이 당하는 아픔과 고뇌는 배가 될 수밖에 없다.

이러한 성도들에게 필요한 것이 있다. "또 형제들아 너희를 권면하노니 게으른 자들을 권계하며 마음이 약한 자들을 격려하고 힘이 없는 자들을 붙들어주며 모든 사람에게 오래 참으라"(살전 5:14).

교회 안에는 규모 없는 성도가 있다. 규모 없는 성도란 훈련을 받지 못한 병사로서 대열에서 이탈하여 낙오된 병사를 말한다. 성도들 가운데는 자신에게 주어진 일은 하지 않고 남의 신세를 지며 사는 게으른 성도도 많다. 이들은 마땅한 권면과 충고를 통해 바로잡아 주어야 한다.

마음이 약한 성도는 격려해야 한다. 마음이 약한 성도는 가족의 죽음으로 슬퍼하는 성도나 그 외의 어려운 사정으로 낙심해 있는 성도들을 가리킨다. 그들을 위로하고 격려함으로 용기를 북돋아주어야 한다. 힘 없는 성도는 붙들어주어야 한다. 힘없는 성도는 스스로 지탱할 힘이 없는 성도들을 말한다. 이들이 넘어지지 않도록 단단히 붙들어주어야 한다. 교회 안에서 흔들리는 성도들을 지탱하고 지지하는 사역은 너무나 중요하다.

그러면 교회가 어떻게 권면하고 충고하며 교인들을 위로하고 격려할 수 있을까? 흔들리는 교인들을 어떻게 지지하고 지탱하는 사역을 할 수 있을까? 바로 심방이다. 목사가 연구해야 할 세 가지 책이 있다. 그것은 성경과 목사 자신과 교인들이다. 교인들을 연구하는 방법 가운데 빼놓을 수 없는 것이 바로 심방이다. 목사에게 심방은 너무나 중요하다.

크리스웰 목사는 교회에서 일어난 사건을 통해 심방의 중요성을 강조했다.

언젠가 목사를 해직하기 위해 소집된 교회 공동의회에 관한 소문을 들은 적이 있다. 교인은 한 사람도 빠짐없이 전원 출석했다. 그들 모두가 목사를 내보내는 데 동의했다. 그러나 투표 직전 교인 중 한 사람이 목사를 바라보면서 가슴이 찢어지는 듯한 아픔에 견딜 수 없어 일어나서 말했다.

"형제들이여, 나의 아내가 죽었을 때 우리 목사님은 그 상중에 꼬박 내 옆에 계시면서 나를 위해 기도해주시며 나를 도와주시고 또 격려해 주셨습니다. 나는 도저히 목사님의 반대편에 투표할 수 없습니다."

그러자 또 한 사람이 일어나 말했다.

"형제 여러분, 우리 딸아이가 아파서 사경을 헤맬 때 목사님이 그 애를 위해 밤새도록 기도해 주셨습니다. 우리 아이가 살아난 것은 목사님의 기도 덕분이라고 믿습니다. 저는 도저히 목사님에게 반대투표를 할 수 없습니다."

그때 또 다른 사람이 일어나 말했다.

"형제 여러분, 목사님은 우리 어머님의 장례를 치러주셨는데, 우리 어머님은 목사님을 그지없이 존경하셨습니다. 어머님은 노년에 목사님이 자주 심방오셔서 성경을 읽어주고, 어머님과 함께 기도해 주셨답니다. 나는 도무지 목사님을 반대할 수 없습니다."

회의가 끝났는데, 반대투표는커녕 오히려 그들이 목사님을 사랑하며, 목사님을 그들에게 보내주신 하나님을 찬양한다는 점을 한마음으로 확정하는 결의가 채택되었을 따름이었다. 이것이 바로 목자다운 사랑으로 성취할 수 있는 일이다.

심방은 이 정도로 중요하다. 그러나 심방의 중요성을 교역자에게만 국한할 수는 없다. 사실 교역자의 손길이 미치기에는 설교사역과 교회 행정사역의 짐이 너무나 벅찰 수 있다. 그래서 평신도 지도자가 필요하다. 평신도 지도자들이 성도들을 돌아보고 심방하는 사역에 협력해주어야 한다.

심방은 성도의 교제이다. 한 교회에서 오랫동안 함께 신앙생활을 하지만 사실 우리는 서로에 대해 모르는 것이 너무나 많다. 솔직하게 표현하면 형식적인 관계를 맺고 있다. 서로 돌아보고 세워주기 위해서는 서로 깊은 앎이 필요한데 현대인은 깊이 아는 관계를 불편해하고 꺼린다. 그래서 깊은 관계보다는 피상적인 관계를 맺으려 한다. 교회는 그래서는 안 된다. 성도의 교제는 깊은 앎을 통해 서로의 필요를 채워주는 것이다. 권사는 심방을 통해 교인들의 삶과 형편을 알 수 있다.

심방은 위로 사역이다. 교인들은 의외로 위로와 격려를 많이 필요로 한다. 경쟁의 희생물로 지쳐 있고, 가족 안에 일어나는 갈등으로 상처를 안고 있는 교인들을 치유하고 회복해주어야 한다. 권사는 위로가 필요한 교인들을 심방해서 힘을 불어넣어 주어야 한다. 심방은 교인들이 힘들어할 때 격려하는 사역이다.

심방은 우는 자와 함께 울고 웃는 자와 함께 웃는 사역이다. "즐거워하는 자들과 함께 즐거워하고 우는 자들과 함께 울라"(롬 12:15). 교회 안에는 의외로 울고 있는 교인이 많다. 그러나 믿음이라는 허울 때문에 울지도 못한다. 그래서 더 아프다. 권사는 심방을 통해 교인들의 가슴 속에 있는 아픔과 슬픔을 함께 느끼고 그들의 눈물을 닦아줄 수 있어야 한다.

심방은 양 떼를 먹이고 양육하고 성숙시키는 사역이다. 예수님은 베드로에게 "내 어린 양을 먹이라"(요 21:15)고 부탁하셨다. 여기서 '어린 양'은 작은 어린이를 가리킬 수 있지만 새신자를 가리킬 수도 있다. 권사는 심방을 통해 삶 속에서 신앙생활을 지도하고 영적인 성장을 도와야 한다.

교인 중에는 도움이 필요한 사람이 많다. 그러나 정작 돕기 위해 헌신 된 사람은 그리 많지 않다. 교회 안에서 사랑받고 존경받는 권사는 교인들을 기억하며 그들이 곤경에 처했을 때 돌봐주어야 한다. 권사는 심방을 통해 시달리고 기가 꺾인 사람들에게 새로운 희망을 심어주어야 한다. 심방은 그들의 심령에서 용솟음치도록 위안과 격려를 안겨줄 수 있는 귀한 사역 중 하나이다.

심방은 평신도의 훌륭한 돌봄사역이다

솔로몬은 목축을 하는 사람은 자신에게 주어진 일을 부지런히 잘 감당해야 한다고 말한다. "네 양 떼의 형편을 부지런히 살피며 네 소 떼에게 마음을 두라"(잠 27:23). 이스라엘은 반농반목의 민족이다. 주인은 자신의 가축을 목동에게만 맡기지 말고 스스로 잘 돌봐야 한다. 주인은 가축의 숫자를 하나하나 세어야 한다. 혹시 병든 것은 없는지 잘 살펴야 한다. 주인이 부지런하고 세심하게 주의를 기울이지 않으면 양 떼나 소 떼를 늘릴 수 없다. 자신의 양 떼와 소 떼에게 마음을 두지 않는 주인은 화를 초래하게 된다. 게으른 자는 결코 양 떼와 소 떼를 살찌울 수 없다.

사역자는 누구라고 생각하는가? 바울은 에베소 교인들에게 이렇게 말한다. "그가 어떤 사람은 사도로, 어떤 사람은 선지자로, 어떤 사람은 복음 전하는 자로, 어떤 사람은 목사와 교사로 삼으셨으니 이는 성도를 온전하게 하여 봉사의 일을 하게 하며 그리스도의 몸을 세우려 하심이라"(엡 4:11-12).

교회의 말씀 사역자는 교인을 온전히 양육해서 봉사의 일을 하도록 만들어야 한다. 그래야 그리스도의 몸인 교회가 온전하게 세워질 수 있다. 모든 교인이 교회를 세우기 위한 봉사자이자 목회자이다.

여기서 봉사의 일을 한다는 그것은 사역한다는 뜻이다. 그렇다면 모든 성도는 바로 사역자이다. 사역자를 교역자에게만 국한해서는 안 된다. 교역자는 하나님의 말씀을 통해 성도를 구비시키고, 실제 사역자로 섬기는 자는 바로 평신도이다. 그래서 모든 평신도는 사역자 의식을 가져야 한다.

권사는 심방을 통해 평신도 사역을 감당해야 한다. 평신도 사역을 감당할 권사가 심방을 잘 감당함으로 교회는 든든히 설 수 있다. 권사는 수술환자나 입원환자를 찾아가 심방해야 한다. 슬픔을 당한 가정을 찾아 위로하고 지탱해주어야 한다. 가난하고 상처받은 교인들을 돌봐주어야 한다. 권사는 교회 안에 있는 노약자들을 심방하여 영적으로 무장시키고 돌봐주어야 한다. 그뿐만 아니라 주일에 결석자나 장기 결석자, 장기 환자 등을 심방해서 돌아보고 관리해야 한다. 권사는 새가족부 지도 교역자와 함께 그 주간에 등록한 새가족을 심방해야 한다.

심방은 최고의 위로사역이다. 권사는 장례식장을 즐겨 다녀야 한다. 하지만 교인들 사이에 장례식이 상호부조 정도로 변질되는 아쉬움이 있다. 장례식장을 많이 다니거나 교회 안에서 많은 활동을 하는 성도 가정의 장례는 별문제가 없다. 그런데 교회 안에서 활동이 많지 않거나 장례식에도 다니지 않는 성도, 초신자 가정에 장례가 발생했을 때는 위로자가 그리 많지 않다. 때로는 교역자와 구역장만이 갈 때도 있다. 안타까운 일이다. 권사쯤 되면 결혼식장은 못 가더라도 장례식장에는 꼭 가야 한다. 상실의 아픔을 가졌을 때만큼 위로가 필요할 때는 없기 때문이다. 바쁘기는 다 마찬가지다. 힘들기도 마찬가지다. 여기에는 헌신이 요구될 뿐이다. 만약 장례에 위로의 사역을 하지 못할 정도라면 권사가 될 자격이 없지 않겠는가!

심방은 아주 효율적인 돌봄 사역이다. 권사는 교인들의 가정을 심방하면서 시험당한 가정이나 환난을 겪은 가정을 돌아보고 그 형편과 사정을 목회자에게 보고해야 한다. 권사들의 보고를 받은 교역자는 그에 따른 적절한 조처를 함으로써 교회가 든든히 서갈 수 있다. 위로가 필요한 성도에게는 말씀으로 힘을 불어넣어주고, 문제를 가진 교인에게는 그에 적절한 상담을 해주어야 한다. 상처가 있는 성도를 싸매어주고, 구제할 교인을 물질로도 도와주어야 한다.

우리 주 예수님이 제자들에게 던지신 질문을 지금 사역을 담당하는 권사들에게 다시 해본다. "앉아서 먹는 자가 크냐. 섬기는 자가 크냐"(눅 22:27). 섬김은 제자의 특성이자 제자가 가져야 할 필수 덕목이다. 마찬가지로 교회의 직분자에게 섬김은 생명이다. 부르심에는 '종'의 개념이 포함되어 있다. 모세는 하나님의 종으로 부름받았고, 바울 역시 그리스도인을 섬기는 종으로 부름받았음을 인식하고 있다(고후 4:5). 종은 앉아서 섬김을 받는 자가 아니라 '허드렛일을 하는 자'이다. 이처럼 권사는 교회 안에서 도움이 필요한 교인을 섬겨야 한다.

제대로 섬기는 종이 되는 데 필요한 요소가 있다. 첫째, 자기 이익보다는 다른 사람의 이익을 존중한다. 둘째, 자신의 권리를 포기한다. 예수님은 종이 되어 사람을 섬기기 위해 모든 영광과 권리를 포기하셨다 (빌 2:5-7). 셋째, 기꺼이 종으로 치러야 할 대가를 치른다. 종은 그가 가진 모든 것을 희생할 수 있어야 한다. 주님이 기뻐하는 종은 희생하면서도 보상을 기대하지 않는다. 보상을 기대하면서 섬기는 종은 참된 종이 아니다. 진정한 희생은 불편함을 감수해야 한다.

히브리서 10장 24~25절에서는 공동체 안에서 '서로 돌봄'의 소중함을 역설하고 있다. "서로 돌아보아 사랑과 선행을 격려하며 모이기를 폐하는 어떤 사람들의 습관과 같이 하지 말고 오직 권하여 그날이 가까움을 볼수록 더욱 그리하자." 여기서 '돌아보다'라는 단어는 '탐색하듯이 자세히 살펴본다'라는 의미가 있다. 망원경이나 현미경을 가지고 무엇을 관찰하는 것을 말한다. 귀중한 물건을 잃은 자가 그것을 찾고자 하는 간절한 마음으로 살피는 것을 말한다. 권사는 교인들을 효율적으로 돌봐야 한다. 효과적인 돌봄을 통해 교인들을 격려하고 세워갈 뿐만 아니라 양육까지 할 수 있다. 심방만큼 효과적인 돌봄이 어디에 있겠는가!

바울은 우리가 한 가족임을 강조한다. 우리는 그리스도의 몸을 이루는 지체들이다. 가족의식과 지체의식을 가질 때 돌아보고자 하는 열망이 일어난다. 가족은 서로의 필요에 민감하다. 지체의식은 서로에게 섬김의 필요성을 각인시킨다. 서로를 돌아보고자 하는 갈망을 가진 권사야말로 행복한 권사가 될 수 있다.

효과적인 돌봄을 위해서는 지체의 구체적인 필요에 관한 관심이 필요하다. 무엇이 필요한지 알고, 그 필요를 충족시켜주고자 하는 마음이 있을 때 돌봄이 가능하다. 우리 지체 가운데는 육체적인 필요, 정신적인 필요, 정서적인 필요, 영적인 필요에 굶주린 성도가 많다. 그들에게 공급해주어야 할 것이 무엇인지 발견해야 한다. 성숙한 돌봄을 위해서는 성도들의 외적인 표현 속에 감춰진 내적인 필요들을 잘 살피는 지혜가 필요하다.

효과적인 돌봄 사역을 위해서는 열린 관계가 필요하다. 서로에게 투명하고 열린 마음을 가질 때 효과적인 돌봄이 가능하다. 마음에 숨겨진 것이 있을 때 진정한 교제의 관계가 형성될 수 없고, 진정한 교제권이 형성되지 않을 때 구체적인 돌봄이 이루어질 수 없다. 자신의 삶이나 마음을 솔직히 개방할 수 없는 분위기에서는 진정한 돌봄이 일어날 수 없다.

효과적인 돌봄을 위해서는 잘하고 있는 것에 대한 격려가 필요하고 아픔에 대한 적절한 위로가 필요하다. 힘을 잃은 사람에게 힘을 북돋아주고 잘못된 것에 대한 책망과 시정이 필요하다. 부족한 것은 채워주고 섬겨줌이 필요하다. 사랑보다 나은 면책과 친구의 충고가 통하는 공동체가 될 때 진정한 돌봄이 가능하다. "면책은 숨은 사랑보다 나으니라. 친구의 아픈 책망은 충직으로 말미암는 것이나 원수의 잦은 입맞춤은 거짓에서 난 것이니라"(잠 27:5-6). 진정한 돌봄은 인간적인 동정과 필요한 것을 공급해주는 것보다 하나님의 마음과 관점을 가르쳐주는 것이 중요하다. 권사는 심방을 통해 교인들을 이러한 측면에서 돌보고 세워주어야 한다.

이기적인 사람, 자기중심적인 사람, 교만한 사람, 불친절한 사람은 섬기고 돌봄을 위해 적절하지 않은 사람이다. 하나님의 마음을 살필 줄 아는 사람, 영적으로 풍성한 삶을 누리고 있는 사람이 다른 사람에게 적절히 공급해줄 수 있다. 권사가 심방을 통해 교인들을 돌보지 못한다면 참으로 불행한 일이 아닐 수 없다. 당신의 돌봄이 있어야 하는 교인이 많음을 잊지 말아야 한다.

돌봄 사역을 위해서는 성령의 사역에 민감해야 한다. 성령은 우리 마음속에서 충동을 불러일으키신다. 찾아가고 싶은 충동, 돌아보고 싶은 충동, 필요를 채워주고 구제하고 싶은 충동을 불어넣으신다. 그런데 어떤 권사는 성령의 충동을 자기 의지로 막아버린다. 심방을 하다 보면 성령의 일하심을 구체적으로 경험할 수 있다. 권사가 심방을 통한 돌봄 사역을 제대로 하기 위해서는 하나님이 공급하시는 힘을 얻어야 한다. 심방은 시간을 내고 몸을 드려야 한다. 헌신하지 않고서는 심방을 할 수 없다. 하나님이 공급하시는 힘으로 하지 않으면 자꾸 인간의 의가 나타나게 된다. 하나님이 공급하시는 힘이 아니면 지치게 된다. 지치다 보면 짜증과 불평이 나오게 된다.

지혜로운 심방으로 가정을 세워주라

어느 날, 예수님은 제자들을 사역 현장으로 파송하면서 당부하셨다. "보라. 내가 너희를 보냄이 양을 이리 가운데로 보냄과 같도다. 그러므로 너희는 뱀같이 지혜롭고 비둘기같이 순결하라. 사람들을 삼가라. 그들이 너희를 공회에 넘겨주겠고 그들의 회당에서 채찍질하리라"(마 10:16-17). 제자들은 불신자들 틈에서 사역해야 한다. 그렇기에 비둘기처럼 순결하고 뱀처럼 지혜로워야 한다. 그렇지 않으면 사역을 그르칠 수 있다.

일하도록 세움받은 권사가 일은 하지 않고 소문거리를 만드는 경우가 있다. 할 일이 없으니 소문거리만 만든다. 사람들을 세우고 치유해야 할 권사가 이 사람 저 사람에게 상처만 안겨준다. 사람들을 품고 안아야 할 권사가 사람들을 내치고 미움의 대상으로 만들어서야 되겠는가? 권사 주변에는 사람들이 몰려들어야 한다. 사람들을 돌보는 권사가 차디차서야 누가 그 권사에게 다가올 수 있겠는가? 권사는 좀 더 여유 있어야 하고 너그러워야 하며 포용력도 있어야 한다.

권사는 부지런히 심방함으로 교인들의 상황을 살피고 적절한 조처를 함으로써 교인들을 세워나가야 한다. 심방은 교인들과 친밀한 관계를 맺기에 아주 유익한 기회이다. 더구나 심방은 영성을 지도할 수 있는 아주 좋은 기회이다. 권사는 심방을 통해 주일 성수를 가르치고 십일조 생활을 지도해야 한다. 문제를 가진 부부나 가정이라면 영적으로 바로 잡아주어야 한다. 권사는 교인들의 영적 성장을 도모하는 심방을 해야 한다.

그런데 심방을 잘못하게 되면 오히려 역효과가 날 수 있다. 지혜롭지 못한 권사는 심방 가서 교회를 비판하고 목회자를 비난하는 등 도리어 교인들에게 좋지 못한 영향을 끼친다. 그런 권사를 보고 교인들이 무엇을 배울 수 있겠는가? 어떤 권사는 심방 가서 말거리를 만들어 불화를 일으키고 상처를 불러일으키기도 한다. 많은 경우 오히려 심방을 통해 상처를 받고 잡다한 말이 난무하게 된다. 그렇기에 권사는 심방을 위한 기본적인 지침을 기억할 필요가 있다.

다음에 제시된 심방 지침은 내가 시무하는 교회에서 행복한 교회생활 안내를 위한 지침으로 삼고 있는 내용이다. 권사는 이러한 심방 지침을 잘 익혀서 지혜롭게 심방하고 구역장으로서 구역원들을 잘 지도해야 한다.

- 심방을 위해 기도로 준비하고 심방 순서와 날짜를 미리 짜야 한다. 심방받는 가정에서도 사모하는 마음으로 기도로 준비하도록 교육한다. 즉흥적인 심방이 되지 않도록 주의해야 한다.
- 상황에 따라 심방을 억지로 강요하지는 말고 심방은 하나님의 사자를 맞이하는 마음으로 준비시켜야 한다. 심방의 유익을 가르치고 심방을 권하되 심방이 걸림돌이 되지는 말아야 한다.
- 심방 복장은 깨끗하고 단정해야 한다. 심방받을 가정에서도 깨끗한 복장으로 준비하고, 청결한 환경을 준비하며, 방석과 책상, 심방 감사헌금을 미리 준비하도록 교육해야 한다. 준비 없는 심방이 되지 않도록 지도해야 한다.
- 심방시간은 가능하면 식사시간을 피해야 한다. 대심방 시에는 음식을 많이 준비하지 않도록 구역장이 지혜롭게 조절해주어야 한다. 지혜로운 구역장은 첫 심방에서부터 마지막 심방까지 음식을 준비하는 것도 미리 지도한다. 한 가정에 한두 가지 음식을 준비하되 양을 많이 할 필요가 없다. 온종일 심방하는 심방대원으로서 소화불량이 될 수 있다.
- 지혜로운 구역장이나 권찰은 들어가면서 심방대원들의 신발을 가지런히 정돈해준다.

- 심방대원들은 심방받는 성도에게 정중히 인사를 하고 들어가서 먼저 축복하는 기도를 해야 한다. 심방받는 가정에 불쾌한 인상을 주지 않도록 주의해야 한다.
- 심방받는 가정은 방석과 예배상을 준비한 후 말씀을 듣기 위해 설교자 반대편에 가지런히 앉는다. 예배를 드릴 때 구역장이나 권찰은 어린이나 애완동물을 단속하고, 부엌일에 신경을 쓰지 않도록 하며, 전화를 내려놓거나 받아주고, 방문 곁에 앉아서 손님이 왔을 때 방해받지 않도록 해야 한다. 심방대원이 성경을 찾지 못해서 뒤적이는 일이 없어야 한다. 심방받는 성도가 성경을 잘 찾지 못할 때는 무안하지 않도록 빨리 도와주어야 한다.
- 심방예배는 간단하면서도 적절한 말씀으로 권면하되 지나친 공격이나 책망은 삼가야 한다. 대표기도자는 설교자가 할 기도 제목을 미리 다하는 무례를 범하지 말고 기도시간이 길지 않도록 주의해야 한다. 때때로 심방을 하다 보면 기도자가 온 가족의 이름을 불러가면서 축복기도를 하는데, 이런 경우 설교자는 자칫 설교를 리바이벌하게 된다. 그래서 설교자가 "이하 동문"이라고 기도하고 싶은 생각이 든다. 심방기도자는 예배와 설교자를 위해 짧게 기도하는 것이 좋다.
- 예배가 끝나면 오래 지체함으로 그 가정에 피해를 주지 말아야 한다. 남의 가정일이나 사사로운 이야기를 삼가야 한다. 대심방 시에는 목사의 앉고 일어섬에 보조를 맞추고 출발하기 전에 미리 다음 집에 연락해주어야 한다.
- 문제 있는 가정을 위해 계속해서 기도하되 절대로 다른 사람들에

게 공개하지는 말아야 한다.

지혜로운 권사는 반드시 심방하는 가정의 비밀을 지켜주어야 한다. 사실 가정의 비밀스러운 부분을 들추어내는 것은 쉬운 일이 아니다. 그만큼 서로를 신뢰한다는 뜻이다. 가까운 사람들에게 말을 옮겨서 나중에는 본인 귀에까지 들어가게 되는 경우가 있다. 권사는 심방에서 특별히 말을 조심해야 한다. 특히 남의 말은 절대 하지 말아야 한다. 더구나 교회나 목회자의 험담을 해서 영적으로 오염시키지 말아야 한다. 말은 전염성이 강하다. 긍정적인 말은 전염이 잘 안 되지만 부정적인 말은 금방 전염되기 쉽다.

지혜로운 권사는 심방을 경청의 기회로 삼는다. 들어주는 것은 생각처럼 쉬운 일이 아니다. 권사는 교인들의 아픔과 고충을 많이 들어주어야 한다. 마음이 닫혀 있으면 할 말을 하지 않는다. 그렇기에 권사는 성도들에게 열린 마음을 가져야 한다. 평소에 성도들에게 신뢰를 받아야 한다. 그래야 그들의 심연에 감추어둔 이야기를 들을 수 있다.

하지만 지혜롭지 못한 권사는 심방 가서 자기 할 말만 늘어놓는다. 심방 가서 자기 자랑을 일삼지 말아야 한다. 요즘은 돈을 내놓고라도 손자 손녀를 자랑한다. 그런데 다른 사람의 자랑을 듣고 있을 만큼 여유 있는 사람은 없다. 차라리 심방받는 가정의 아이들을 칭찬해주는 편이 낫다.

심방할 때 불신자들이 보기에 경박하게 행동하지 말아야 한다. 많은 심방대원이 다니면서 시끌벅적하게 떠드는 경우가 있다. 더구나 대중교통을 이용하면서 떠드는 것은 그리스도인에 대한 이미지를 나쁘게 한다. 성경책을 끼고 있으면서 빈자리를 차지하기 위해 혈안이 되는 것을 보면 부끄럽다. 요즘 그리스도인에 대한 사회적인 불신이 팽배하다. 권사는 안티 크리스천들에게 손가락질을 당하지 말아야 한다. 그들은 그리스도인을 감시하기 위해 몰래카메라를 숨겨놓았다고 생각해야 한다.

05

직분 이해

>>> PART_2

교인을 돌보는
피스 메이커가 되라

마틴 루터 킹 목사는 흑백 인종차별이 지배하는 어두운 시대에 태어나, 49세의 나이에 하나님의 제단에 생명을 바쳤다. 그가 암살당하기 5일 전에 한 설교에서 자신의 장례식에 대해 이렇게 설교했다.

"누군가 나의 삶을 회고하는 조사를 하게 된다면 노벨평화상을 비롯해 수백 개의 상을 받은 것을 언급하지 말고 헌신 된 삶을 남기고 갔다고 말했으면 좋겠다. 조사를 맡은 사람이 그가 굶주린 자를 먹이고, 헐벗은 자를 입히고, 감옥에 갇힌 자를 방문하려고 애쓰는 삶을 살았으며, 평화와 정의를 위한 악대의 대장(Drum Major)이었다고 평가해줬으면 한다."

정의와 평화를 위해 살았던 마틴 루터 킹과 같은 이 시대를 움직일 사명자가 끊임없이 일어나야 한국교회에 희망이 있다.

미국 몬태나 주에 가면 빌링스라는 유서 깊은 도시가 있다. 그곳에는 체스터 장군의 전쟁기념관이 있다. 당시 체스터 장군과 그가 이끄는 기마대는 인디언을 도륙하고 그 땅을 정복한 것으로 아주 유명했다. 그런데 바로 그 빌링스라는 곳에서 인디언의 허를 찌르는 작전에 걸려들어 전멸하고 말았다.

그때까지 백인들의 정책은 인디언을 다 죽이고 몰아내는 정책이었다. 그런데 체스터 장군과 그의 기마대가 몰살당하는 것을 보고 백인들의 마음속에 이런 생각이 들었다. '아! 인디언을 죽이고 몰아낼 것이 아니라 함께 살아야겠다. 그들과 평화를 이루어야겠다.' 바로 이때부터 인디언 정책이 바뀌어서 미국 전역에 인디언 보호구역이 생겼다고 한다. 인디언을 죽이지 말고 보호하자는 것이었다. 그래서 체스터 장군의 기념관에는 큰 글씨로 이런 문구가 쓰여 있다.

"화목이 힘입니다."

교회나 목사에게 어떤 일이 일어나면 안티 크리스천들이 벌떼처럼 일어나서 교회를 공격한다. 그런데 정작 한국교회는 내부의 갈등으로 상처투성이가 되어 있다. 교단 안에서 교권 다툼으로 분열되어 싸우고 있다. 교회 안에서 목사와 장로가 주도권 싸움으로 하나 됨을 깨뜨리고 있다. 주님을 사랑하는 마음으로 섬기는 교인들끼리 서로 갈등하고 물고 뜯는다. 교회의 영광을 꿈꾸고 교회의 부흥을 기다리는 우리는 이제 분열과 싸움을 멈춰야 한다. 오히려 악한 영들과의 전쟁을 선포해야 한다. 권사는 두 주먹을 불끈 쥐고 외쳐야 한다.

"화목이 교회의 힘이다!"

갈등을 넘어 화목하게 하는 일꾼이 되라

고린도교회를 개척한 바울은 고린도 교인들에게 격분해서 화를 내고 있다. "내 형제들아 글로에의 집 편으로 너희에 대한 말이 내게 들리니 곧 너희 가운데 분쟁이 있다는 것이라. 내가 이것을 말하거니와 너희가 각각 이르되 나는 바울에게, 나는 아볼로에게, 나는 게바에게, 나는 그리스도에게 속한 자라 한다는 것이니 그리스도께서 어찌 나뉘었느냐. 바울이 너희를 위하여 십자가에 못 박혔으며 바울의 이름으로 너희가 세례를 받았느냐"(고전 1:11-13).

고린도교회는 영적인 은사가 풍부한 교회였다. 그러나 영적인 성숙함이 없었다. 영적 은사와 영적 성숙은 다른 차원의 문제이다. 방언하고 방언을 통역하며 예언을 하지만 정작 그들 안에는 영적인 성숙한 삶이 보이지 않았다.

바울은 글로에의 가정으로부터 고린도교회에 대한 소식을 들었다. 마음을 시원하게 하는 좋은 소식을 들었으면 얼마나 좋았겠는가? 그런데 불행하게도 듣고 싶지 않은 소식을 듣게 되었다. 그것은 고린도교회 안에 내분이 심각하다는 것이었다. 교회 안에 지대한 영향을 끼쳤던 사람들을 중심으로 당파를 형성해서 서로 시기하고 다투고 있었다. 어떤 이는 고린도교회를 개척한 바울을 추종했고, 또 다른 이는 고린도교회에서 훌륭한 설교사역을 통해 교인들을 잘 양육한 아볼로를 추종했다. 혹자는 예수님의 제자 가운데 수장인 베드로를 따르기도 했다. 또 다른 사람들은 예수 그리스도파라고 했지만 사실은 그리스도의 마음과는 먼 사람들도 있었다. 이들이 서로 시기하고 비난하고 다투는 것을 알게 되었다. 사역자로서 가슴 아픈 일이 아닐 수 없었다.

영적 은사가 많으면 무슨 소용이 있는가? 그리스도의 마음을 잃어버렸으니. 봉사를 많이 한들 무슨 소용이 있는가? 세상 사람들에게 손가락질을 당하게 되었으니. 우리가 직분을 갖는 일도 중요하다. 그러나 그보다 더 중요한 것은 성숙한 그리스도인이 되는 일이다.

바울은 고린도 교인들이 영적인 어른이 되어 그리스도의 마음을 알고, 그리스도의 마음을 품고 살기를 원했다. 하지만 정작 그들은 영적 어린아이 같은 행동을 하고 있었다. 그래서 마음이 너무 아파서 탄식하고 있다. "신령한 자는 모든 것을 판단하나 자기는 아무에게도 판단을 받지 아니하느니라. 누가 주의 마음을 알아서 주를 가르치겠느냐. 그러나 우리가 그리스도의 마음을 가졌느니라. 형제들아 내가 신령한 자들을 대함과 같이 너희에게 말할 수 없어서 육신에 속한 자 곧 그리스도 안에서 어린아이들을 대함과 같이 하노라. 내가 너희를 젖으로 먹이고 밥으로 아니하였노니 이는 너희가 감당하지 못하였음이거니와 지금도 못하리라. 너희는 아직도 육신에 속한 자로다. 너희 가운데 시기와 분쟁이 있으니 어찌 육신에 속하여 사람을 따라 행함이 아니리요"(고전 2:15-3:3).

그리스도인은 매일 영적 전쟁을 치른다. "우리의 씨름은 혈과 육을 상대하는 것이 아니요 통치자들과 권세들과 이 어둠의 세상 주관자들과 하늘에 있는 악의 영들을 상대함이라"(엡 6:12). 그리스도인은 한순간도 방심할 수 없는 전쟁터에 서 있다. 그런데 싸워야 할 대상을 잘못 파악하고 있는 그리스도인도 있다. 그들은 영의 실체를 알지 못하고 교인들을 상대로 싸움을 건다.

우리 주변에는 외부의 강대한 적을 놔두고 집안싸움으로 살림을 거덜 내고 있는 교회가 한둘이 아니다. 힘을 결집하여 사탄을 대적하여 강력하게 싸워야 하는데 지체들끼리 서로 다투고 싸우느라 에너지를 소모하고 있다. 화려하고 찬란한 문화를 자랑하던 비잔티움 제국이 왜 멸망했는지 아는가? 그것은 아군끼리 싸웠던 내부소모전에 그 원인이 있었다. 러시아 정교회도 마찬가지다. 그들은 성직자 가운의 길이와 같은 불필요한 논쟁을 벌이다가 결국엔 망하고 말았다.

한국교회가 다시 부흥하고 사회에 선한 영향력을 끼치기 위해서는 화목을 회복해야 한다. 화목하게 하는 복음으로 무장해서 목숨 걸고 화목하게 하는 직분을 잘 수행하는 권사가 많이 일어나야 한다. 화목이야말로 강력한 힘을 발휘하는 원천이다. 렌즈가 초점을 모으듯 화목해야 교회 내부의 힘을 모을 수 있다. 우리는 집약된 힘을 모아 악한 영과 싸워야 한다. 그리고 교회와 목회자를 무너뜨리려고 혈안이 되어 있는 이단과 싸워야 한다. 그럴 때 거세게 도전해오는 악의 세력을 이기고 승리할 수 있다.

예수님은 "사탄과 예수님이 서로 공존할 수 없다"라고 말씀하시면서 서로 다투는 나라나 가정은 이미 무너졌다고 경고하신다. "스스로 분쟁하는 나라마다 황폐하여질 것이요 스스로 분쟁하는 동네나 집마다 서지 못하리라"(마 12:25). 어둠의 영과 대적하려면 피스 메이커가 되어야 한다. 그렇지 않으면 적군과는 싸워보지도 못한 채 자폭하고 만다.

어느 집에 부모님의 환갑잔치를 의논하기 위해서 자녀들이 모였다. 자녀들은 '잔치를 어떻게 치를 것인가, 외국여행은 어디로 보내드릴 것인가?'를 서로 의논했다. 그런데 돈을 각출하는 문제를 놓고 언쟁을 벌이다가 결국은 형제들끼리 큰 싸움이 벌어졌다.

안방에서 듣고 있던 어머님이 나오셔서 이렇게 고함쳤다.

"야, 이놈들아! 우리 잔치 안 해줘도 좋고, 외국여행 안 보내줘도 좋으니 제발 형제들끼리 우애 있게 살아라. 이놈들아!"

부모는 자녀들이 자신이 기뻐하는 일을 하기 원한다. 그러나 그것보다 형제끼리 우애 있게 사는 것을 더 원한다. 하나님의 자녀 된 우리가 서로 다투고 싸우며 분쟁하고 분열하면 하나님의 마음이 어떻겠는가? 하나님 아버지께서 자녀 된 우리에게 가장 원하시는 것은 바로 사랑의 띠로 온전히 연합하는 것이다. 그렇기에 권사는 어떤 일이 있어도 서로 시기하고 분쟁하고 다투지 말아야 한다.

옛말에 "흥정은 붙이고 싸움은 말리라"는 말이 있지 않은가? 그런데 이곳저곳 쑤시고 다니면서 자꾸 싸움을 붙이는 악한 자가 있다. 서로를 이간시키고 분열을 조장한다. 성경에서 골리앗을 무엇이라고 부르고 있는지 아는가? "싸움을 돋우는 자"(삼상 17:4,23)로 소개한다. 그랄 왕 아비멜렉 역시 싸움을 거는 사람이다. 그는 이삭이 잘되는 꼴을 볼 수가 없었다. 그는 평화를 깨는 사람이었다. 왜 그런가? 시기심 때문이다. 상대방이 너무 잘되는 것을 시기해서 그냥 두지 않는다.

남보다 못하다고 생각하는 사람은 남에게서 배우려고 하지만 남보다 많이 잘났다고 생각하는 사람은 남이 자기보다 잘되는 것을 보지 못한다. 깎아내리고 험담을 일삼는다. 그러나 지혜로운 권사는 남이 잘되는 것을 보고 그 비결이 무엇인지 배운다. 남이 잘되는 것을 보고 좋아하는 권사는 행복하다. 이런 권사야말로 화목하게 하는 일꾼이다. 권사는 교회 안에서 절대 시비를 걸고 싸움을 붙이는 자가 되어서는 안 된다. 싸움을 말려야 한다. 갈등하는 사람들 사이에서 중재하여 서로 화해하도록 만들어야 한다.

다윗은 피스 메이커였는데 반해 사울은 트러블 메이커였다. 교회 안에서 같은 은혜를 받았는데 어떤 이는 피스 메이커로서 서로 바라보면서 웃도록 만드는데, 어떤 사람은 서로 얼굴을 붉히고 다투도록 만든다. 어떤 권사는 가는 곳마다 사람들이 악수하게 만드는데, 어떤 권사는 가는 곳마다 문제를 일으키고 갈등을 조장한다. 예리하고 날카로운 것도 좋은데 그 성격 때문에 사람들을 싸우도록 해서는 안 된다. 문제를 조장하고 갈등을 일으키는 권사는 스스로 넘어지는 함정을 팔 뿐이다. 교회를 병들고 불행하게 할 뿐이다.

수평적인 화평으로 수직적인 화평을 증명하라

그리스도를 닮은 권사는 매사에 화평과 거룩함을 추구해야 한다. "모든 사람과 더불어 화평함과 거룩함을 따르라. 이것이 없이는 아무도 주를 보지 못하리라"(히 12:14). 화평과 거룩함을 추구하지 않고서는 주님의 얼굴을 뵐 수 없다는 경고를 귀담아들어야 한다. 건강한 교회에는 닭싸움을 잘하는 권사는 필요하지 않다.

권사는 적어도 다음과 같은 세 가지 화평을 누려야 한다.

첫째, 하나님과의 화평이다.

권사는 영적인 평안을 누려야 한다. 이것은 하나님과 화목하게 되는 평안이다. 죄는 하나님과 인간을 분리시켰다. 죄로 말미암아 하나님과 인간은 불화하게 되었고 원수관계가 되었다. 하나님은 예수 그리스도를 화목제물로 삼으셨다. 그래서 그의 피로 인하여 믿음으로 하나님과 화목한 관계를 이루게 되었다(롬 3:25).

예수님의 죽으심은 인간을 하나님과 더불어 화목하게 만드는 기초가 되었다. "우리가 믿음으로 의롭다 하심을 받았으니 우리 주 예수 그리스도로 말미암아 하나님과 화평을 누리자"(롬 5:1). 인간이 누리는 내적 평안은 바로 이러한 하나님과의 평화로부터 출발한다. "너는 하나님과 화목하고 평안하라. 그리하면 복이 네게 임하리라"(욥 22:21). 누구든지 자신의 죄를 인정하고 하나님께로 나아올 때 하나님과의 화목을 이룰 수가 있다.

둘째, 하나님 안에서 누리는 내적 평안이다.

그런데 우리가 하나님 앞에 나오므로 누리게 되는 내적 평안이라는 이 선물은 각각의 그리스도인마다 누리는 정도가 다르다. 폭풍우 속에서도 고요한 하나님의 평화를 누리는 사람과 작은 바람에도 흔들리는 사람이 있다. 그 차이는 어디에서 오는 것일까? 하나님과의 교제 정도에 비례한다. 하나님과의 풍성한 교제의 삶을 누리는 사람은 웬만한 시련이 와도 하나님과 평안한 관계를 유지한다. 그런데 하나님과의 교제의 삶이 메마른 사람은 쉽사리 요동한다.

바울은 골로새 교인들에게 예수님이 누리셨던 평안이 자신들의 마음을 주장하게 하라고 권한다. "그리스도의 평강이 너희 마음을 주장하게 하라. 너희는 평강을 위하여 한 몸으로 부르심을 받았나니 너희는 또한 감사하는 자가 되라"(골 3:15). 예수님은 십자가의 죽음 앞에서도 평안을 잃지 않으셨다. 성령께서는 그 평안을 그리스도를 의지하는 자들에게 선물로 주신다. 평강의 하나님이 우리의 생각과 마음, 삶의 매 순간을 지켜주실 때 평온한 삶이 가능하다.

사도 바울은 우리가 평안을 누릴 수 있는 구체적인 방법을 제시한다. "아무것도 염려하지 말고 다만 모든 일에 기도와 간구로 너희 구할 것을 감사함으로 하나님께 아뢰라. 그리하면 모든 지각에 뛰어난 하나님의 평강이 그리스도 예수 안에서 너희 마음과 생각을 지키시리라"(빌 4:6-7). 우리가 부딪히는 각종 문제와 상황에 흔들리지 않고 하나님을 의뢰하여 기도하기만 하면 우리의 이해를 초월한 하나님의 평화가 우리의 마음과 생각을 지켜준다고 약속하셨다. 이러한 평화는 세상 사람들이 맛볼 수도 없고 이해할 수도 없는 평안이다.

예수님은 조금 있으면 곧 근심하는 때가 다가올 것이라고 말씀하신다. 예수님이 붙잡혀 십자가 위에서 죽으실 것이다. 그렇게 되면 제자들도 위협을 당하게 된다. 그러나 걱정하지 말라고 말씀하신다. 보혜사 성령을 보내주실 것이기 때문이다. 보혜사 성령께서는 진리의 영으로 제자들의 삶과 발걸음을 인도해주실 것이다(요 14:17, 15:26).

그뿐만이 아니라 예수님의 평안을 주겠다고 약속하신다. "평안을 너희에게 끼치노니 곧 나의 평안을 너희에게 주노라. 내가 너희에게 주는 것은 세상이 주는 것과 같지 아니하니라. 너희는 마음에 근심하지도 말고 두려워하지도 말라"(요 14:27). 이러한 사실을 알고 있는 제자들은 세상에서 환난을 겪을지라도 담대할 수 있다.

물론 세상은 자기에게 속하지 않은 제자들을 괴롭히고 힘들게 할 것이다. 그러나 그들은 보혜사 성령으로 말미암아 평안을 누릴 수 있다. "이것을 너희에게 이르는 것은 너희로 내 안에서 평안을 누리게 하려 함이라. 세상에서는 너희가 환난을 당하나 담대하라. 내가 세상을 이기 었노라"(요 16:33). 보혜사 성령께서 주시는 예수님의 평안을 경험한 사람은 평화의 사람으로 살아갈 수 있다.

언제 들어도 아름다운 찬양 〈성 프란시스의 기도〉가 있다. 성 프란시 스는 12세기 말 이탈리아 아시시의 유복한 가정에서 태어나 젊었을 때 방탕한 생활을 보냈다. 하지만 전쟁과 병으로 고생한 후 회개하고 청빈 한 신앙생활을 하게 되었다. 아시시의 성인으로 알려진 그는 종파나 종 교를 넘어 경애의 대상이 되었다.

어느 날 저녁, 프란시스의 문을 두드리는 사람이 있었다. 나가 보니 험상궂은 나병 환자가 서 있었다. 그는 "몹시 추우니 잠시 방에서 몸을 녹이면 안 되겠느냐"고 간청했다. 프란시스는 그의 손을 잡고 방으로 안내했다.

그러자 그 환자는 다시 "저녁을 함께 먹도록 해달라"고 부탁했다. 두 사람은 식탁에서 함께 저녁을 먹었다. 밤이 깊어지자 그 환자는 다시 부탁하기를 자기가 너무 추우니 프란시스에게 "알몸으로 자기를 녹여 달라"고 하였다. 프란시스는 입었던 옷을 모두 벗고 자신의 체온으로 그 나병 환자를 녹여주었다.

이튿날 아침, 프란시스가 일어나 보니 그 환자는 온데간데없었다. 그 뿐만 아니라 왔다 간 흔적조차 없었다. 프란시스는 곧 모든 것을 깨닫 고는 자신과 같이 비천한 사람을 찾아와주신 하나님께 감사기도를 올렸다. 이 기도가 바로 유명한 〈성 프란시스의 기도문〉이다.

그 기도문의 내용은 이렇다.

주여, 나를 평화의 도구로 써주소서!

미움이 있는 곳에 사랑을, 상처가 있는 곳에 용서를,

의심이 있는 곳에 믿음을, 절망이 있는 곳에 희망을,

어둠이 있는 곳에 빛을, 슬픔이 있는 곳에 기쁨을.

오, 거룩하신 주여!

위로받기보다는 위로하고, 이해받기보다는 이해하며,

사랑받기보다는 사랑하게 하소서!

이는 주는 것이 곧 받는 것이고, 용서하는 것이 곧 용서받는 것이며,

죽는 것이 곧 영원한 생명으로 태어나는 것이기 때문입니다.

성 프란시스가 기도한 기도문이 과연 가능할까? 그렇다. 권사는 보혜사 성령이 주시는 평안을 날마다 경험하는 삶을 살아야 한다.

셋째, 다른 사람들과의 화평이다.

영적 평안을 누리는 권사, 내적 평안을 누리는 권사는 수평적인 형제들과의 화평으로 자신 안에 있는 평화를 증명해야 한다. 하나님을 사랑한다고 하는 자가 형제를 사랑하지 않으면 거짓말하는 것이다. 하나님과 화목한 자는 이웃과 화목을 이뤄야 한다. 그것이 신앙 고백적인 삶이다.

우리가 살아가면서 부딪히는 어려움 가운데 하나는 화평을 방해하는 사람들이 있다는 점이다. 다윗은 평안한 자신을 향해 싸움을 걸어오는 원수들로부터 많은 시달림을 받았다. 수많은 세월을 도망자의 삶으로 장식해야만 했다. 때로는 광야에서 짐승들을 친구 삼아 자야 했고, 때로는 외국에서 나그네생활을 해야만 했다. 심지어는 살아남기 위해 미친 사람처럼 행동해야만 했다. 그러나 다윗은 끝까지 화평을 도모했다. 그것이 바로 살아 있는 믿음, 행함이 있는 믿음이다.

우리 주변에는 거짓된 화평으로 다가오는 사람들도 있다. 입으로는 화평을 말하지만 실제로 그 마음에는 악독함이 가득하여 우릴 넘어뜨릴 계획을 꾸민다. "그들은 그 이웃에게 화평을 말하나 그들의 마음에는 악독이 있나이다"(시 28:3). 그런데 하나님은 그러한 사람들에게 악을 버리고 화평을 도모하라고 도전하신다. 행복한 권사는 바로 이런 사람이다. 자신에게 악을 행하고 가장된 화평으로 악을 도모하는 자들에게도 화평의 손을 내밀어야 한다. 악을 악으로 갚지 않고 오히려 선으로 대해야 한다. 그것이 바로 우리가 따르고자 하는 그리스도께서 걸어가신 길이다.

환상의 콤비일지라도 넘어질까 조심하라

환상의 콤비인 바나바와 바울에게도 관계가 깨지는 위기가 찾아왔다. "서로 심히 다투어 피차 갈라서니 바나바는 마가를 데리고 배 타고 구브로로 가고 바울은 실라를 택한 후에 형제들에게 주의 은혜에 부탁함을 받고 떠나 수리아와 길리기아로 다니며 교회들을 견고하게 하니라"(행 15:39-41).

제1차 선교여행을 마치고 제2차 선교여행을 떠날 때 바울과 바나바는 불편한 관계가 된다. 그 중심에는 마가 요한이 서 있었다. 제1차 선교여행 때 마가 요한은 중간에 예루살렘으로 돌아가버렸다. 그러자 바울은 화가 났다. 제2차 선교여행을 떠나려고 할 때 바나바는 마가 요한을 데려가자고 제안한다. 그러나 바울은 "그런 자를 데려갈 수 없다"라고 딱 잘라 말한다. 과업지향적인 스타일인 바울로서는 마가 요한의 무책임한 행동을 도저히 용납할 수 없었다. 그러나 관계지향적인 바나바는 마가 요한에게 한 번 더 기회를 주고 싶었다.

결국 다른 관점을 가진 바울과 바나바는 심하게 다퉜다. 서로 다른 생각을 조율하지 못하고 각기 다른 길로 가자는 결론을 내렸다. 환상의 콤비도 별수 없었다. 환상의 콤비라고 안심해서는 안 된다. 사탄은 바로 환상의 콤비를 갈라놓는 데 명수이기 때문이다. 사탄은 여우같이 콤비들을 갈라놓는 교활한 비책을 갖고 있다.

빌립보교회 안에 유오디아와 순두게라는 여인이 있었다. 이들은 교회 안에서 유력한 여성도였다. 서로 협력해서 주의 일을 하면 엄청난 열매를 맺을 수 있었다. 그런데 그들은 환상의 콤비가 되지 못했다. 그들 주변에 사람이 하나둘 모여들기 시작했다. 그러다 보니 우쭐한 마음이 들었다. 서로를 향한 질투심과 시기심이 생겼다. 서서히 갈등의 골이 만들어지기 시작했다. 이들의 갈등은 빌립보교회에 또 다른 파장을 불러일으켰다.

그래서 사도 바울은 유오디아와 순두게에게 이렇게 당부한다. "내가 유오디아를 권하고 순두게를 권하노니 주 안에서 같은 마음을 품으라" (빌 4:2). 그들이 같은 마음을 품지 못함으로써 교회 안에 많은 교인에게 물의를 빚고 있었기 때문에 바울은 그들에게 같은 마음을 품고 화합하라고 당부했다.

세상에 모든 사람이 다 좋아하는 색깔이 있을까? 모든 사람이 다 좋아하는 음식은 없다. 같은 사람을 보면서도 서로 다르게 느끼고, 같은 사건을 보면서도 각기 다르게 해석한다. 같은 음식을 먹고도 평가는 다르다. 세상에 있는 77억 인구는 서로 각기 다르다. 다양해서 좋다. 그러나 이러한 다양함은 차이를 극복해야 하는 과제를 안겨준다. 서로가 가진 차이를 극복하지 못하면 결국 이들은 갈등구조를 낳게 된다.

어느 교회에 주방 일을 잘하는 권사님이 몇 분 계셨다. 그분들은 교회의 큰 행사를 잘 치르는 은사를 갖고 있었다. 그래서 교회적으로 얼마나 유익한지 모른다. 그런데 이분들이 함께 모이면 조화를 이루지 못했다. 서로 경계하고 시기했다. 이들이 반목하는 모습이 주변 교인들에게도 보였다. 그래서 교회 안에 부작용이 일어날 때가 많았다. 담임목사님이 "권사님, 서로 좀 끌어안고 일해 주십시오"라고 당부까지 했지만 조화를 이루지 못했다. 결국 어떻게 되었을까? 그들에게 소중한 은사가 있음에도 일을 맡기지 않게 되었다. 교회 안에서는 일보다 관계가 더 소중하기에.

권사에게는 바다와 같은 포용력이 필요하다. 건강한 교회를 만들기 위해서는 일꾼들이 스펀지와 같은 유연성을 가져야 한다. 혼자 사역을 잘하는 것만으로는 2% 부족하다. 더불어 사역을 잘해야 한다. 그래야 교회에 덕이 되고 목회에 도움이 된다. 팀 사역을 잘하는 권사가 교회를 건강하게 만들 수 있다. 그래서 바울은 고린도교회 교인들에게 이렇게 당부한다. "형제들아 내가 우리 주 예수 그리스도의 이름으로 너희를 권하노니 모두가 같은 말을 하고 너희 가운데 분쟁이 없이 같은 마음과 같은 뜻으로 온전히 합하라"(고전 1:10).

건강한 교회를 만들기 위해 섬기는 모든 일꾼에게 꼭 당부하고 싶다. "온전히 합하라!" 이 말은 어떤 것을 올바른 상태로 회복시킨다는 뜻이다. 때때로 그물을 수선하거나(마 4:21) 신앙의 부족함을 채운다는 뜻으로 사용된다(살전 3:10). 여기서는 고린도교회 교인들이 하나로 온전하게 통일된 몸을 이루라는 뜻이다. 바울은 고린도교회 교인들이 온전한 몸으로 연합하라고 요청하고 있다.

바울은 지금 매우 엄숙하고 진지하다. 그는 형제들이라고 부르면서 그리스도의 이름을 사용해서 강력하게 호소하고 있다. 고린도 교인들은 바울이 하는 엄한 간청을 귀담아들어야 한다. 그렇지 않으면 교회는 하나님의 영광을 가릴 수 있기 때문이다. 이제 바울은 그리스도의 몸인 교회가 친밀한 일체감으로 연합할 것을 촉구하고 있다.

그렇다면 당파를 이루면서 서로 반목하고 다투고 있는 고린도교회가 어떻게 온전히 화합할 수 있는가? 그 비결은 '같은 말'을 하고, '같은 마음'을 품고, '같은 뜻'을 갖는 것이다. 교회는 같은 말을 해야 한다. 교회는 정치집단이 아니다. 사교모임이나 친목모임도 아니다. 취미 활동을 하기 위해 모인 동아리도 아니다. 교회는 거룩한 성령의 임재 안에서 하나님의 왕국을 추구하는 사람들의 친밀한 공동체이다. 서로 다른 말을 품게 되면 교회가 분열하게 된다. 교회가 일체감을 가지려면 같은 말을 해야 한다.

교회를 세우기 위해서는 마음을 합해야 한다. 교회는 같은 뜻을 품어야 한다. 목회자의 비전이 중직자들의 비전이 되어야 하고 온 교회의 비전이 되어야 한다. 중직자들이 다른 뜻을 갖고 다른 비전을 품으면 그 교회는 나아갈 미래가 없어진다.

건강한 교회는 분쟁을 일삼지 않는다. 분쟁은 갈라진 틈, 옷이 찢어짐(마 9:16), 의견의 차이로 일어나는 분쟁(요 7:43, 9:16), 몸이 조화를 이루지 못함(고전 12:25)과 같은 의미로 사용된다. 여기서는 교인들이 각기 다른 지도자를 따름으로 인해 일어나는 분열을 가리킨다. 같은 그리스도의 몸의 지체인데 서로 신학이 다르고, 지지하는 사람이 다르며, 생각이 달라서 화합을 이루지 못하는 상태를 가리킨다. 이런 상태로서는 에너지를 하나님의 나라를 건설하는 데 사용할 수 없다.

말썽꾸러기 권사 한 사람이 교회를 어지럽게 할 수 있다. 어떤 일이 있어도 불평불만을 일삼는 권사가 되지 말아야 한다. 여기저기 다니면서 목회자를 비난하고 교회 사역에 대해 불평하는 권사는 그리스도의 몸을 찢고 있는 것이다. 어떤 일을 비판하고 남을 판단하여 비난하는 일을 즐기는 권사가 되어서는 안 된다. 매사를 부정적이고 비판적인 시각으로 바라보고 해석하지 말아야 한다. 같은 사물을 바라보더라도 어떤 안경을 끼고 보느냐가 매우 중요하다. 같은 설교를 들어도 어떤 권사는 은혜를 받았다고 말한다. 그런데 어떤 권사는 식당에 내려가 밥을 먹으면서 주변에 있는 다른 권사들에게 설교를 양념 삼아 점심을 먹는다. 문제는 설교가 아니라 설교를 듣는 권사의 안경 색깔이다.

권사는 늘 교회 안에서 분열을 일삼는 자가 아니라 화합과 화목을 도모해야 한다. 사람들이 평화를 만드는 데는 여러 가지 방법이 있다. 첫째, 힘으로 평화를 만드는 방법이 있다. 힘으로 눌러서 항복하게 하는 것이다. 그러나 이것은 항구적인 평화는 아니다. 또 다른 방법은 무저항으로 평화를 만드는 방법이다. 마틴 루터 킹 목사는 비폭력 무저항주의로 싸웠다. 그러나 때때로 이러한 평화는 맞서 싸울 힘이 없는 사람들이 취하는 소극적인 방법으로 전락하기도 한다.

주님이 취하신 방법은 사랑으로 평화를 만드는 것이었다. 이것은 능동적이고 적극적인 방법이다. 양보하고 사랑으로 감동을 자아내는 평화이다. 권사는 바로 예수님과 같은 사랑으로 교인들을 감동하게 해 평화를 만들어야 한다. 그러기 위해서는 손해를 봐야 하고 모함을 당해야 하며 억울한 일을 겪어야 한다. 내가 하고 싶은 말을 다 하고 자존심을 다 챙기고서는 결코 피스 메이커가 될 수 없다.

평화는 저절로, 순간적으로 만들어지지 않는다. 평화를 심는 지속적이고 피나는 노력이 필요하다. 평화를 심어야 의의 열매를 맺을 수 있다. 평화를 심으려면 수고해야 하고, 소망을 갖고 작은 행동에서부터 시작해야 한다. 사실 누구나 환상의 콤비로 사역하고 싶어 한다. 그리스도의 심정으로 관용하고 포용하면서 사역하고 싶어 한다. 그런데 평화를 만드는 일이 그리 녹록지만은 않다. 어떤 면에서 인간적인 노력으로 불가능하다. 그래서 필요한 것이 바로 하나님의 도우심이다. 하나님이 도우실 때 우리는 화목하게 하는 직책을 수행할 수 있다.

06

목회 동역자

>>> PART_2

목회자를 세워주는
동역자가 되라

하나님은 목회자에게 한 교회를 위임하여 건강하게 세워나가기를
원하신다. 그렇기에 교회는 목회자를 중심으로 하나가 되어야 한다. 목
회자를 세워주는 권사야말로 바로 교회를 건강하게 세우는 권사라고
할 수 있다. 권사가 가져야 할 신앙생활의 모범이 있다. 전통적으로 경
건주의자들이 신조로 여겨왔던 하나님 중심의 신앙생활, 성경 중심의
신앙생활, 교회 중심의 신앙생활이다. 하지만 이런 생각은 그리스도인
이라면 누구나 이미 다 갖고 있다.

그런데 현실적으로 교회를 건강하게 세우기 위해 절실히 필요한 것
이 있다. 바로 목회자 중심의 신앙이다. 최근 들어 한국교회에는 이단
들이 득실거리기 시작했다. 그들은 그리스도인의 가정과 목회자를 무
너뜨리기 위해서 중점적으로 공격한다. 사탄은 목회자를 쓰러뜨리기

위해 혈안이 되어 있다. 목자가 넘어지면 양들은 자연히 흩어지기 때문이다. 교회가 목회자를 중심으로 뭉쳐져 있으면 이단의 집요한 공격에도 흔들릴 이유가 없다.

그런데 교회 안에서는 목회자를 세우는 것이 아니라 오히려 목회자를 흔듦으로 이단과 사탄의 편을 드는 권사도 적지 않다. 목회자를 흔들면 교회가 흔들린다. 목회자가 흔들리는 교회치고 부흥하는 교회를 보았는가? 목회자가 신나고 행복하게 목회하게 하면 그 교회는 부흥하고 성도들은 행복해진다. 권사는 목회자의 얼굴에 웃음을 선물해야 한다. 그래야 목회자는 신나게 사역할 수 있고 그 혜택은 교인들이 누리게 된다.

나는 때때로 어떤 권사님을 떠올리며 "하나님, 감사합니다"라고 하면서 혼자서 웃음 지을 때가 있다. 다른 교회에 가서 설교할 때면 자랑스럽게 간증하고 싶은 권사님이다. 그래서 행복하다. 교인들은 행복하게 신앙생활을 하기 원한다. 목사도 마찬가지다. 행복하게 목회하고 싶다. 교인들이 행복한 신앙생활을 하려면 목사가 행복해야 한다. 목사가 행복하면 아름다운 꼴이 나온다. 그러나 목사가 불행하면 독이 섞인 꼴이 나올 수가 있다. 그렇기에 교인들이 행복해지려면 목회자를 행복하게 해야 한다. 그러면 교회가 행복해진다. 권사는 그런 교회를 만들기 위해서 목회자와 행복한 동역을 해야 한다.

문제의 불쏘시개라 되지 말라

사도 바울은 데살로니가교회가 안고 있는 문제들을 지적

하면서 치유책을 제시한다. 데살로니가교회가 안고 있는 문제 가운데 하나는 교회 안에서 일은 하지 않고 이리저리 다니면서 문제만 만드는 교인들이었다. 그래서 바울은 이렇게 권고한다. "우리가 들은즉 너희 가운데 게으르게 행하여 도무지 일하지 아니하고 일을 만들기만 하는 자들이 있다 하니 이런 자들에게 우리가 명하고 주 예수 그리스도 안에서 권하기를 조용히 일하여 자기 양식을 먹으라 하노라"(살후 3:11-12).

때로는 삶의 여유를 가져야 한다. 그러나 한가한 게 병인 경우가 있다. 다윗은 전쟁하는 시간에 한가하게 낮잠을 자고 일어나 옥상을 거닐다가 밧세바를 범하는 치명적인 죄를 짓는다. 일할 때는 열심히 일하는 게 좋다. 열심히 일해서 번 것으로 자기 양식으로 삼아 남에게 해를 끼치지 않을 뿐만 아니라 다른 사람에게 짐이 되지 않아야 한다. 그뿐만 아니라 다른 사람을 돕고 선한 일에 부한 삶을 살 수 있다. 열심히 사는 사람은 엉뚱한 생각을 하고 엉뚱한 일을 저지를 틈이 없다. 권사가 되어 교회의 짐이 되어서는 안 된다. 교회 중직자로서 구제받을 대상이 된다는 것은 바람직하지 못하다.

권사는 교회를 건강하게 만들기 위해서 일해야 하는 평신도 사역자이다. 그런데 교회에서 문제만 일으킨다면 어떻게 되겠는가? 권사가 교회 안에서 상처를 일으키는 경우가 있다. 그러면 상처받은 교인은 교회를 옮긴다고 한다. 그렇지 않으면 이 사람 저 사람에게 이런저런 불평을 늘어놓고 다닌다. 결국 교회가 어지럽게 된다. 그렇게 되면 목회자는 일을 수습하고 상처받은 교인을 위로해야 한다. 목회자가 권사가 저질러놓은 복잡한 일을 뒷수습이나 해서야 목회가 효율적으로 될 수 있으며 교회가 건강해질 수 있겠는가? 권사가 교회 안에서 문제를 만들지 않는 것도 목회를 돕는 한 방법이다.

　권사는 목사를 대적하지 말아야 한다. 가끔 목회자와 마음이 맞지 않아서 토라지는 권사가 있다. 토라지면 혼자 기도하면서 삭히는 것이 아니라 목회자에게 불평불만을 토로하고 다른 사람들을 찾아다니면서 목회자를 비난한다. 그래서 목회에 치명적인 타격을 준다. 서로 생각이 맞지 않을 수도 있다. 관점이 다르기에 갈등할 수도 있다. 그러나 지혜로운 권사는 절대 목회자와 맞서 대적하지 않는다. 그것은 하나님을 대적하는 일이나 다름없기 때문이다. 목회자를 대적하면 자신이 부서질 뿐이다.

　권사가 목회자를 배척하는 데 앞장서지 말아야 한다. 어떤 권사의 남편은 사업을 하는 장로이다. 그런데 교회를 대상으로 사기를 쳤다. 목회자가 그것을 지적하자, 앙심을 품은 권사가 목회자를 찾아와서 "교회를 떠나달라"고 요구했다. 그러나 목회자는 끄떡도 하지 않았다. 그러자 권사는 교인들에게 나쁜 소문을 퍼뜨리기 시작했다. 심지어 교인들을 선동하여 목회자를 몰아내기 위해 서명운동을 펼치기까지 했다. 그것도 실패하자 결국 교회를 떠나고 말았다. 목회자 배척이야말로 권사로서 해서는 안 될 일이다.

　목회자를 세워주려면 설교에 은혜를 받아야 한다. 설교할 때 "아멘"으로 화답하면서 은혜를 받으면 설교자가 힘이 난다. 그렇게 말씀을 받는 사람이 행복하지 않을 수 있겠는가! 어떤 목사님은 설교할 때 아예 은혜받고 사랑스러운 성도를 바라보면서 설교한다고 한다. 그 이유는 은혜를 받지 않고 졸거나 부정적인 피드백을 보내는 성도를 바라보면서 설교를 하면 설교하는 데 힘이 빠지기 때문이라고 한다. 일리가 있는 말이다. 그런데 어리석게도 가끔 목회자의 설교를 비난하고 다니는 권사를 보게 된다. 주님이 기뻐하지 않을 뿐만 아니라 자신에게도 전혀 유익하지 못한 행위이다. 설교를 비난하면서 어떻게 자신의 영혼이 살아날 수 있겠는가! 권사가 설교를 비판하고 다니면 다른 교인들도 오염될 뿐이다.

권사는 교회에서 금전관리를 잘해야 한다. 때때로 교인들과 돈거래를 해서 교회에 문제를 불러일으키는 권사가 있다. 사람이 나빠서라기보다 돈이 사람을 속이기 때문이다. 교회학교 교사나 찬양대, 전도회나 구역에서 가까이 지내는 교인이 긴급하게 돈을 빌려달라고 할 때 거절하는 것은 참으로 힘들다. 그런데 교회 안에서 이루어지는 어떤 돈거래도 목회에 유익을 주지 못한다. 교회학교 교사로 섬기던 교인이 교사들과 절친한 관계를 맺은 후 이 사람 저 사람에게 돈을 빌려 교회를 시험에 들게 한 후 야반도주하는 예도 있다.

어떤 권사는 기도원을 뻔질나게 다닌다. 기도원에서 많은 은혜를 받았다고 하면서 담임목사의 마음을 아프게 하는 일도 있다. 은혜를 받았으면 목회자에게 순종할 줄 알아야 하지 않겠는가? 은혜를 받았다고 하는 것이 무엇인가? 하나님의 은혜를 헛되이 하지 말아야 한다. 어떤 권사는 신유의 은사를 받았다고 하면서 가정에 제단을 쌓고 돈벌이를 한다. 심지어 "우리 목사님은 병도 못 고쳐"라고 하면서 교인들에게 목회자를 비난하기조차 한다. 신앙을 바로 배워야 한다.

권사는 이단의 유혹을 조심해야 한다. 어느 날, 길을 가다가 "무료로 성경공부를 할 수 있다"라고 하면서 유혹하는 말에 성경공부를 하러 갔다가 이단에 깊이 빠진 권사가 있다. 문제는 혼자만 무료 성경학교에 다니는 것이 아니라 구역 식구와 전도회 회원들을 데리고 가서 교회에 큰 독소가 되는 경우가 있다. 권사쯤 되면 이단을 분별할 수 있어야 하지 않겠는가?

어느 권사는 외부 단체에서 성경공부를 했다. 본인에게 유익한 시간이었다. 그런데 문제는 교회에 와서 다른 교인들에게 본 교회 목회자의 설교를 비판하기 시작했다. "우리 목사님의 설교는 깊이가 없어. 성경 전체의 맥을 잡지 못해! 그러니 교인들이 영적으로 풍요로운 삶을 살 수 있겠어?" 어떤 권사는 큰 교회에서 성경공부를 다니고 너무 좋아서 본 교회의 교인들을 데리고 가서 목회자에게 부담을 주는 권사도 있다. 권사쯤 되면 작은 교회 목회자가 겪는 아픔도 헤아릴 줄 알아야 한다.

직장생활을 하는 권사는 직장에서 본이 되어야 한다. 예수님은 그리스도인이 세상의 빛과 소금이라고 말씀하셨다. 세상의 어둠을 밝히는 빛인 그리스도인은 스스로 빛을 잃지 말아야 한다. 세상에서 맛을 내야 하고 부패를 방지해야 하는 소금인 그리스도인은 스스로 맛을 잃지 않아야 한다. 스스로 빛을 잃고 맛을 잃고서는 세상에 아무런 영향을 미칠 수 없다. 단지 버림받아 사람들에게 밟힐 뿐이다. 그리스도인은 직장에서 다른 직원들에게 인정받고 존경받아야 한다. 다른 직원들보다 더 열심히 일하고 다른 사람들이 귀찮아하는 일조차도 앞장서서 섬겨야 한다.

권사는 덕이 되는 사업을 해야 한다. 어떤 권사님이 호프집을 경영하고 있었다. 담임목사도 처음에는 몰랐는데 어느 때인가 그 사실을 알게 되었다. 고민하다가 그 권사님을 심방해서 조심스레 권면했다.

"권사님, 권사님을 사랑하기 때문에 제가 어려운 말씀을 드려야 할 것 같습니다. 이 사업은 하나님께서 기뻐하시지 않습니다. 다른 사업으로 바꾸었으면 좋겠습니다."

권사님은 당황했다.

그 후 어느 날이었다. 그 권사님이 목사님을 찾아왔다.

"목사님, 저 사업 그만두었어요. 새로운 사업을 위해 기도해주세요."

그는 하나님이 기뻐하시지 않는 사업을 접는 어려운 결단을 내린 것이다.

권사는 이웃관계에서 교회의 이미지를 더럽히지 말아야 한다. 성도들 자체가 강력한 전도지다. 성도의 얼굴은 전도지임을 잊지 말아야 한다. 성도들이 살아가는 모습을 보고 불신자들은 하나님을 알기를 원한다. 이웃관계에서 부정적인 모습을 보여주면 사람들은 교회에 대해 부정적인 태도를 보이게 된다. 더구나 교회 주변에 있는 권사는 특히 말이나 행동에 있어서 주의해야 한다.

섬김사역으로 목회자를 세워주라

바울은 자신의 마음을 아프게 했던 사람의 이름을 이렇게 거명한다. "아시아에 있는 모든 사람이 나를 버린 이 일을 네가 아나니 그중에는 부겔로와 허모게네도 있느니라"(딤후 1:15). 바울의 마음에 얼마나 큰 상처와 아픔을 주었으면 가슴에 사무쳐 있었겠는가? 당신의 이름이 이 명단에 들어가지 말아야 한다. 자신의 이름이 불명예스러운 명단에 들어간다는 것은 불행한 일이 아닐 수 없다.

그런데 바울은 또 다른 명단도 공개한다. "원하건대 주께서 오네시보로의 집에 긍휼을 베푸시옵소서. 그가 나를 자주 격려해주고 내가 사슬에 매인 것을 부끄러워하지 아니하고 로마에 있을 때에 나를 부지런히 찾아와 만났음이라. (원하건대 주께서 그로 하여금 그날에 주의 긍휼을 입게 하여 주옵소서.) 또 그가 에베소에서 많이 봉사한 것을 네가 잘 아느니라"(딤후 1:16-18). 바울이 입에 침이 마르도록 칭찬하는 사람, 하나님께 축복을 내리기를 간절히 바라는 사람도 있다. 바로 오네시보로이다.

바울은 오네시보로 한 사람이 아니라 그의 집도 축복하고 있다. 그만큼 바울에게는 고마운 사람이다. 권사가 목회자에게 소중한 사람으로 느껴지면 목회자는 그 가정 전체를 축복하고 싶은 마음이 든다. 어느 교회 권사님과 장로님 가정은 목회자에게 오른팔과 같이 충성스럽게 섬긴다. 목회자가 목회활동을 하는 데 적극적으로 협력한다. 그러니 목회자는 그 가정에 특별한 관심을 두고 기도해준다. 목회자의 관심 밖에 있는 가정보다는 목회자의 관심 대상이 되는 것이 아름답지 않겠는가?

그렇다면 바울이 왜 오네시보로의 가정을 축복했는가? 많은 사람이 사슬에 매여 있는 바울을 부끄러워하여 그를 버리고 떠났다. 그런데 오네시보로는 바울이 로마 감옥에 갇혀 있을 때 부지런히 찾아가서 위로하고 그의 마음을 즐겁게 해주었다. 오네시보로는 바울이 로마 감옥에 있을 때뿐만 아니라 에베소에 있을 때도 복음을 위해 봉사하며 섬겼다. 권사는 오네시보로처럼 목회자의 마음을 잘 배려할 줄 알아야 한다.

어느 주일 저녁이었다. 아내가 시골 어머님께 전화를 드렸다. 어머님이 감기로 매우 편찮으셨다. 아내는 장례식장을 다녀온 나에게 말했다.

"어머님께 전화 한 통 드리세요. 아끼는 아들 목소리 들으면 힘이 생길 테니까요."

나는 전화를 드렸다. 어머니가 안타까워서 "어머님, 며칠이라도 서울에 와서 몸조리 좀 하세요"라고 말씀드렸다. 그러나 어머님은 "서울은 공기가 안 맞아서 싫다"라고 거절하셨다.

다음 날이었다. 아내와 함께 이런저런 이야기를 나누다가 아내가 나에게 물었다.

"당신은 왜 어머님 몸이 불편하셔서 서울에 올라오시는 것이 힘든 것을 알면서 올라오시라고 말씀드렸어요?"

사실 어머님이 당뇨 때문에 서울에 와서 생활하는 게 힘든 것을 알고 있었다. 그리고 어머님이 "싫다"라고 말씀하실 것도 어느 정도는 짐작하고 있는 터였다. 나는 아내에게 말했다.

"그래도 편찮으신 어머님께 자식이 해야 할 도리라고 생각했지."

그러자 아내는 말했다.

"나는 빈말은 잘하지 못하는데…."

그러나 그건 빈말 차원이 아니다. 어머님의 마음을 배려하고 싶은 아들의 마음일 뿐이다. 권사는 목회자의 마음을 잘 이해하고 배려해야 한다. 목회자가 행복해야 교회가 행복할 수 있기 때문이다.

어느 교회에 명절이면 교역자실 문을 두들기는 권사님, 집사님이 계셨다.

"목사님, 얼마 안 되지만 휴가 잘 보내세요. 명절 잘 쉬세요."

사실 그 목사님은 명절이나 휴가철이 되면 교역자와 직원들에게 미안한 마음을 갖고 있었다. 왜냐하면 휴가비와 명절에 나오는 교회의 배려가 교통비밖에 되지 않기 때문이었다. 그 비용으로 휴가나 명절을 맞아도 그렇게 반가운 일은 아니었다. 오히려 부담스러운 휴가나 명절일 뿐이었다. 담임목사로 부임한 이래 몇 년 동안 동결된 액수였다. 그래도 누구 한 사람 "교역자와 직원들 휴가비를 좀 올려드리자"고 말하는 교인이 없었다. 그래서 동역자들에게 휴가나 명절을 잘 보내라고 말하는 것이 부끄러웠다. 그런데 담임목사의 부끄럽고 미안한 마음을 안듯 교역자들을 돕는 따뜻한 섬김의 손길이 있으니 담임목사에게 얼마나 큰 힘을 실어주는지 모른다.

막내딸이 현대 무용을 전공하기 위해 예술고등학교에 입학하게 되었다.

어느 날, 핸드폰으로 문자가 왔다.

"목사님, 저희 부부가 기도하면서 결정을 내렸어요. 세린이 교복을 저희가 해드리고 싶어서 돈을 부쳐드렸어요."

사실 그렇게 부유하게 살아가는 분들도 아니다. 부부가 열심히 일해서 성실하게 살아가는 부부였다. 남아서가 아니라 없는 가운데서도 목회자를 돕고 싶은 마음에서 섬기는 것이었다. 더구나 나 살기도 바쁜 세상이 아닌가? 내 일 챙기기도 어려운 시대가 아닌가? 사실 돈을 부쳐주는 것보다 막내딸 입학을 걱정하고 생각해주는 마음 그 자체가 더 고마웠다.

권사가 목회자를 섬기는 방법 중 아주 중요한 또 하나의 섬김이 있다. 바로 기도후원자이다. 우리 교회는 중보기도부가 있다. 이들은 주

중에 교회에 나와서 중보기도실에서 한 시간씩 기도한다. 주일이면 예배를 드리는 시간에 중보기도실에서 모니터로 예배 실황을 보면서 예배를 위해 기도한다. 바울에게는 많은 기도의 동역자가 있었다. 목회자에게는 기도의 동역자가 많아야 한다. 기도의 동역자는 목회자를 사랑할 수밖에 없다. 목회자를 위해 기도하면서 목회자에게 등을 돌릴 수 있겠는가? 그러니 교회 분위기가 좋아질 수밖에 없다.

권사는 구제를 즐겨 해야 한다. 예수님은 제자들에게 사랑하는 삶을 살라고 요청하셨다. "새 계명을 너희에게 주노니 서로 사랑하라. 내가 너희를 사랑한 것같이 너희도 서로 사랑하라. 너희가 서로 사랑하면 이로써 모든 사람이 너희가 내 제자인 줄 알리라"(요 13:34-35). 우리가 서로 사랑하는 가장 구체적인 방법은 바로 구제하는 일이다.

욥바에 사는 도르가라는 여인이 있었다. 그는 다비다라고도 불렸다. 그는 선행과 구제를 무척 많이 한 사람이었다. 그래서 여러 여자가 그를 존경했다. 그런데 그가 갑자기 죽게 되었다. 사람들은 "이것도 도르가가 줬어요"라고 하면서 그를 칭송했다. 자기 쓸 것을 쓰지 않고 손을 펴서 가난한 자들을 돕자 여러 사람이 도르가를 생각하면서 울었다. 그 소식을 들은 베드로가 그를 어여삐 여겨 기도함으로써 살려주었다. 많은 것을 가졌다고 나눌 수 있는 것이 아니다. 없어도 마음이 부자인 사람은 나눌 수 있다. 그러나 부자이지만 마음이 가난한 자는 결코 손을 펼 수 없다. 이기적인 나를 굴복시켜야 구제하는 삶을 살 수 있다.

권사는 교회 안에서 가난한 자와 병든 자, 상심한 자를 찾아 돌보고 위로하며 권면해야 한다. 때로는 경제적인 필요를 채워줌으로써 그들을 도와야 한다. 어떤 권사는 아무도 모르게 교회 안에서 구제사역을 하기도 한다. 또 어떤 권사는 어렵고 힘든 가정을 도울 때 자신은 전혀 나타내지 않고 목회자의 손길을 통해서 돕기도 한다. 여기에는 두 가지 목적이 있다. 하나는 자기 의와 영광을 추구하지 않기 위함이고, 다른 하나는 교인들이 목회자의 도움을 받았다고 인식하게 함으로 목회자를 존경하는 교회 분위기를 만들고자 함이다.

어떤 성도는 교회 재정으로 구제하면서도 자기 이름을 내고 생색을 다 부린다. 그런데 지혜로운 일꾼은 다르다. 구제금을 전달하면서 "목사님께서 늘 기도하고 있습니다"라고 하면서 공과를 목회자에게 돌린다. 심지어 개인이 김장 김치를 담아 가져다주면서도 꼭 "우리 목사님께서 갖다 드리라고 해서 심부름 왔습니다"라고 말한다. 왜 그렇게 하는가? 사실 교회가 무엇을 해주면 그렇게 고맙다고 생각하지 않는다. 당연히 해야 한다고 생각한다. 그런데 목회자가 그렇게 했다고 하면 굉장히 고맙다고 느낀다. 목사에게 고맙게 생각하는 것은 결국 교회의 이미지가 된다.

일본의 사회학자 다케우치 히토시는 "사람의 일생은 돈과 시간을 쓰는 방법에 의하여 결정된다. 이 두 가지 사용법을 잘못하여서는 결코 성공할 수 없다"라고 말한다. 돈을 사용하는 것을 보면 그 사람을 가늠할 수 있다. 제조회사를 경영하는 어느 권사님은 목사님에게 찾아와서 부탁했다. "목사님, 제가 선교사나 신학생들을 좀 돕고 싶습니다." 그는 매달 몇 명의 신학생을 후원하고 있다. 나그네는 빈손으로 왔다가 빈손으로 가게 되어 있다. 빈손으로 가는 인생, 하늘나라를 위해 투자하고 하나님께 가겠다는 것이다. 그 권사님을 통해서 얼마나 많은 신학생이 용기를 얻는지 모른다.

협력사역으로 목회자를 받쳐주라

교회에 직분자를 세우는 목적은 목회를 잘 협력함으로써 그리스도의 몸인 교회를 건강하게 세워나가기 위해서다. 그리스도의 몸인 교회를 효율적으로 세워나가기 위해서 영적인 지도자를 세웠다. 히브리서 기자는 교회를 세우기 위해 교인들이 영적인 지도자들에게 복종하라고 권면하고 있다. "너희를 인도하는 자들에게 순종하고 복종하라. 그들은 너희 영혼을 위하여 경성하기를 자신들이 청산할 자인 것 같이 하느니라. 그들로 하여금 즐거움으로 이것을 하게 하고 근심으로 하게 하지 말라. 그렇지 않으면 너희에게 유익이 없느니라"(히 13:17).

공동체 안에는 지도자를 따르지 않고 대적하는 자들도 있다. 그래서 성도들에게 그들에게 순종하고 복종할 것을 강권한다. 지도자는 공동체 안에서 마땅히 존경받아야 하고 성도들은 그들에게 복종해야 한다. 그 이유가 무엇인가? 하나님께서 지도자에게 부여하신 목회적 권위와 책임 때문이다. 목회자는 양 떼를 돌아보기 위해 밤을 지새우는 목자처럼 성도들을 위해 깨어 있는 삶을 산다. 목회자는 성도들이 영적인 풍요로운 삶을 누릴 수 있게 하려고 날마다 깨어서 돌보는 자이다. 그렇기에 그들은 마땅히 공동체의 존경과 순종을 받을 만한 권위가 있다.

목회자는 하나님의 양 떼를 맡은 자이기에 하나님 앞에 늘 책임의식을 갖고 있다. 그 책임 이행에 대한 책임을 물으실 때 답변을 해야만 한다. 그래서 하나님의 양들을 잘 돌보고 먹이기 위해, 진리를 바로 분별하기 위해 주야로 고민하고 묵상한다.

그렇기에 성도들은 목회자가 즐거움으로 사역할 수 있도록 협력해야 한다. 권사는 목회자가 근심을 안고 목회하지 않도록 주의해야 한다. 만약 목회자를 근심하게 하면 그 손해는 고스란히 양들에게 돌아간다. 때때로 양들 가운데 고집을 피우면서 목자의 말을 듣지 않는 경우가 있다. 그런데 각기 자기 길로 가게 되면 길을 잃고 방황하게 될 뿐이다. 심지어 사나운 짐승을 만나 먹이가 되기도 한다. 양들의 행복은 목자의 음성을 잘 분별하여 순종하며 따라갈 때 보장된다.

권사는 교회 일을 할 때 절대 주님의 일을 대적하지 말고 협력자가 되어야 한다. 주의 일을 하다 보면 매사에 문제를 제기하고 방해하는 권사가 있다. 어떤 사역을 하려고 하면 모으는 힘이 있어야 한다. 그렇지 않고는 시작하기도 전에 힘이 빠진다. 목회자가 무엇을 하려고 하면 "목사님, 좋은 생각이네요. 저희가 도울 일은 없습니까? 목사님은 걱정하지 마세요. 저희가 뒤에서 열심히 도울게요"라고 말하는 일꾼이 되어야 한다. 무슨 일을 하려고 하면 "왜 이런 일을 벌여서 힘들게 해! 요즘 교인들이 얼마나 힘든데 또 일을 벌여"라고 하며 일을 시작하기도 전에 기운을 빼는 권사도 있다.

권사는 자신에게 맡겨진 일을 잘 감당함으로 목회자를 도와야 한다. 교회는 각자 자신의 역할을 잘 감당할 때 든든하게 세워진다. 로마 귀족들은 그들이 누리는 영광스러운 직분에 걸맞은 의무를 감당해야 했듯이 교회 안에서도 중직자가 되었으면 그에 걸맞은 책임을 잘 수행해야 한다. 앞장선 중직자가 자리만 차지하고 그 직무를 수행하지 않을 때 자신도 불행할 뿐만 아니라 목회자나 교회에도 큰 근심거리가 아닐 수 없다. 권사는 교회에서 목회를 잘 협력하는 분위기를 만들어야 한다.

목회하다 보면 열심히 섬기고 봉사하는데도 부담스럽지 않은 일꾼이 있는가 하면, 열심히 봉사하고 섬기는데 왠지 부담스러운 일꾼이 있다.

개척을 한 지 몇 년 안 되는 친구 목사가 담임하는 교회에 6개월 전에 등록한 한 권사님 가정이 있다. 남편은 은행직원이고 두 자녀는 대학생이다. 딸은 고등부에서 교사로 섬기는데 교회 장식을 도맡아서 하다시피 한다. 그래서 그 자매에게 너무 편하게 일을 시킨다. 최근에는 남편도 신앙생활을 하기 시작했는데, 남편은 남자 목장을 너무 잘 섬기고 있다. 목원들을 권면해서 금요합심기도회에 참석시킬 정도로 열심이라고 한다.

그 친구 목사의 교회 로비에 카페를 운영하고 있는데, 권사님은 거기서 바리스타로 섬기고 있다. 그 권사님은 새벽기도를 마치면 혼자서 카페를 청소한다. 늘 웃음을 잃지 않고 섬기는 모습이 너무 아름답다. 자기 자리를 지킬 줄 알고 맡겨진 일에는 신실하게 일한다.

그런데 늦게 교회에 등록한 성도가 열심히 봉사하자, 일 년 전에 먼저 온 성도들이 시기하고 질투하기 시작했다. 나중에는 방해공작을 하기도 했다. 그러나 그 권사님은 실망하거나 낙심하지 않았다. 누가 뭐라고 해도 자기 할 일만 묵묵하게 했다. 어떤 교인들은 "혹시 신천지 아냐?" 하고 모함을 하기도 했다.

어느 날, 카페에서 섬기는 권사님을 향해 목사님이 물었다.

"너무 힘들지 않아요?"

그러자 권사님이 말했다.

"힘들 때마다 목사님이 주시는 말씀을 먹고 힘을 얻어요."

이와는 반대로 어떤 권사님은 교회의 화장실 청소를 도맡아서 한다. 그런데 그 권사님이 봉사하는 것은 부담스럽다. 누군가 알아주기를 기다린다. 봉사해도 은밀하게 하기보다는 자기를 과시하면서 하기를 좋아한다. 다른 사람들은 식사하는데 식사도 하지 않은 채 봉사하다가 그냥 집으로 가버린다. 목사의 측면에서 보면 열심히 봉사하기는 해도 뭔가 불안하고 부담스러운 일꾼이다.

최근 교회 일꾼들을 보면서 아쉬운 점이 있다. 3~40대는 맞벌이한다고 봉사하지 못한다. 그러다 50대가 되어 60대 초반까지는 손자 손녀를 돌보느라 봉사를 못 한다. 60대 중반에 들어서면 기력이 없어 봉사를 못 한다. 그렇다면 직분은 맡아놓고 언제 봉사할 것인가? 주님 앞에 서는 그날, 하나님이 그러한 권사에게 무엇이라 말씀하실까? 권사는 때를 만들어서 봉사해야 한다. 그렇지 않으면 이런저런 핑계가 우리를 직무 불이행자로 전락시키고 말 것이다.

"원하건대 주께서 오네시보로의 집에
긍휼을 베푸시옵소서. 그가 나를 자주 격려해주고
내가 사슬에 매인 것을 부끄러워하지 아니하고
로마에 있을 때에 나를 부지런히 찾아와 만났음이라.
(원하건대 주께서 그로 하여금 그날에
주의 긍휼을 입게 하여 주옵소서.) 또 그가 에베소에서
많이 봉사한 것을 네가 잘 아느니라"

(딤후 1:16-18).

권사는 _____ 교인을 양육하고 돌보는 또 다른 목회자다

권사는
유능한
자기 관리자가
되어야 한다

거룩한 영적 습관을 계발하라

지혜롭고 유능하게 자신을 경영하라

좋은 어머니, 지혜로운 내조자가 되라

행복의 오솔길을 찾아가는 권사가 되라

07

자기 관리자

>>> PART_3

거룩한 영적 습관을 계발하라

"세 살 버릇 여든까지 간다"라는 말이 있다. 어린시절에 형성된 작은 습관이 우리 몸에 배면 그것이 인생을 옭아맨다는 뜻이다. 관리경영전 문가 쑤춘리는 「습관」이라는 책에서 이렇게 말했다. "신체적인 습관은 개인의 행동 방식을 좌우하고 일상생활을 결정하는 한편, 심리적인 습 관은 개인의 사고방식을 좌우하고 인간관계를 결정한다. 따라서 운명 은 습관에 의해 결정된다고 해도 과언이 아니다." 습관은 한 사람의 미 래를 결정한다. 그렇다면 교회 공동체가 가진 습관을 보면 그 공동체의 미래를 예측할 수 있다.

감사도 습관이고 불평도 습관이다. 감사하는 사람은 입에 늘 감사를 달고 다닌다. 그런데 불평하는 사람은 입에 늘 불평을 달고 다닌다. 짜 증을 부리는 것은 상황 때문만은 아니다. 상황을 해석하는 그 사람의 생각과 습관 때문이기도 하다. 부정적인 생각을 하는 사람은 매사를 부정적으로 바라보면서 비판한다. 부정적인 사고가 습관화된 것이다. 그러나 긍정적인 사고 습관을 지닌 사람은 잘 안 되는 상황에서도 긍정을 본다.

공군 참모총장을 지내고 지금은 극동방송의 사장으로 있는 김은기 장로는 좋은 습관을 지니고 있다. 그는 지난 20년 동안 하루의 첫 시간을 "주는 그리스도시요 살아계신 하나님의 아들이십니다. 오늘도 최고의 날을 주신 하나님을 찬양합니다"라는 고백으로 시작했다고 한다. 얼마나 멋지고 아름다운 습관인가? 모름지기 권사는 이렇게 좋은 습관을 지녀야 한다.

그렇다면 이제 자신의 습관을 점검해야 한다. 나쁜 습관은 버리고 좋은 습관을 길들여야 한다. 거룩한 습관을 길들이면 본인에게 유익하다. 더구나 다른 교인들에게 긍정적인 영향을 미칠 뿐만 아니라 목회자에게도 큰 힘이 된다.

나쁜 습관에 매여 있는지 점검하라

엘가나에게는 두 아내가 있었다. 한나와 브닌나였다. 브닌나는 제사를 지낼 때마다 자식을 낳지 못하는 한나를 괴롭히는 습관이 있었다. "여호와께서 그에게 임신하지 못하게 하시므로 그의 적수인 브닌나가 그를 심히 격분하게 하여 괴롭게 하더라"(삼상 1:6). 이때 한나는 속상한 마음을 하나님의 성전에 가서 기도로 푸는 습관을 지니고 있었다(삼상 1:10). 그러자 하나님은 한나에게 한 시대를 움직였던 위대한 지도자 사무엘을 선물로 주셨다.

큰 꿈을 가진 강아지가 자신만만하게 사막을 횡단하러 갔다. 그런데 떠난 지 고작 3일 후에 비보가 들려왔다. "사막 횡단을 떠났던 강아지 비명횡사하다." 물도, 식량도 충분히 가져갔는데 고작 3일 만에 죽다니 이게 무슨 일인가? 자세히 조사해 본 결과, "오줌을 참다가 오줌보가 터져서 죽었다"라는 것이다. 사막에서 오줌을 참다니? 아무 데나 누면 될 것을? 그런데 이유가 있었다. 이 강아지는 늘 나무나 전봇대에 대고 볼일을 봤던 습관이 있었다. 그런데 아무리 가도 나무나 전봇대가 없었다. 결국 오줌을 참다가 오줌보가 터져서 죽고 만 것이다.

습관은 천성을 이긴다. 그만큼 습관이 중요하다. 어떤 습관을 갖느냐에 따라 행복과 불행이 갈린다. 멋진 인생, 아름다운 인생을 산 사람들은 한결같이 좋은 습관을 지닌 사람들이다. 또한 성공적인 인생을 산 사람들도 좋은 습관을 지녔다. 좋은 생각은 좋은 말을 낳고, 좋은 말은 좋은 행동을 낳는다. 좋은 행동은 좋은 습관을 낳으며, 좋은 습관은 좋은 인격을 낳는다. 이렇듯 습관은 그 사람의 인격과 인생을 좌우한다.

그래서 파스칼은 "습관은 제2의 천성으로서 제1의 천성을 완전히 파괴한다"라고 말했다. 아무리 좋은 가문에서 태어나고 좋은 성품을 지녔다 할지라도 나쁜 습관을 갖게 되면 부모로부터 물려받은 성품과는 상관없이 불행한 인생을 살게 된다. 즉 습관이 천성을 이긴다는 것이다. 그러므로 부모로부터 물려받은 성품보다 중요한 것은 거룩한 습관을 갖는 것이다. "훌륭한 사람은 훌륭한 습관을 지니고 있다"라는 말처럼 좋은 습관이 좋은 사람을 만들고 나쁜 습관이 나쁜 사람을 만든다.

암웨이 창립자인 리치 디보스라는 사람이 늘 머리를 손질하던 곳은 그랜드래피즈의 작은 이발소였다. 어느 날, 그가 머리를 자르고 있는데 옆자리에서 철도 노동자로 일하는 사람이 머리를 깎고 있었다. 철도 노동자는 자신의 직업에 대해 끊임없이 불평을 쏟아놓고 있었다. 참다못한 리치가 힐난조로 말을 건넸다.

"이것 보세요. 당신은 좋은 나라에서 좋은 일자리를 갖고 있으니 얼마나 운이 좋은 사람입니까? 그렇게 불만스러우면 왜 그만두지 않지요? 다행히 내게 돈이 조금 있으니, 그렇게 원한다면 러시아행 편도 비행기 표를 끊어드리지요."

언제 어디서든 습관적으로 불평을 달고 사는 사람들이 있다. 이들은 본인도 불행한 인생을 살게 된다. 그런데 더 기가 막힌 것은 그들로 인해 주변에 있는 많은 사람이 전염되고 불행해진다는 것이다. 그들로 인해 공동체가 병든다는 사실이다.

목회자에게 늘 불평불만을 갖고 신앙 생활하는 권사가 있다. 그러니 설교를 비판하고 돌아다닌다. 이런 사람들은 장로들도 비난하고, 구역 식구들이나 전도회 회원들에 대해서도 늘 비난을 일삼는다. 왜냐하면 한 사람에 대한 비난이 문제가 아니라 그것이 몸에 밴 습관이기 때문이다. 결국 그는 주변 사람들로부터 따돌림을 당하고 만다.

베스트셀러 작가 예병일 씨는 "지각하는 사람은 지각을 할 수밖에 없는 습관을 가지고 있는 법이다"라고 말한다. 교회 안에서도 지각하는 것을 대수롭지 않게 생각하는 사람들이 있다. 한 사람의 지각으로 주변 사람들이 얼마나 마음이 불편해지는지 아는가? 얼마나 많은 사람의 소중한 시간을 도둑질했는지 아는가? 그래서 나는 시간이 되면 기다리지 않고 떠나는 습관을 들였다.

사소한 습관이라고 대수롭지 않게 생각해서는 안 된다. 분명히 그것은 당신의 작은 습관이다. 그런데 그 습관이 나중에 당신의 운명을 어떻게 바꿔놓을지 아는가? 작은 것을 간과하는 것은 너그럽게 용납할 문제가 아니다. 당신의 운명을 망칠 수 있기 때문이다.

여행할 때면 여행지에서 발견한 기이한 작은 돌을 찾아 기념으로 가져오는 습관을 지닌 사람이 있었다. 한번은 어느 산사의 눈 덮인 골짜기에서 우연히 다이아몬드를 발견하게 되었다. 평소에 기념될 만한 돌을 찾는 습관이 다이아몬드를 얻게 한 것이다.

매사에 핑계를 둘러대고 변명하는 습관을 지닌 사람들이 있다. 그것은 어쩌다가 한 번 그러는 것이 아니다. 당신 안에 형성된 작은 습관이다. 그 습관이 당신을 어떻게 만들 것으로 생각하는가? 짜증을 부리고 인상을 찌푸리는 것도, 웃는 것도 다 습관이다. 웃으면 복이 온다. 웃는 사람은 아름답다. 웃음은 행복 바이러스로서 다른 사람에게도 전염된다. 웃음 짓는 사람 곁에 있으면 행복하다. 교회가 부흥하려면 웃음을 잃지 않는 교회가 되어야 한다. 늘 웃고 다니는 사람과 인상을 쓰고 다니는 사람의 운명은 크게 달라진다.

사도 바울은 "서로 거짓말을 하지 말라. 옛사람과 그 행위를 벗어버리"(골 3:9)라고 말했다. 바울은 거짓말은 새사람이 된 그리스도인들이 벗어버려야 할 옷과 같다고 말했다. 그런데 걸핏하면 거짓말을 둘러대는 사람이 있다. 사실대로 말하면 손해가 되기 때문에 그때를 모면하기 위해 그럴싸한 거짓말로 위기를 모면한다. 좀 더 거짓말에 능숙한 사람은 전혀 없었던 일을 있는 것처럼 만들어 다른 사람을 모함하기도 한다. 그런데 문제는 한두 번의 거짓말이 모이면 습관이 된다는 사실이다. 시냇물이 모여 강이 되고, 강물이 모여 바닷물을 이루듯이 한두 번 대수롭지 않게 한 거짓말이 점점 자기 안에 모여 습관으로 형성되고 만다. 교회 안에서 거짓말을 하고 다니는 권사를 누가 신뢰하겠는가? 콩으로 메주를 쑨다고 해도 사람들은 믿지 않을 것이다.

바울은 에베소교회 교인들에게 그리스도 안에서 거듭난 새로운 피조물이 어떻게 살아야 하는지 말하면서 이렇게 권면했다. "너희는 모든 악독과 노함과 분냄과 떠드는 것과 비방하는 것을 모든 악의와 함께 버리고"(엡 4:31). 거듭난 자가 악한 의도를 품는 것은 옳지 못하다. 악한 뜻으로 다른 사람을 비난하고 손가락질하는 것도 습관으로 길들이지 말아야 한다.

내 마음에 들지 않는다고 남을 비난하고 긁어내리는 사람들이 있다. 비판과 비난은 반드시 부메랑이 되어 자신에게 다시 돌아온다. 사실 누가 남을 판단하고 비난할 자격이 있겠는가? 알고 보면 자신이 더 큰 비판의 대상이 될 수밖에 없지 않겠는가? 다른 사람들이 참아주고 덮어주니까 얼굴을 들고 다닐 수 있지, 자신의 내면에 있는 것까지 들추어내면 부끄러워서 얼굴을 들 수 없는 게 인간이다.

당신 안에 형성된 습관은 당신의 의지마저도 꺾어버린다. 습관은 당신의 무의식 세계를 지배하려 한다. 운전하다 보면 나도 모르게 평소에 익숙한 길로 들어서 있는 자신을 발견할 때가 있다. 무심코 나오는 말도 사실은 당신 안에 길든 언어습관일 수 있다. 그렇기에 권사는 자신의 미래를 결정하는 습관을 다시 한번 점검해야 한다.

좋은 영적 습관을 길들이는 데 힘쓰라

사무엘 시대에 대제사장은 엘리였다. 그에게는 홉니와 비느하스라는 두 아들이 있었는데 그들도 제사장이었다. 그런데 그들의 모습을 보라. "행실이 나빠 여호와를 알지 못하더라"(삼상 2:12). 가장 행실이 나쁜 것이 무엇인가? 여호와를 알지 못하는 것이다. 여기서 '안다' 라는 말은 '머리의 지식' 으로 아는 것을 말하지 않는다. '경험적' 으로 아는 것이다. 남자와 여자가 함께 잠을 자 보는 경험 말이다. 이것은 일상생활에서 하나님과의 친밀한 교제를 나눔으로 매 순간 하나님을 경험하는 것을 말한다.

그런데 홉니와 비느하스는 그렇지 못했다. 하나님을 알지 못하기 때문에 그들 안에 형성된 몹시 나쁜 습관이 있었다. 백성들이 제사를 지내기 위해 짐승을 가져와서 고기를 삶으면 솥에서 건져내 배가 터지도록 먹어버리는 것이었다. 하나님 앞에 드리기도 전에 날고기를 달라고 요구하기도 했다. 제사를 지내기 위해 제물을 가지고 온 사람들이 "먼저 하나님께 기름을 드려 태우고 난 후에 취하라"고 해도 안하무인격이었다. 그들은 우격다짐으로 빼앗아버렸다.

그들은 여호와의 제사를 멸시하는 습관을 지니고 있었다. 그뿐만 아니라 그들은 회막문에서 시중드는 여인들과 동침하는 죄까지 저질렀다. 그 소식을 들은 엘리 제사장이 아들들을 불러놓고 책망해도 아버지 말에 순종하지 않았다. "그들이 자기 아버지의 말을 듣지 아니하였음이니라."

그러나 사무엘은 달랐다. 사무엘은 어려서부터 제사장 엘리 앞에서 하나님을 섬겼다.

"그 아이는 제사장 엘리 앞에서 여호와를 섬기니라"(삼상 2:11).

"사무엘은 어렸을 때에 세마포 에봇을 입고 여호와 앞에서 섬겼더라"(삼상 2:18)

"아이 사무엘은 여호와 앞에서 자라니라"(삼상 2:21).

"아이 사무엘이 점점 자라매 여호와와 사람들에게 은총을 더욱 받더라"(삼상 2:26).

결국 엘리의 아들들에게는 비참한 죽음이 경고된다. "네 두 아들 홉니와 비느하스가 한 날에 죽으리니 그 둘이 당할 그 일이 네게 표징이 되리라"(삼상 2:34). 나중에 홉니와 비느하스는 블레셋과의 전투에서 패하고 죽게 된다. "하나님의 궤는 빼앗겼고 엘리의 두 아들 홉니와 비느하스는 죽임을 당하였더라"(삼상 4:11).

"습관은 하나님께서 우리 인간에게 허락하신 기가 막힌 선물이다." 물론 여기서 말하는 습관은 좋은 습관, 거룩한 습관을 말한다. 그러나 습관에는 좋은 습관만 있는 것이 아니다. 나쁜 습관도 있다. 아름답고 거룩한 습관이 있는가 하면 추하고 더러운 습관도 있다. 미국의 제3대 대통령이었던 토머스 제퍼슨은 좋은 습관을 지니고 있었다. 그는 화가 날 때는 언제나 속으로 하나에서 열까지 세고, 그래도 화가 폭발할 것 같으면 하나에서 백까지 셈으로써 자신의 분노를 다스렸다. 교회를 세우는 권사는 이런 습관을 길들여야 한다.

권사는 거룩한 영적 습관을 계발해야 한다. 권사는 교회의 얼굴이자 모델이다. 권사 한 사람이 다른 교인들에게 미치는 영향력은 지대하다. 아름다운 권사의 모델이 많은 교회는 행복하고 부흥될 수밖에 없다. 그렇다면 권사가 계발해야 할 거룩한 영적 습관은 무엇인가? 권사는 아름다운 예배 습관을 계발해야 한다. 하나님은 예배하는 자를 찾으신다. 하나님은 아벨의 제사를 기쁘게 받으셨다. 그러나 가인의 제사는 받지 않으셨다. 권사는 예배 습관을 바로 가져야 한다.

예배를 드릴 때 점검해야 하는 몇 가지 습관이 있다.

첫째, 지각하는 습관을 버려야 한다. 귀한 사람과 만날 때 우리는 미리 가서 만날 준비한다. 그런데 하나님을 만나러 가는 예배자가 지각해서야 되겠는가?

둘째, 조는 습관을 버려야 한다. 예배를 드리면 습관적으로 조는 성도들이 있다. 그것도 제일 앞자리나 찬양대석, 또는 장로석에 앉아서 말이다. 이런 사람은 설교자를 괴롭히기로 작정한 사람이다. 조는 사람을 보면 설교를 시작할 때 잠이 든다. 그러다가 끝날 때쯤 되면 기가 막히게 알고 눈을 번쩍 뜬다. 집중하면 졸리지 않는다. 집중해도 졸리면 설교를 메모해보는 것도 좋다. 몸이 피곤하다 보면 졸릴 수 있다. 예배 때 졸지 않으려면 토요일을 잘 준비해야 한다. 늦은 시간까지 텔레비전이나 인터넷을 하지 말아야 한다. 토요일에 등산이나 너무 피곤할 정도로 무리한 일을 하지 않아야 한다. 피곤하면 어쩔 수 없이 졸게 마련이다.

셋째, 예배자는 그에 걸맞은 예의를 갖추는 습관을 지녀야 한다. 아무 옷이나 입지 말고 정성껏 준비한 옷을 입어야 한다. 여름이면 슬리퍼를 끌고 와서 예배드리는 사람이 없어야 한다. 또한 너무 노출이 심한 옷을 입고 와서 주변 교인들에게 시선을 주목하게 하지 말아야 한다. 설교시간에 다리를 꼬거나 껌을 씹는 행동을 하지 말아야 한다. 더구나 옆 사람과 잡담을 나누지 말아야 한다.

넷째, 드림의 예배를 드리는 습관을 지녀야 한다. 24장로는 면류관을 벗어 어린 양께 드리며 찬양과 경배를 드렸다. 예배자가 착각하는 것이 있다. 예배를 통해서도 자꾸 받으려고만 한다. 그러다 보니 "오늘 예배는 은혜로웠어. 오늘 설교가 좋았어"라고 말한다. 그런데 예배는 이미 받은 은혜에 감사해서 하나님께 예물을 드리고, 찬양을 올려드리며, 몸을 바치는 것이다. 더 받지 않아도 충분할 정도로 우리는 주님으로부터 많은 것을 받았다. 주님은 우리에게 자기 목숨까지 주시지 않았는가? 이제는 우리가 주님께 드리고 갚아야 한다. 드림의 예배를 드려야 한다.

권사는 매일 일상에서 말씀을 통해 하나님과 개인적으로 만나는 묵상 습관을 지녀야 한다. 설교를 통해 하나님의 은혜를 받는 것도 중요하다. 그러나 개인적으로 하나님과의 친밀한 교제시간을 갖는 것은 영적 성장에 매우 유익하다. 설교를 통해 만나는 하나님과 본인이 직접 말씀을 묵상하면서 만나는 하나님은 또 다른 은혜가 있다. 젊은이들에게는 경건의 시간(QT)이 익숙하나 권사들에게는 익숙하지 않을 수도 있다. 그렇기에 목회자를 통해서 경건의 시간을 갖는 방법을 훈련받을 필요가 있다.

권사는 기도 습관을 잘 들여야 한다. 권사는 기도의 어머니가 되어야 한다. 교회에서 권사가 기도하지 않는다면 누가 기도할 것인가? 중고등학교 시절에 잊을 수 없는 권사님들의 모습이 있다. 매일 저녁 교회에 나와 주무시면서 철야기도를 하시던 권사님들이다. 기도하는 권사님이 많이 일어나야 교회는 부흥한다.

찰스 스펄전은 기도에 대해 이렇게 말했다. "교회의 상태는 기도모임을 보면 매우 정확히 측정할 수 있다. 기도모임은 사람들 가운데 성령의 역사가 얼마나 이루어지고 있는지 파악할 수 있는 은혜의 계측기이다. 하나님이 교회에 임하시면 교회는 반드시 기도하게 된다. 하나님이 잠잠하신 교회의 첫 번째 표징은 기도에 있어 나태함이 될 것이다."

권사가 교회의 기도실을 지켜야 한다. 권사가 교회에 기도의 불을 지펴야 한다. 현대교회가 약해지는 것은 기도를 쉬는 죄를 짓기 때문이다. 권사가 어떻게 목회에 협력할 수 있는가? 기도의 동역자가 되는 것이다. 기도의 동역자가 되려면 기도의 위력을 알고 있어야 한다. 기도는 하늘의 창고 문을 여는 열쇠이다.

기도의 사람이자 선지자라 불리는 E. M. 바운즈는 기도에 대해 이렇게 말했다. "기도에 모든 것이 달려 있다. 오직 기도하는 손만이 하나님의 일을 이룰 수 있다. 기도는 하나님의 일을 이루는 가장 강력한 무기이다. 다른 모든 것이 실패해도 기도는 실패가 없다. 기도에 힘쓰는 사람은 성공할 수밖에 없고 기도에 실패하면 모든 것에서 실패한다."

그런데 제자들은 기도의 삶에서 실패하고 말았다. "돌아오사 제자들이 자는 것을 보시고 베드로에게 말씀하시되 시몬아 자느냐? 네가 한 시간도 깨어 있을 수 없더냐? 시험에 들지 않게 깨어 있어 기도하라. 마음에는 원이로되 육신이 약하도다"(막 14:37-38). 제자들은 기도하면서 깨어 있어야 하고 깨어 있으면 기도해야 했다. 예수님은 십자가로 인해 고민하면서 기도하는데 제자들은 잠에 취했다.

그래서 바울은 영적 전쟁을 하는 그리스도인들이 어떻게 영적으로 무장해야 하는지 잘 알려준다. "모든 기도와 간구를 하되 항상 성령 안에서 기도하고 이를 위하여 깨어 구하기를 항상 힘쓰며 여러 성도를 위하여 구하라"(엡 6:18). 권사는 개인적으로 기도로 승리한 영적 체험을 많이 가져야 한다. 그뿐만 아니라 목회자를 위해 기도해야 하며 온 교인을 품고 기도해야 한다. 권사는 기도가 생활화되어 있어야 한다.

권사는 다른 교인들에 비해 큰 믿음을 가져야 한다. 믿음의 진보를 위해 권사가 해야 할 일이 많지만, 꼭 권하고 싶은 것이 독서습관이다. 경건서적은 영적 성장에 매우 유익하다. 「그리스도를 본받아」 「예수님이라면 어떻게 하실까」 「죽을만큼 순종하라」 「죽을만큼 겸손하라」 「조지 뮬러의 기도」 등과 같은 책은 그리스도인의 영적 성장에 필수적인 책이다.

제자훈련을 하면서 극복하기 어려웠던 과제 가운데 하나는 경건의 시간과 독서였다. 설교를 통해 듣기만 했지, 경건의 시간을 가져본 적이 없었기에 많이 힘들어했다. 그뿐만 아니라 책을 그렇게 읽어보지 않은 터라 독서 과제도 매우 힘들어했다. 어떤 분은 "목사님, 저는 책과는 담쌓은 사람이에요"라고 말하기도 했다. 그런데 훈련을 받으면서 차츰 바뀌기 시작했다. 책에 대한 맛을 느끼기 시작한 것이다. 책 읽는 습관을 길들여보라. 습관이 되면 맛있는 음식을 먹는 것보다 훨씬 더 큰 기쁨이 있을 것이다.

좋은 습관의 보물 창고가 되게 하라

바울은 로마서에서 우리가 의롭게 되는 것은 행위가 아니라 믿음으로서 된다고 강조했다. 인간의 행위는 구원에 전혀 보탬이 될 수 없다. 구원은 전적인 믿음으로 말미암은 은혜의 선물이다. "너희는 그 은혜에 의하여 믿음으로 말미암아 구원을 받았으니 이것은 너희에게서 난 것이 아니요 하나님의 선물이라"(엡 2:8).

그런데 사도 야고보의 메시지는 다른 것처럼 느껴진다. "이와 같이 행함이 없는 믿음은 그 자체가 죽은 것이라"(약 2:17). 야고보는 믿음이 아닌 행함을 강조한다. 그래서 루터는 야고보서를 지푸라기 서신이라고까지 말했다. 그러나 로마서와 야고보서는 완벽한 한 짝이다. 로마서를 완벽한 작품으로 만드는 것이 바로 야고보서이기 때문이다. 믿음은 행함으로 증명돼야 한다. 믿음이 있다고 하면서 행함이 없다면 그 믿음은 다시 한번 점검되어야 한다. "네가 보거니와 믿음이 그의 행함과 함께 일하고 행함으로 믿음이 온전하게 되었느니라"(약 2:22). 믿음은 행함으로 드러날 때 그 능력이 나타난다.

습관에는 나쁜 습관이 있고 좋은 습관이 있다. 그런데 문제는 좋은 습관을 만드는 데는 많은 시간이 걸리지만 나쁜 습관은 너무나 쉽게 만들어진다는 것이다. 그리고 사람은 좋은 습관보다 나쁜 습관의 영향을 더 빠르고 쉽게 받는다는 것이다. 나쁜 습관은 전염병같이 자신만이 아니라 주변 사람들에게도 빠른 속도로 번져나간다. 한 번 몸에 밴 나쁜 습관은 좀처럼 사라지지 않고 오래 지속된다.

미국의 저명한 컨설턴트인 잭 D. 핫지는 "성공한 사람과 보통 사람의 차이는 지능이나 재능, 능력이 아니라 습관의 차이에 있다"라고 말한다. 우리는 보통 사람 이상의 삶을 살고 싶어 한다. 더구나 그리스도인은 평범한 삶 이상의 삶을 추구하고 있다. 그렇다면 그만한 노력이 필요하다. 교인을 섬기는 권사는 남보다 더 노력하고 인내하며 효과적으로 준비하는 습관을 지녀야 한다.

그러나 습관이 중요한들 무슨 소용이 있겠는가? 중요하고 좋은 것을 안다면 그것을 내 것으로 만들어야 한다. 그것이 더 중요하다. 좋은 습관은 부러운 것으로 이루어지지 않는다. 그것을 자신의 습관으로 만들어야 한다. 행동화되지 않은 이론은 탁상공론에 불과하다.

누군가 물었다.

"담배 어떻게 끊어?"

친구가 대답했다.

"어, 그거 간단해. 그냥 안 피우면 돼!"

성공적인 인생, 행복한 인생을 살아가는 데는 실행에 옮기는 힘이 필요하다. 권사는 말로만 하지 말고, 이제 좋은 습관을 하나하나 정복해 나가는 행동으로 옮겨야 한다.

마라톤에서 가장 힘들 때는 출발 직전이라고 한다. 출발하기 전의 긴장감이란 이루 말할 수 없다. 어려움의 90%는 아직 일어나지 않은 미래의 어려움에 대한 두려움 때문이라고 한다. 습관을 정복하려면 두려움에 머물지 말고, 작은 것부터 하나하나 정복해 나가야 한다. 사소하다고 한꺼번에 시도하려 하지 말고, 작은 것부터 차근차근 실행에 옮기다 보면 새로운 습관이 형성된다.

권사는 자신을 아름다운 습관의 보물창고로 만들어야 한다. 나쁜 습관의 보물 창고로 만드는 것은 불행한 일이다. 썩은 냄새가 진동하는 하수구를 좋아할 사람은 아무도 없다. 당신을 썩은 냄새가 진동하는 습관의 창고로 만들 것인가? 자신을 좀 더 나은 사람으로 만들려는 사람에게는 한 번에 하나씩 차근차근 바꿔나가는 것이 중요하다. "뱁새가 황새 따라가려다가 가랑이 찢어진다"라는 말이 있지 않은가? 단숨에 들이키려고 하지 말고 하나하나씩 점차 정복해 나가면 된다. 하루에 하나 혹은 일주일에 하나, 아니면 일 년에 하나처럼 한 번에 하나씩 좋은 습관을 점진적으로 만드는 것이 중요하다. 그러다 보면 당신은 좋은 습관의 보물 창고로 바뀌게 될 것이다.

나이가 들면 변화를 수용하는 것이 어려워진다. 그러나 권사는 변화를 두려워하지 말아야 한다. 변화는 아름답다. 변화는 성장과 성숙을 가져온다. 변하지 않는 것은 죽은 것이나 다름없다. 당신이 가진 나쁜 습관을 점검해보라. "너희는 유혹의 욕심을 따라 썩어져 가는 구습을 따르는 옛사람을 벗어버리고 오직 너희의 심령이 새롭게 되어 하나님을 따라 의와 진리의 거룩함으로 지으심을 받은 새 사람을 입으라"(엡 4:22-24). 당신이 지닌 나쁜 습관은 자신의 영적인 여정을 그르치고, 목회현장을 훼손시킬 뿐만 아니라 다른 교인들에게도 나쁜 영향을 미친다. 그래서 잘못된 습관을 버리고 좋은 습관을 길들여야 한다.

신학박사 브라운 랜던은 「고정관념을 깨는 습관의 법칙」이라는 책에서 이렇게 말했다. "제발 습관을 바꾸려고 노력하지 말라. 습관을 바꾸려는 것은 시간 낭비일 뿐만 아니라 거의 불가능한 일이다." 사람들은 "세상에서 제일 어려운 일은 습관을 바꾸는 일이다"고 말한다. 그렇기에 우리는 나쁜 습관을 버리는 데 시간을 낭비하기보다 오히려 좋은 습관, 새로운 습관, 거룩한 습관을 만들어가는 것이 훨씬 더 유익하다. 좋은 습관, 거룩한 습관이 주는 기쁨과 열매가 있다면 나쁜 습관은 점점 사라지게 될 것이다. 도둑질하는 습관을 고치기 위해 애쓰는 것보다 선행에 초점을 맞추다 보면 도둑질은 사라질 수 있다. 컴퓨터 오락을 즐기는 습관을 없애기 위해 애쓰기보다 찬양하는 습관을 길들이는 편이 훨씬 더 낫다. 좋은 습관이 만들어지면 나쁜 습관을 사라지기 때문이다.

그런데도 우리는 거기서 멈출 수 없다. 뭐 좋은 방법은 없을까? 스티븐 코비 박사가 하는 말에서 좋은 단서를 찾을 수 있다. "참된 변화는 내면에서부터 시작되어야 한다. 나뭇잎을 쳐내는 것과 같은 임기응변으로는 태도와 행동을 바꿀 수 없다. 이것은 뿌리, 즉 사고의 바탕이자 기본인 패러다임을 바꿈으로써만 가능하다. 이 패러다임은 우리의 성품을 결정하고 우리가 세상을 보는 관점의 렌즈를 창조해준다."

그는 응급처치식 변화가 아닌 자기 자신의 내면으로부터의 변화를 강조한다. 내면의 변화가 일어나지 않으면 외적인 변화는 별 소용이 없다. 근본적인 것을 바꾸면 다른 것은 따라오게 되어 있다.

08

자기 관리자

>>> PART _ 3

지혜롭고 유능하게
자신을 경영하라

같이 출발해도 도착하는 순서는 다르다. 같이 공부해도 나오는 점수
는 다르다. 같은 사업을 해도 결과는 다르다. 차이가 무엇인가? 인생
경영 능력과 기술 때문이다. "네가 자기의 일에 능숙한 사람을 보았느
냐. 이러한 사람은 왕 앞에 설 것이요 천한 자 앞에 서지 아니하리라"
(잠 22:29). 자기 인생을 어떻게 경영하느냐에 따라 인생의 결과는 달
라진다. 자기 인생을 능숙하게 경영한 사람은 왕 앞에 존귀한 자로 설
것이고, 자기 인생을 제대로 경영하지 못한 사람은 천한 인생을 살게
될 것이다.

여기서 먼저 인생 경영을 다르게 한 두 사람에게 다가온 결과를 보자
(마 25:14-28). 먼저 악하고 게으른 종은 책망을 받았다. 있는 것까지
다 빼앗겼다. 불행한 미래를 맞았다. 그러나 착하고 충성된 종은 첫째,

"착하고 충성된 종아!"라고 인정을 받았다. 둘째, "잘하였도다!"라고 칭찬을 받았다. 셋째, "더 많은 것을 맡기겠다"라는 보상을 받았다. 넷째, "네 주인의 즐거움에 참여할지어다"라는 주인과 동등한 예우를 받았다.

미국 속담에 "주머니에 손을 넣고 성공이란 사다리를 올라갈 수는 없다"라는 말이 있다. 열심히 자기 인생을 경영한 사람만이 성공의 사다리를 오를 수 있다. 하나님이 나에게 주신 기회를 어떻게 활용해 왔는가? 만족스러운가? 그렇지 않으면 미련과 후회가 남는가? 교회를 세우는 행복한 권사가 되려면 자신의 인생을 잘 경영해야 한다.

자기 계발을 효과적으로 추진하기 위해서는 '4셀프(Self)'라는 게 필요하다. 첫째, 셀프 헬프(Self-Help). 자기 자신을 돕는 자여야 한다. 자기가 할 일은 스스로 한다. 둘째, 셀프 스타트(Self-Start). 타인의 지시나 자극을 받고 움직이는 것이 아니라 스스로 시동을 거는 것이다. 셀프 스타트가 되려면 항상 자기의 뚜렷한 목표를 가져야 한다. 목표가 없으면 스타트할 방향을 모르기 때문이다. 셋째, 셀프 컨트롤(Self-Control). 자기의 능력이나 자산을 증진하기 위해서는 자기 관리를 잘해야 한다. 넷째, 셀프 드라이브(Self-Drive). 자기 계발을 하다 보면 자기 뜻대로 되지 않아 의지가 꺾이기 쉽다. 이럴 때는 좌절하지 말고 자신을 격려해야 한다. 자신에게 용기를 불어넣어야 한다.

교인을 양육하는 행복한 권사는 자신을 온전히 경영하는 지혜와 기술이 필요하다. 나를 아름답고 향기 나게 하는 것은 바로 나 자신이다. 다른 사람이 나를 만들어주지 않는다. 하나님께 순종하고 헌신하는 나를 만들기 위해 권사는 자기 관리를 유능하게 잘해야 한다.

변화무쌍한 감정을 지혜롭게 경영하라

자신을 잘 다스리는 것은 성 하나를 탈환한 장군보다 더 위대하다. "노하기를 더디 하는 자는 용사보다 낫고 자기의 마음을 다스리는 자는 성을 빼앗는 자보다 나으니라"(잠 16:32). 분노가 일어나는 상황에서 자신의 감정을 통제하는 것은 결코 쉬운 일이 아니다. 그러나 성숙한 권사는 자기 마음과 감정을 지혜롭게 다스린다. 감정을 표출하는 것도 습관이다. 화를 잘 내는 권사가 있는가 하면, 정말 화가 치밀어 오르는 순간에도 지혜롭게 웃어넘기는 권사가 있다.

여자들은 여자에 대해서 질투를 잘한다.

10대 : 예쁜데 공부도 잘하는 여자

20대 : 성형 수술했는데 티도 안 나는 여자

30대 : 결혼 전에 오만 짓 다 하고 신나게 놀았는데 시집 잘 가서 잘 사는 여자

40대 : 골프 치고 놀 것 다 놀고 쏘다니는데 자식들이 대학에 척척 붙는 여자

50대 : 먹어도 먹어도 살 안 찌는 여자

60대 : 건강도 타고났는데 돈복도 타고난 여자

70대 : 자식들도 효도만 하는데 남편까지 멀쩡하게 살아 호강하는 여자

그런데 나는 이런 여자들보다 어떤 상황과 사건 속에서도 자기 마음

과 감정을 잘 통제해서 덕을 잃지 않는 여자가 좋다.

옛 성현들은 "여인에게는 모름지기 3씨가 있어야 한다"라고 했다. 마음씨, 맵씨, 솜씨가 그것이다. 여인이 예쁜 마음을 가지고 살아가는 태도를 '마음씨'라고 한다. 여인의 몸을 곱게 단장하는 것을 '맵씨'라고 한다. 가정 살림뿐만 아니라 자신에게 주어진 모든 일을 손으로 처리하는 재주와 수단을 '솜씨'라고 한다. 마음이 한결같이 곱고 예쁘고, 자신이 해야 할 가정 살림을 비롯한 일을 잘 돌보며, 자기 자신을 단정하고 우아하게 잘 가꾸는 여인을 3씨를 지닌 여인이라고 한다. 이런 여자를 아내로 얻는 남자는 복이 있다. "아내를 얻는 자는 복을 얻고 여호와께 은총을 받는 자니라"(잠 18:22). 권사는 적어도 자기 남편에게 복을 끼치는 여인이 되어야 한다.

감정은 하나님의 소중한 선물이다. 그러나 감정을 잘못 다스리면 미치는 화가 크다. 감정은 변화무쌍하다. 그래서 사람들은 쉽게 감정에 휘말린다. 권사는 감정을 통제하는 힘을 가져야 한다. 감정을 제대로 통제하지 못하면 분노의 노예가 된다. 화나도 참을 줄 모르고, 슬퍼도 울 줄 모르며, 기뻐도 웃을 줄 모르는 권사는 스스로 감정을 다스리는 훈련을 해야 한다.

우리 주변에는 세 부류의 사람이 있다. 첫째, 감정을 내면의 그릇에 차곡차곡 쌓아두는 사람이다. 이런 사람은 가스가 폭발하듯이 언젠가 한꺼번에 폭발하기 때문에 더 위험하다. 그렇지 않으면 화병에 걸리게 된다. 둘째, 그때그때 감정을 있는 그대로 폭발하는 사람이다. 이런 사람은 "나는 뒤끝이 없어서 좋다"고 말한다. 그러나 그 감정을 받아야 하는 사람은 이미 총에 맞아 쓰러져 있음을 잊지 말아야 한다. 셋째, 자신의 감정을 있는 그대로 지혜롭게 솔직하게 표현하는 사람이다. 당신은 어떤 부류의 사람인가?

감정을 다스리려면 먼저 감정을 있는 그대로 인정하고 받아들이는 것이 중요하다. 그러면 감정을 유연하게 다스릴 수 있다. 또한 사람들과 더불어 죄를 짓지 않는 범주에서 감정을 솔직하게 나누는 것이 필요하다. 자신의 감정이 어느 정도 해소될 수 있으며 다른 사람들이 자신의 마음을 응원해줄 것이다. 자기감정을 적절히 조절할 줄 아는 지혜를 터득해야 성공은 물론 일과 인생이 모두 건강하고 행복해진다. 그런데 대부분 사람은 자신의 감정을 읽고 소중하게 다룰 줄 모른다. 그래서 대인관계나 사회생활에서 여러 가지 어려움을 겪게 되는 것이다.

그러나 감정은 적절하게 통제되고 다스려져야 한다. 화를 내서 상대방의 행동을 고치는 것은 불가능하다. 감정이 섞이면 상대방 역시 감정적으로 대응하게 되고, 그런 상황이 반복되면 내성이 생겨 상대방은 작은 자극에는 반응하지 않게 된다. 화를 내는 것보다는 차라리 반드시 지켜야 할 규칙과 약속을 함께 정리해보라. 부드럽지만 강력하게 상대방을 제어할 수 있을 것이다.

스페인 철학자 발타자르 그라시안은 "감정 폭발은 곧 이성의 결함이다. 어리석은 사람이 격분하고 있을 때 냉정을 잃지 않는 사람은 성숙한 인간의 징표이다"라고 말했다. 우리는 격분해서 부들부들 떠는 사람들을 보면 두려워한다. 그러나 사실 그런 사람보다 더 무서운 사람이 있다. 격분해야 할 상황에서 이성으로 감정을 통제하여 아주 냉정하고 침착하게 행동하는 사람이다. 감정에 휘말리는 권사는 실수를 많이 한다. 그러나 이성으로 감정을 통제하는 권사는 실수하지 않고 교인들에게 존경을 받는다. 권사는 감성과 이성을 조화시킬 수 있는 능력을 갖춘 리더여야 한다.

어느 권사님이 목사님과 대화를 나누는 중에 이견 조율이 어려워졌다. 본인이 생각할 때 '목사님은 도대체 말이 통하지 않아. 왜 저렇게 꽉 막혔는지 몰라' 하는 생각이 들었다. 결국 목사님 앞에서 "그럼, 목사님이 알아서 하세요" 하고 불쾌한 마음으로 나왔다. 그 불쾌한 감정이 어떻게 되었겠는가? 그는 이내 주변에 가까이 지내는 권사들을 만났다. 그리고 그날 있었던 자초지종을 다 털어놓았다. 결국 목회자는 나쁜 사람이 되고 말았다. 그런데 한 번 더 생각해보라. 꽉 막히기는 마찬가지가 아닌가? 서로 자기 생각을 굽힐 줄 모르니 말이다.

몇 해 전, 스위스의 경제포럼지에서는 '차세대 지도자 100인'을 선정했다. 그런데 그 100인 중에 아시아 여성으로서는 유일하게 김성주라는 사람이 포함되었다. 김성주 씨는 독실한 기독교인으로서 여성기업인이다. 1985년에 하버드대학을 졸업하고 미국에서 얼마간 유통실무를 익힌 다음 귀국해서 회사를 설립했다. 그래서 지금은 우리나라에서 가장 실력 있는 여성기업인으로 활동하고 있다.

한때 김성주 씨가 설립한 회사는 IMF를 맞아 도산할 위기에 봉착했다. 할 수 없이 경영하는 회사 중 한 곳을 처분하기로 했다. 그래서 그 회사를 매입하려는 상대방 회사와 협상을 하게 되었다. 상대방 회사는 이쪽 회사의 약점을 이용해 회사 매입가격을 낮추려고 안간힘을 썼다. 그 자리에서 금방이라도 뛰쳐나올 정도로 자존심을 상하게 했다.

그때 그 일을 주선해주던 장로 출신의 변호사가 잠깐 휴식을 취하자고 하더니 김성주 씨를 골방으로 데려갔다. 그리고 함께 기도하자고 했다. 둘은 하나님께 간절히 기도했다. 기도 중 떠오르는 말씀이 있었다. "노하기를 더디 하는 자는 용사보다 낫고 자기의 마음을 다스리는 자는 성을 빼앗는 자보다 나으니라"(잠 16:32). 그래서 김성주 씨는 4시간씩이나 화를 참으면서 기다렸다. 그 결과 회사는 290억에 매도되었고, 그 자금으로 주력회사의 부도 위기를 넘길 수가 있었다.

화가 날 때 하나님께 엎드려 기도하라. 기도 중에 당신의 화는 가라앉게 될 것이다. 분노가 치밀어 오를 때 하나님의 말씀을 붙잡으라. 그 말씀을 자꾸 묵상하고 되새김질하라. 하나님의 말씀이 당신의 거칠어지는 마음을 부드럽고 온유하게 만들 것이다. 하나님의 말씀이 당신에게 상황을 이길 용기를 주신다.

그리스도인의 가장 큰 무기는 성령 하나님이시다. 보혜사 성령님은 당신과 더불어 상담해주시고 당신을 안내해주신다. 육체의 소욕을 따라 행동하면 실수하기 마련이다. 그러나 성령께서 일으키는 소원을 따라 선택하고 행동하면 후회할 일이 줄어든다. 그래서 바울은 술 취하지 말고 성령 충만을 받으라고 권면했다. 성령께서 다스리는 권사가 되라. 육체의 소욕을 이길 것이다. 감정은 폭발시키고 나면 반드시 후회한다. 그러나 통제하고 다스리면 웃게 될 것이고 공동체 안에서 존경받게 될 것이다.

긍정적이고 적극적으로 생각을 경영하라

우리가 가진 생각에 따라 인생은 만들어지고 운명은 결정된다. 그래서 바울은 로마교회 교인들에게 이렇게 말했다. "육신을 따르는 자는 육신의 일을, 영을 따르는 자는 영의 일을 생각하나니 육신의 생각은 사망이요 영의 생각은 생명과 평안이니라. 육신의 생각은 하나님과 원수가 되나니 이는 하나님의 법에 굴복하지 아니할 뿐 아니라 할 수도 없음이라. 육신에 있는 자들은 하나님을 기쁘시게 할 수 없느니라"(롬 8:5-8).

어떤 것을 생각하느냐에 따라 육신을 따르는 행동이 나올 수도 있고 성령을 따르는 행동이 나올 수도 있다. 행동을 만드는 것이 바로 생각이기 때문이다. 생각은 만능 제조기이다. 생각에서 감정도, 행동도 만들어진다. 생각만 잘 경영하면 하나님이 기뻐하시는 행동을 할 수 있다. 성공적인 인생을 살 수 있다. 그러나 생각을 제대로 경영하지 못하면 하나님이 싫어하시는 행동을 하게 되고 결국 파멸에 이르게 된다. 그래서 바울은 우리의 생각을 사로잡아 그리스도께 굴복시키라고 말한다. 교인을 양육하는 행복한 권사는 생각이 방종하도록 방치해서는 안 된다. 고삐 풀린 망아지처럼 방종한 생각에서 모든 악한 것이 나오기 때문이다.

예일대학교에서 50세인 사람 660명을 대상으로 "긍정적인 생각을 하는 사람과 부정적인 생각을 하는 사람 중 누가 더 오래 살 것인가?"라는 실험을 했다. 그 결과 긍정적인 사람이 7.5년이나 더 오래 살았다. 그래서 윌리엄 제임스 박사는 "생각이 사람을 만든다"라고 말한다.

우리는 웃겨서 웃는다. 하지만 웃음을 물리적으로 웃어도 행복해진다.

사람들은 초라한 인생을 부끄러워한다. 그래서 다른 사람들보다 나아 보이려고 허세를 부려본다. 그런데 아인슈타인 박사는 "우리 대부분은 초라한 옷차림과 엉터리 가구들을 부끄럽게 여기지만 그보다는 초라한 생각과 엉터리 철학을 부끄럽게 여길 줄 알아야 한다"라고 강조했다.

부끄러운 생각 중 하나는 틀에 박힌 고정관념이다. 자기 안에 만들어진 고정관념의 틀 속에서 매사를 판단하고, 다른 사람들을 비난하며, 무슨 일이든 반대하는 사람이 있다. 다른 사람들의 처지에서 보면 숨막힐 정도로 답답하고 고루하기 그지없다. 자기중심적인 생각을 깨뜨려야 한다. 다른 사람의 생각이 더 옳고 합리적일 수도 있다. 그런데 왜 자기 생각만 고집하는가? 한 번쯤 상대방의 처지에서 생각해보라. 그러면 아무것도 문제가 되지 않는다.

사람은 2년 정도 반복된 생활을 하다 보면 고정관념의 틀 속에 빠지게 된다. 고정관념 속에 빠져들면 새로운 것을 보거나 듣기가 어려워진다. 고정관념은 꼭 깨어져야 할 우리의 적이다. 끊임없이 고정관념의 틀을 깨는 사람이 미래의 주역이 된다.

발상을 전환하면 인생을 새롭게 바라볼 수 있다.

- 63빌딩에서 뛰어내려도 죽지 않는 방법은? 간단하다. 1층에서 뛰어내리면 된다.
- 걸핏하면 주먹 자랑하는 친구를 물리칠 방법은? 보를 내면 된다.
- 일찍 일어나는 새가 먹이를 찾는다. 하지만 일찍 일어난 벌레는

잡아먹힌다.

- 가장 높이 나는 새가 가장 멀리 본다. 하지만 가장 낮게 나는 새가 자세히 본다.
- 구르는 돌에는 이끼가 끼지 않는다. 하지만 그 대신 먼지를 일으킨다.
- 물이 반쯤 담긴 컵을 보라. 반쯤 찬 것일까, 반쯤 빈 것일까? 그건 물을 따르고 있느냐, 아니면 물을 마시고 있느냐에 달려 있다.

이제 틀에 박힌 생각에서 한 번쯤 과감하게 벗어나보자. 세상이 다르게 느껴질 것이다. 제발 '이것이 아니면 죽어도 안 된다' 라는 식으로 생각하지 말라. 이것이 아니어도 세상은 얼마든지 많은 대안이 있을 수 있다.

여기에 관련해서 하워드 목사는 이런 말을 한다. "교회 안에서 행해지는 판에 박힌 일이 '의로운' 일로 여겨지는 경향이 있다. 이러한 판에 박힌 의로운 일만을 고수할 때 설교자는 어려움에 과감히 맞서는 도전의식이나 굳어버린 삶에 대한 비판의식이 사라져버린 채 기계적으로 사역을 해 나갈 뿐이다. 이러한 틀에 박힌 의로운 일에 변화를 주기 원하는 사람이 일어날 수 있다. 그들은 자신들의 틀에 박힌 형태를 변화시키려고 하지만, 반대로 다른 사람들은 그 형태를 매우 선호하기 때문에 어떠한 변화를 원하지 않는다는 사실을 알게 된다. 확립된 신앙을 강력하게 옹호하기 위해 사람들은 종종 확립된 형태를 강력하게 옹호하려는 사람들이 되기도 한다."

때때로 교회에서 어떤 방법이나 취향의 문제로 의견일치를 보지 못하여 분열되는 경우가 있다. 욕심이나 자존심이 작용하여 서로를 이해하고 양해함으로써 한마음을 이루는 일에 실패한 것이다. 성숙한 신앙인은 받으려고 하지 않는다. 주려고만 한다. 자기의 주장을 관철하려고 하지 않고 양보할 줄 안다.

우리에게 다가오는 문젯거리는 문제가 아니다. 그 문제를 바라보고 해석하는 사람의 생각이 문제이다. 위대한 사람은 역시 생각하는 것이 다르다.

제2차 세계대전 때였다. 크레이턴 메이브렘 장군과 그가 인솔하는 부대가 모조리 포위를 당하고 말았다. 이때 장군은 낙심하지 않고 오히려 용기백배했다.

"여러분, 이 전쟁이 시작된 이래 처음으로 우리는 지금 사방을 공격할 수 있는 절호의 기회를 맞았습니다."

그는 용기를 내 작전을 수행했고, 결국 전쟁을 승리로 이끌었다.

문제에는 해답이 있기 마련이다. 위기는 기회가 될 수 있다. 문제는 그것을 바라보는 마음과 눈이다. 그 문제를 해석하는 태도가 문제이다. 같은 값이면 긍정적이고 신앙적으로 생각하라. 그러면 생각하는 대로 이루어진다.

은혜롭고 덕스럽게 태도를 경영하라

교회 안에서 악성 종양과 같은 말을 퍼뜨리는 사람들이 있다. "그들의 말은 악성 종양이 퍼져나감과 같은데 그중에 후메내오

와 빌레도가 있느니라"(딤후 2:17). 교회 안에서 아무 유익이 없는 말다툼을 일삼는 사람들도 있다. 말은 다른 사람이나 공동체에 유익을 주어야 하는데 도리어 다른 사람을 해하려는 말을 일삼는 사람들이다. 교인을 양육하는 행복한 권사는 말을 잘 경영해야 한다.

바울은 에베소교회 교인들에게 새롭게 거듭난 그리스도인이 살아가야 할 행동들을 구체적으로 열거하는 가운데 이렇게 당부했다. "무릇 더러운 말은 너희 입 밖에도 내지 말고 오직 덕을 세우는 데 소용되는 대로 선한 말을 하여 듣는 자들에게 은혜를 끼치게 하라"(엡 4:29). 입에서 나온다고 다 말이 아니다. 말은 말 같아야 한다. 그런데 권사들 가운데 말 같지도 않은 말을 해서 공동체를 무너뜨리는 사람들이 있다. 권사는 은혜롭지 않은 말, 덕이 되지 않는 말, 남을 해치는 말을 하지 말아야 한다. 한 번 내뱉은 말은 주워 담을 수 없기 때문이다.

어느 농부의 아내가 목사님을 헐뜯는 말을 동네 사람들에게 했다. 그 말은 금세 온 동네로 퍼졌다. 얼마 후 그 여인은 자신이 잘못했음을 깨달았다. 그래서 하나님께 회개하고 목사님을 찾아가 용서를 빌었다.

목사님은 그 여인에게 말했다.

"당신이 내가 시키는 것을 따라 준다면 기꺼이 당신을 용서하겠습니다."

그 여인은 "알겠다"고 대답했다.

목사님은 그 여인에게 이렇게 하도록 당부했다.

"집에 가서 검은 암탉 한 마리를 잡아 그 깃털을 뽑고, 그것을 바구니에 담아 가져오세요."

여인은 얼마 후 암탉의 깃털을 가지고 돌아왔다.

그러자 목사님은 다시 그 여인에게 당부했다.

"이제 마을로 가서 각 거리 모퉁이마다 이 깃털을 뿌리고 돌아오십시오."

그녀는 목사님이 시키는 대로 하고 돌아왔다.

목사님은 다시 그 여인에게 이렇게 당부했다.

"이제 마을로 가서 그 깃털을 다시 모아 오십시오."

여인은 마을로 가서 날아간 깃털을 주워왔다.

그러자 목사님은 "주워온 깃털이 모두 있는지 한번 봅시다"라고 말했다.

그 여인은 깜짝 놀라면서 말했다.

"목사님, 그것은 불가능하죠. 이미 바람에 날려 사방으로 흩어졌는데요."

목사님은 정색하면서 말했다.

"제가 당신을 용서하겠지만 당신이 한 그 거짓말들이 일으킨 피해를 취소할 수 없다는 사실을 명심하십시오."

말을 하려면 유익한 말을 하자. 미국의 시인이며 비평가인 제임스 R. 로웰은 "사람을 살리고 세상을 바꾸는 위대한 말 여섯 마디가 있다"라고 말한다.

"우리는~"

"감사합니다."

"만약~ 가능하다면,"

"당신의 의견은 무엇입니까?"

"당신이 잘했습니다."

"내가 잘못했습니다."

이 여섯 마디 말 가운데서 가장 위대한 말은 '우리'라고 하는 말이다. 모든 잘못과 싸움은 '너' '나' 할 때 생긴다. '우리'라고 하면서 싸우는 사람은 없다. 예수님은 우리를 '형제' '가족'으로 부르셨다. 당신이 사용하는 말을 점검해보라. 당신의 인격을 알 수 있고 영적 수준을 볼 수 있을 것이다.

어느 집사님이 오랜만에 금요기도회에 나왔다. 그 집사님과 친분 있는 권사님이 너무나 반가워서 손을 잡고 말했다.

"자기, 어쩐 일이야? 기도회에도 다 나오고? 기적이다. 기적."

이것이 권사가 할 말인가? 그 말을 듣는 사람의 입장을 한 번이라도 생각했다면 그렇게 말하지는 않을 것이다. 지혜로운 말을 하는 사람이라면 이런 식으로 얘기했을 것이다.

"집사님이 나오니까 너무 좋아요. 내가 함께 기도해줄 기도 제목이 있어요? 같이 기도 제목으로 삼고 기도합시다."

권사는 덕이 되지 않는 말을 하지 말아야 한다. 때때로 어느 기관에서 모일 때 가보면 전혀 덕이 되지 않는 말을 하고 있어서 마음이 상할 때가 있다. '저 연세가 되었으면 저 정도 분별력은 있을 법도 한데' 하는 아쉬운 마음이 든다. '이런 말을 하면 공동체에, 다른 사람들에게 덕이 되는가, 안 되는가?' 하는 것쯤은 분별되지 않는가? 아무런 유익도

되지 않는 말을 화제로 꺼내는 사람들을 보면 '왜 저러지?' 하는 마음을 떨쳐버릴 수가 없다.

권사는 남을 아프게 하는 말을 하지 말아야 한다. 하나님이 입을 주신 목적이 무엇인가? 하나님을 찬양하라고 주셨다. 서로를 유익하게 하고 세워주고 칭찬하며 격려하고 축복하라고 주셨다. 그런데 그 입을 오용해서는 안 된다. 하나님의 목적에 따라 사용해야지 인간의 편리를 따라 사용해서는 안 된다.

같은 말을 해도 다른 사람의 가슴을 헤집어 파는 말을 하는 사람이 있다. 같은 말이어도 듣기 좋고, 은혜로운 말이면 얼마나 좋겠는가? 내가 듣기 싫어하는 말은 하지 말아야 한다. 나도 듣기 싫은 말을 해서 다른 사람을 아프게 해서는 안 된다. 내가 들어서 화가 날 수 있고, 마음이 아플 수 있는 말은 아예 입 밖에 꺼내지도 말아야 한다.

권사는 거친 말을 해서는 안 된다. 가끔 차를 타고 가거나 길을 걷다 보면 청소년, 심지어 초등학생들이 욕설을 거침없이 내뱉는 것을 보게 된다. 앞날이 걱정된다. 민족의 장래가 어두워진다는 생각까지 든다. 그런데 교인을 양육해야 할 권사마저도 거칠고 가시 돋친 말을 해서야 되겠는가?

버스를 타고 가다 보면 가끔 아줌마 부대를 만나게 된다. 버스가 떠나갈 정도로 시끄럽다. 그런데 자세히 들어보면 교회 이야기가 나온다. 제발 대중교통에서 교회에 도움이 되지 않는 수다를 떨지 말자. 전철을 타고 가다 보면 가끔 얌체 같은 아줌마들이 있다. 자리를 서로 맡으려고 떠민다. 그들의 이야기를 들어보면 이렇다.

"우리 목사님은…."

"지난번 그 장로님은 왜 그래?"

전철에서 왜 목사나 교인을 비난해서 스스로 교회를 욕 먹이는가? 제발 대중교통을 이용할 때는 교회나 목사 칭찬만 하자. 안티 크리스천들이 귀를 기울이고 있다는 사실을 잊지 말자.

예수님은 우리가 해야 할 셀프 매니지먼트와 관련된 아주 중요한 지혜를 주신다. "독사의 자식들아 너희는 악하니 어떻게 선한 말을 할 수 있느냐. 이는 마음에 가득한 것을 입으로 말함이라. 선한 사람은 그 쌓은 선에서 선한 것을 내고 악한 사람은 그 쌓은 악에서 악한 것을 내느니라. 내가 너희에게 이르노니 사람이 무슨 무익한 말을 하든지 심판날에 이에 대하여 심문을 받으리니 네 말로 의롭다 함을 받고 네 말로 정죄함을 받으리라"(마 12:34-37).

아름답고 은혜로우며 덕스러운 말을 경영하려는가? 그렇다면 먼저, 내가 한 말에 대한 책임의식을 가지라. 내 입에서 나온 말은 절대 사라지지 않는다. 하나님의 심판대까지 가서 나를 심문하는 척도가 된다. 둘째, 내 입에서 나오는 말은 내 삶의 열매임을 잊지 말라. 열매를 보면 그 사람이 어떤 나무인지 판명된다. 셋째, 아름다운 말은 아름다운 마음에서 나온다. 더럽고 추하고 거친 말을 한다면 당신 마음이 더럽고 추하다는 사실을 잊지 말자.

>>> PART_3

좋은 어머니,
지혜로운 내조자가 되라

어느 부인이 비교적 다른 사람에 비해서 용모가 세련되고 인격적인 모습을 가졌다. 그래서 어떤 사람이 그녀에게 물었다.

"부인은 어떻게 해서 그렇게 아름다운 매력을 지니고 있습니까?"

그러자 그 부인이 대답했다.

"나는 화장법이 달라요. 언제나 내 입술에는 진실이라는 립스틱을 바르고, 나의 음성은 친절이라는 목소리로 다듬습니다. 나의 눈은 관심으로 눈 화장을 하고, 나의 손은 섬김으로 아름다워지려 합니다. 나의 가슴은 주님의 마음으로 채우려 하고, 나의 코는 신령한 하늘의 향기를 맡으려 합니다. 그리고 나의 미용식품은 날마다 시시때때로 먹는 하나님의 말씀이랍니다."

행복한 권사가 되기란 그리 쉬운 일은 아니다. 그렇다고 그렇게 어려운 일도 아니다. 늘 예수 그리스도를 생각하며, 성령님의 통치 속에 살아가면 누구나 가능한 일이다. 날마다 하나님의 말씀 안에 거하고, 하나님의 말씀이 당신 안에 가득하기를 노력하면 된다.

권사는 교회 안에서는 아름다운 믿음의 모델이 되어야 한다. 교인들을 돌아봄에 있어서 기도의 어머니로서, 교회 안에서 사명을 감당함에 있어서는 지도자로서 온 교인의 본이 되어야 한다. 그런데 동시에 권사는 가정에서 한 남편의 지혜로운 내조자가 되어야 하고, 자녀의 따뜻하고 현숙한 어머니가 되어야 한다. 권사는 집안일을 뒤로한 채 교회 일에만 전념해서는 안 된다. "누구든지 자기 친족 특히 자기 가족을 돌보지 아니하면 믿음을 배반한 자요 불신자보다 더 악한 자니라"(딤전 5:8). 권사는 가족을 잘 돌봐야 하며, 동시에 가정 때문에 주님의 일을 내팽개쳐서도 안 된다.

사실 가정은 천국보다 하위가치다. 하위가치인 가정을 위해 주님의 일을 등한시하는 것도 어리석은 일이다. 권사는 이 양자의 균형을 잘 잡아야 한다. 자칫 가정을 소홀히 함으로 가정이나 이웃에게 덕을 끼치지 못해 전도의 문을 막을 수 있다. 자칫 주의 일을 저버림으로써 주님으로부터 "악하고 게으른 종!"이라고 책망받을 수도 있다. 그렇다면 어떻게 이 두 가지를 조화롭게 섬기는 지혜로운 권사가 될 수 있을까?

가정과 교회를 지키는 게 소명이다

이 세상에 존재하는 모든 기관과 조직은 인간의 필요로

인간이 만든 것이다. 그런데 창조주 하나님에 의해 만들어진 조직과 기관이 있다. 바로 가정과 교회이다. 그래서 사도 바울은 "이 비밀이 크도다"(엡 5:32)라고 말한다. 가정과 교회는 참으로 신비롭다. 그렇기에 우리는 가정과 교회를 잘 세워나가야 한다.

유명한 교육학자 에디 쉐이퍼는 가정을 이렇게 정의한다. "인간 존재의 성장 장소요, 삶의 보금자리요, 피난처요, 문화 창조의 중심지요, 기억의 박물관이요, 인간관계가 출발하는 곳이요, 인간관계가 형성되는 장소요, 신앙의 출발지요, 신앙의 완성지가 가정이다." 가정이야말로 어떤 말로 표현해도 부족할 정도의 기관이다.

그런데 이런 가정을 뒤엎으려는 사람들이 있다. 사도 바울은 그레데에서 목회를 하는 디도에게 이단들에 대해 주의할 것을 강조하면서 이렇게 말했다. "그들의 입을 막을 것이라. 이런 자들이 더러운 이득을 취하려고 마땅하지 아니한 것을 가르쳐 가정들을 온통 무너뜨리는도다"(딛 1:11). 사탄은 교회와 가정을 최우선의 공격 대상으로 삼는다. 사탄의 조정을 받는 이단도 가정들을 온통 무너뜨리려고 잘못된 것들을 가르친다. 이들은 표면적으로는 자신들의 교리나 진리를 전하는 것이 목적이지만 사실은 부당한 이익을 취하는 것이 최고의 목적이다. 그렇게 해서 그들은 결국 가정을 뒤엎고 전복시키려 한다.

요즘의 사회현상을 묘사할 때 "최고 이혼율, 최저 출산율"이라는 말을 자주 사용한다. 최근의 이혼율 증가 추세가 심각한 수준이라는 뜻이다. 독신주의자는 점점 늘어나고 있다. 결혼 연령도 높아져 가고, 게다가 출산율은 점점 더 줄어들고 있다. 앞으로 마이너스 성장 속에 한국 사회의 근간이 흔들리는 수준이다. 이제 국제결혼에 대한 사람들의 인식은 자연스러워졌고, 다문화사회가 보편화되어가고 있다.

더구나 이혼율이 높아진다는 것은 단순히 부부만의 문제가 아니다. 이로 인해 사회 범죄는 더 늘어나고 있다. 결손가정으로 인한 자녀 양육이 소홀해지고 탈선 청소년은 더 늘어날 수밖에 없다. 한 가정의 이혼이 사회문제로 비화하고 있다.

어디 그뿐인가? 교회 안에서 잘 섬기던 일꾼이 이혼하면 어떻게 되는가? 사람들의 이목 때문에 교회를 떠나게 된다. 교회만 떠나는 것도 아픔이지만 아예 신앙세계로부터 떠나게 된다. 그래서 가정을 살리는 캠페인은 사회문제를 극복하기 위한 일이기도 하지만 교회 부흥과 하나님 나라의 건설이라는 차원에서도 절실하게 요청된다.

최근 목회자들이 가정에 관한 관심을 두고 가정사역에 주력하는 것은 성경에서 말하는 목회 회복이라 할 수 있다. 그래서 '가정 같은 교회, 교회 같은 가정'을 회복하기 위해 각종 노력을 기울인다. 목회자는 가정을 든든히 세우기 위해 목회적인 대안을 마련해야 한다. 가정이 깨지면 신앙도 흔들리기 마련이고 교회도 흔들리기 때문이다.

교회는 부부들을 든든히 세우기 위한 프로그램과 교육을 실행해야 한다. 부부의 삶을 상담해주고 지도해주어야 한다. 부부가 흔들리면 가정 전체가 흔들리기 때문이다. 그뿐만 아니라 교회는 발달단계에 따른 가족을 위한 프로그램을 개발하고 교육과 훈련을 시행해야 한다. 영유아기의 자녀를 위한 부모교육 프로그램이 필요하고, 청소년기의 자녀 지도를 위한 훈련 프로그램도 필요하다. 요즘 사회적으로 많은 주목을 받는 아버지학교나 어머니학교도 너무나 소중한 시대적 사역이다.

며느리들은 '시' 자가 들어가는 것을 보면 알레르기 반응을 넘어 경기를 일으킨다고 한다. 시댁 때문에 시편이 싫고 시금치가 싫다고 한다. 그래서 고부갈등은 영원히 풀리지 않는 수수께끼라고 말한다. 그런데 교회가 나서서 영원히 풀리지 않는 수수께끼를 풀어주어야 한다. 세상의 해법으로는 풀리지 않는 방정식도 신앙적으로는 풀릴 수 있다. 그렇기에 고부간의 갈등을 지도할 수 있는 교육과 프로그램을 시행해야 한다.

의술과 과학의 발달로 인간 수명이 늘어났다. 얼마 되지 않으면 100세가 보편화될 조짐이다. 그만큼 고령화사회로 진입한 것이다. 고령화 현상과 함께 사회문제는 다양하게 나타나고 있다. 이러한 고령화사회와 더불어 교회가 해야 할 사역은 다양해졌다. 노인복지를 위한 교회의 섬김이 필요하고, 노인들의 육체적 돌봄과 아울러 정신적인 지원 프로그램을 가져야 한다. 그래서 많은 교회가 실버대학을 실시하고 실버타운을 운영하고 있다. 더구나 노년의 과업 가운데 아주 중요한 것이 죽음에 대한 대비인데 그것을 위해 교회는 죽음에 대한 준비교육을 해주어야 한다.

성경은 "여호와께서 집을 세우지 아니하시면 세우는 자의 수고가 헛되다"(시 127:1)라고 말한다. 기독교 가정은 하나님이 주인으로 다스리는 가정을 이루어야 한다. 남편과 아내가 기선잡기를 해서는 안 된다. 가정의 통치자는 예수 그리스도이시다. 온 가족은 대화의 창문을 열어젖혀야 한다. 대화를 나누면 이해와 용납을 할 수 있다. 그러나 대화가 없으면 오해가 일어나고 갈등이 찾아온다. 오해가 누적되면 언젠가는 폭발하게 된다. 그 전에 손을 써야 한다.

미국 미네소타가족연구소가 보급한 부부 대화법 프로그램에서는

"말하기, 듣기, 갈등 해결하기, 대화 스타일 선택하기"와 같은 4단계를 밟음으로 대화기술을 배워간다. 특히 대화에 실패하는 요인 가운데는 "말하기의 서투름"에서 오는 경우가 많다.

말하기 기술의 경우를 보자. "당신, 요즘 왜 그렇게 돈을 많이 써요?"라고 쏘아붙이기보다 이렇게 말하면 어떨까? "나는 우리 가계의 지출(행동)이 많은 것이 걱정(감정)돼요. 통장 잔액이 거의 바닥났어요(감각정보). 당신이 쓰임새를 좀 더 줄였으면 좋겠다(소망)고 생각(사고)하고 있어요." 이렇게 자각의 수레바퀴를 이루는 다섯 가지 요인, 곧 행동, 감각정보, 사고, 감정, 소망을 두 가지 이상 섞어가며 명확하게 자기 의사를 전달하는 기술이 필요하다. 부부간의 의사소통을 연구하는 학자들은 흔히 '무엇을 얘기하느냐?'보다 '어떻게 얘기하느냐?'가 더 중요하다고 지적한다.

하나님이 인간을 창조하실 때 남자와 여자에게 많은 차이점을 주셨다. 그 가운데 대화의 관점도 마찬가지다. 일반적으로 여성은 좌뇌가 발달하여 언어의 능력과 대화의 기술이 우수하다. 그러나 남성은 우뇌가 발달하여 훨씬 더 시각적이고 공간적이며 수학적이고 추상적인 조정 능력이 우수하다.

캘리포니아대학의 신경정신학자 루안 브리젠딘 박사에 따르면 여성은 남성보다 3배 가까이 말을 많이 한다. 여성은 자신의 감정에 대해서 말하기를 좋아하기 때문이다. 여성은 하루에 2만 단어를 말하지만 남자는 7천 단어를 말할 뿐이다. 그렇기에 아내가 피곤한 남편을 붙잡고 "대화하자"라고 요청할 때 남편들은 매몰차게 그 요구를 뿌리치지 말아야 한다.

일반적으로 관계중심적인 여성은 '대화하는 과정 자체'를 즐기고 '감정적인 대화'를 즐긴다. 그러나 업무지향적인 남자는 대화를 '일'로서 생각하기 때문에 정보를 알고 '빨리 해치우려고' 한다. 그래서 "문제가 뭔데?" "원하는 게 뭔데?" "그래서 어쨌다는 거야?" "그러면 내가 어떻게 해주기를 원하는데?" "결론이 뭐야?"라고 다그치기를 좋아한다. 권사는 이러한 일반적인 다름을 이해하고 가정에서 남편과 현명하게 대화하는 법을 익혀야 한다.

남편에게 지혜로운 내조자가 되라

다윗이 바란 광야에서 사울 왕을 피해 도망 다닐 때 마온에 있는 나발에게 도움을 요청했다. 나발은 굉장한 부자였다. 그러나 성질이 좋지 않고 악한 일을 많이 행한 사람이었다. 그는 다윗이 도움을 요청하자 성질대로 반응했다. "다윗은 누구며 이새의 아들은 누구냐. 요즈음에 각기 주인에게서 억지로 떠나는 종이 많도다. 내가 어찌 내 떡과 물과 내 양털 깎는 자를 위하여 잡은 고기를 가져다가 어디서 왔는지도 알지 못하는 자들에게 주겠느냐"(삼상 25:10-11).

그 말을 듣는 순간 다윗은 화가 치밀어 올랐다. 그래서 당장 군사를 이끌고 죽이겠다고 나섰다. 그때 나발의 아내 아비가일이 그 소식을 듣고 다윗을 찾아갔다. 아비가일은 총명하고 용모가 아름다운 여인이었다. 그녀는 지혜를 발휘했다. "내 남편은 미련한 자인데, 그에게 피를 흘림으로 당신의 손을 더럽힐 수야 있겠습니까? 후일에 큰일을 도모하실 분인데, 그것으로 인해 죄를 지어서는 안 될 것입니다." 다윗은 아비가일의 지혜로운 설득에 설복되었고, 결국 다윗의 손에 피를 묻히지 않았다.

당신 자신에게 질문해보라. "나는 과연 좋은 아내인가?" 솔로몬은 말한다. "아내를 얻는 자는 복을 얻고 여호와께 은총을 받는 자니라"(잠 18:22). 그런데 아내를 잘못 만나서 낭패를 당한 남자도 적지 않다.

헬라의 유명한 철학자이자 성자로 손꼽히는 소크라테스의 부인은 유명한 악처였다.

어느 날, 제자가 소크라테스에게 물었다.

"선생님, 우리도 앞으로 결혼을 해야겠습니까? 선생님의 경우를 보면 결혼에 대한 회의를 느낍니다."

그때 소크라테스가 눈을 크게 뜨며 이렇게 말했다.

"그럼, 결혼해야지. 결혼은 반드시 해야 해. 어진 아내를 만나면 행복할 것이고, 나처럼 저런 아내를 만나면 적어도 철학자는 될 걸세."

당신은 어떤 아내인가? 권사는 남편을 즐겁고 행복하게 하는 아내가 되어야 한다. 나폴레옹은 "미인은 눈을 즐겁게 하고 어진 아내는 마음을 즐겁게 한다"라고 말했다.

모름지기 권사는 지혜로운 내조자가 되어야 한다. 요즘 남편들은 주눅이 들어 있다. 권사는 남편의 기를 살려주어야 한다.

루터의 아내 카타리나는 아주 현명한 부인이었다. 이들 부부에게는 아주 유명한 일화가 있다.

어느 날, 마틴 루터가 밖에서 돌아왔다. 집에 도착하니 그의 부인 카타리나가 상복을 입고 흐느끼며 울고 있었다. 루터가 깜짝 놀라서 물었다.

"누가 죽었소? 왜 이렇게 슬피 울고 있소?"

그러자 부인이 대답했다.

"하나님이 돌아가셔서 상복을 입었습니다."

루터가 펄쩍 뛰면서 호통을 쳤다.

"하나님이 돌아가시다니? 무슨 불경한 말이오!"

루터가 화를 내자 부인이 조용히 말했다.

"하나님이 돌아가시지 않았다면 어째서 당신이 낙심하는 겁니까? 하나님의 영광을 위하여 일하면서 왜 피곤해하는 겁니까?"

루터는 아내의 말에 용기를 얻어서 종교개혁에 성공했다.

지혜로운 권사는 집안 살림을 잘 감당해야 한다. 가사를 내팽개치고 교회 일에만 매달리는 것은 바람직하지 못하다.

우리 교회에 전도왕인 권사님이 계신다. 그분은 시간이 있으면, 아니 사실은 시간을 만들어서 전도하시는 분이다. 그분은 수백 명의 전도대상자 명단을 가지고 새벽이면 열심히 기도하고, 낮이면 열심히 전도하며, 전도한 사람들을 돌아보기 위해 심방도 하신다. 최근에는 파트타임으로 직장생활까지 하신다. 그러면서도 그 권사님은 집안일을 철저히 하신다. 먼지가 없을 정도로 집안을 깨끗하게 한다. 요리 솜씨도 아주 좋다. 명절이 되면 늘 식혜와 족발, 그리고 떡을 만들어서 가져오신다. 그뿐만 아니라 하나님이 주신 남매를 잘 양육해서 아들은 한동대학에 다니고 있다.

디오도어 루빈은 "남편을 얻으려면 우선 요리를 배워야 하고, 아내와 자녀를 부양하려면 우선 자신의 생계부터 세워야 한다"라고 말했다. 그렇다. 남편을 즐겁게 하려면 권사는 집안 살림을 잘해야 하고 음식을 잘 만들어서 가족에게 기쁨을 주어야 한다.

남편의 기를 살려주는 데는 대화 기법이 중요하다. 당신이 사용하는 말을 고쳐보라. 당신의 말 한마디로 남편의 기를 살려주고 용기를 불어넣을 수 있다. 말 한마디가 관계를 허물 수도 있고 관계를 돈독히 세울 수도 있다.

▶ 남편에게 상처를 주는 말 한마디
"이거 길거리에서 산거지?"
"나도 집에서 편히 쉬게 돈 좀 많이 벌어와!"
"옆집 여자는 복도 많지!"
"너만 즐기면 다냐?"
약점을 끝까지 물고 늘어지는 아내

▶ 아내를 울리는 생각 없는 말 한마디
"네가 뭘 알아?"
"하루 종일 집에 있으면서 이것도 안 해?"
"무슨 여자가 더 밝혀!"
"꾀병 부리지마. 너처럼 튼튼한 게!"

▶ 남편에게 힘을 주는 아내의 말 한마디

"우리가 남인가요?"

"당신 건강하기만 하면 돼."

"당신 굉장해."

"나가서 기죽지 마."

▶ 아내를 감동을 주는 남편의 말 한마디

"다시 태어나도 당신이랑 결혼 할래."

명절날 어깨를 주물러주면서 "미안해."

"장모님, 예쁜 딸 주셔서 감사합니다."

"오늘 집안일 내가 다 할 테니 밖에서 놀다 와."

"당신 없이는 못 살아."

대화의 기술만 있어도 가정이 화목해지고 부부가 행복해질 수 있다. 대화의 물꼬를 누가 틀 것인가? 아내인 권사가 닫힌 대화의 창문을 지금이라도 활짝 열어젖혀야 한다. 그러면 사랑이 굴러들어올 것이다.

그리스 시인 에우리피데스는 "남자에게 있어 최고의 재산은 마음씨 고운 아내이다"라고 말했다. 그런데 남편의 입에서 "내 평생 가장 후회스러운 일은 당신을 선택한 일이야!"라고 한다면 얼마나 불행한 일일까? 가정사역자 비 파트낭 목사는 "내가 존재하는 목적은 단 한 사람에게 필요한 사람이 되기 위해서다"라고 말했다. 권사는 한 남편에게 필요한 사람이 되어야 한다. 만약 당신의 남편이 당신으로 인해 힘들어한다면 자신을 돌아봐야 한다. 탈무드에서는 "모든 병중에서 마음의 병만큼 괴로운 것은 없다. 모든 악 중에서 악처만큼 나쁜 것은 없다"라고 말한다. 불신 남편을 구원할 의무를 진 권사는 남편을 괴롭게 하지 말아야 한다.

행복한 부부는 많은 시간을 함께한다. 시간은 관계를 창조한다. 현대인은 바빠서 많은 시간을 내기가 어렵다. 그럴 때는 시간의 질을 높여야 한다. 많은 시간을 함께해도 의미 없이 보내는 시간일 수 있고, 적은 시간을 함께 보내도 의미 있는 시간을 보낼 수 있다. 그렇기에 부부는 시간의 질을 높여야 한다.

미국 심리학자의 연구에 의하면 부부가 얼굴을 맞대고 대화를 나누는 시간이 일주일 168시간 중에 17분밖에 안 된다고 한다. 즉 하루에 대화를 나누는 시간이 3분에 불과하며 자녀와 대화하는 시간은 그보다 적은 2분에 불과하다는 것이다. 참으로 놀라운 사실이다. 반면에 텔레비전을 시청하는 시간은 매일 평균 2시간이 넘는다고 한다. 다시 명심할 사실이 있다. "대화 부족이 가정을 깨는 주범이다!"

그러므로 하루에 단 5분, 혹은 10분 만이라도 대화하는 시간을 갖도록 노력해야 한다. 여자는 말하는 재미로 산다. 남편은 자신의 에너지의 80%만 일에 투자하고, 나머지 20%는 아내와 자녀를 위해서 투자하는 지혜가 필요하다. 부부가 함께 취미생활을 하면 좋다. 함께 조깅을 하거나 등산을 하는 것도 좋다.

프랑스의 대표적인 실증주의 철학자 아폴리트 텐은 "삼 주 동안 서로 관찰하고, 석 달 동안 서로 사랑하며, 삼 년 동안 서로 싸우고, 30년 동안 서로 참는다. 그리고 그런 와중에서 태어난 아이들이 똑같은 일을 반복한다"라고 말했다. 부부도 갈등할 수 있다. 그러나 부부싸움은 삼가해야 한다. 부부싸움을 하려거든 둘 다 이기는 부부싸움을 해야 한다. 부부싸움은 칼로 물 베기라는 말을 믿고 자주 싸우는 부부는 서로의 가슴을 갈기갈기 찢는 것이나 마찬가지다.

지혜로운 권사들이여, 유대 격언을 마음에 새겨보라. "아내는 남편에 대해서 신혼에는 요부처럼, 다음 단계에는 비서처럼, 그다음에는 간호사처럼 행동하지 않으면 안 된다." 베이컨 역시 "아내는 청년의 연인, 중년의 말 상대, 노년의 간호사이다"라고 말했다. 어쩌면 지금은 간호사처럼 행동해야 할 때인지 모른다. 가족을 위해 평생토록 부려 먹은 남편을 불쌍히 여기는 마음을 가지면 어떨까?

자녀에게 존경받는 어머니가 되라

남편이 최고의 여인으로 칭찬하는 아내, 자식들이 감사하며 인정하는 어머니, 동네 사람들이 칭찬하는 여인이면 현숙한 여인이 아니겠는가? 그녀는 이른 아침부터 온 집안을 돌아보고 가족들을 위해 열심히 일했다. 그녀는 도전적이고 개척정신이 강한 여인이었다. 성품은 아름답고 덕이 있었다. 그녀의 깊은 내면에는 여호와를 경외함이 가득했다.

"그의 자식들은 일어나 감사하며 그의 남편은 칭찬하기를 덕행 있는 여자가 많으나 그대는 모든 여자보다 뛰어나다 하느니라. 고운 것도 거짓되고 아름다운 것도 헛되나 오직 여호와를 경외하는 여자는 칭찬을 받을 것이라. 그 손의 열매가 그에게로 돌아갈 것이요 그 행한 일로 말미암아 성문에서 칭찬을 받으리라"(잠 31:28-31).

불세출의 영웅 나폴레옹은 "오늘의 나를 만든 것은 나의 어머니"라고 자기 어머니 루티치아를 칭송했다. 히브리어로 현숙한 여인은 '하일'이다. 이 단어는 착한, 아름다운, 지혜로운, 덕스러운 등으로 쓰인다. 그래서 이스라엘에서는 하일이라고 하면 여인에게 가장 큰 칭찬이다.

보아스는 모압 여인 룻을 향해 "네가 현숙한 여자인 줄을 나의 성읍 백성이 다 아느니라"(룻 3:11)고 말했다. 그녀는 늙은 시어머니를 따라 타향 땅인 베들레헴으로 와서 가난하게 살아가고 있었다. 그러나 그녀는 늘 긍정적이고 성실하게 살았다. 시어머니를 봉양하면서도 자신의 불행한 처지를 한 번도 비관해본 적이 없었다. 그녀는 이른 아침부터 저녁 늦은 시간까지 남의 밭에 가서 열심히 일했다. 그랬더니 동네 사람들은 그녀를 현숙한 여인이라고 칭찬했다.

한 교회의 여성 지도자로 세움받은 권사는 마땅히 현숙한 여인이어야 한다. 현숙한 여인은 자녀를 잘 돌보고 세워나간다. 권사는 자녀의 마음을 헤아릴 줄 알아야 한다. 자기 기분과 뜻대로 살아가서는 자녀에게 존경받을 수 없다. 매사에 자녀의 눈높이를 맞추기 위해 노력해야 한다. 자녀가 잘못된 길을 갈 때 방치하지 말아야 한다. 그러나 자녀가 상처받을 정도로 분풀이를 해서는 안 된다. 권사는 자녀에게 채찍과 당근을 함께 사용하는 기술을 익혀야 한다.

좋은 어머니는 자녀가 낙심할 때 지혜롭게 처신한다. 스스로 낙심하지 않도록 돌아봐야 한다. 자녀에게 어려운 일이 생겼는데 어머니가 먼저 낙심해서는 안 된다. 어머니는 자녀가 기죽지 않도록 힘을 불어넣어야 한다.

아르헨티나 출신의 피아니스트 마리아 안나 보타치라는 여인이 있다. 그녀는 천재였다. 4세 때 피아노 독주회를 하고, 18세 때 전 세계를 다니면서 연주했으며, 23세 때 일본의 구나다찌 음악대학의 교수가 되었다.

그러나 그녀는 일본에서 교통사고로 뇌를 다쳤다. 뇌에 열다섯 개의 피 응결체를 제거했다. 의사는 "피아노는 생각도 하지 말라"고 단호하게 말했다. 신체가 균형을 잃어버렸다는 것이다. 남편도 그를 버렸다. 그런데 그의 어머니는 늘 그에게 이렇게 말했다.

"얘야, 우리가 살아온 것도 하나님의 선물이었으며, 지금 우리가 사는 것도 하나님의 선물이고, 앞으로 우리가 살 것도 하나님의 선물이란다. 하나님의 선물은 나쁜 것이 없단다."

마리아 보타치는 기도하기 시작했다. 6년 만에 정상을 되찾았다. 그리고 놀랍게도 그녀는 뉴욕의 카네기 홀에서 연주회를 하게 되었다. 사람들은 고통을 극복한 그녀의 연주를 듣고 이렇게 극찬했다.

"아, 그녀의 피아노 소리에는 혼이 담겨 있구나!"

권사는 기도의 씨앗을 심는 기도의 대장부가 되어야 한다. 어머니의 기도는 자녀 성공의 씨앗이다. 내가 중학교 시절, 어머니는 새벽 3시가 되면 비가 오나 눈이 오나 교회 마룻바닥에 엎드려 담요 하나 뒤집어쓰고 자식들을 위해 눈물로 기도하셨다. 나는 그런 어머니의 모습을 잊을 수가 없다. 오늘의 내가 있는 것은 바로 기도하는 어머니 때문이다. 아브라함 링컨 역시 "어머니의 기도를 나는 기억한다. 그 기도는 항상 나를 따라다녔다. 내 평생 그 기도는 나에게 꼭 매달려 떨어지지 않았다"

라고 고백했다. 기도하는 부모의 자녀는 절대 망하지 않는다.

레나 마리아의 공연이 있었다. 이 여인은 스웨덴 태생으로 수영 선수이자 가스펠 싱어이다. 세 살부터 시작한 수영으로 스웨덴 국내 대회를 휩쓸었다. 서울 장애인 올림픽에서 자신의 수영 솜씨를 유감없이 발휘하기도 했다. 그녀는 태어날 때부터 두 팔이 없었고, 다리도 한쪽이 다른 쪽에 비해 절반밖에 되지 않았다. 그러나 그녀의 부모는 딸이 지체 장애아로 태어났지만 절망하지 않았다. 오히려 기도와 사랑으로 키웠다.

그녀가 물에 친숙하다는 것을 알고 어려서부터 수영을 가르쳤다. 수영은 천성적으로 약한 그녀의 심장을 튼튼하게 해주었고, 그래서 아름다운 목소리로 긴 호흡의 노래를 잘하게 되었다. 마리아는 '마스터스 보이스'라는 가스펠 합창단에서 활동을 시작했고, 스웨덴 국왕의 도움으로 국제성서학교에 입학했으며, 세계를 돌아다니며 대중 앞에서 가스펠을 부르며 하나님을 찬양했다.

이런 그녀를 옆에서 같이 활동하며 지켜보던 한 남자가 청혼하게 되었다. 그녀는 지금도 결혼반지를 실에 꿰어 목에 걸고 다니며 아름답고 평범한, 그렇지만 행복한 삶을 살아가고 있다.

불행할 수밖에 없는 신체 조건에도 불구하고 이런 행복을 누리는 비결이 무엇일까? 하나님을 신뢰하는 부모의 신앙 때문이다. 부모의 기도 때문이다. 실망하지 않고 끝까지 딸을 위해 기도하며 후원했던 부모의 믿음 때문이다. 그래서 기도하는 자녀는 망하지 않는다. 자녀를 위해 눈물을 뿌리며 기도할 때 기쁨의 단을 거두게 된다.

권사는 자녀에게 좋은 믿음의 모델이 되어야 한다. 말로 하는 교육은 쉽다. 그런데 우리의 자녀들은 말보다 삶으로 보여달라고 간청한다. 행동으로 보여주는 교육이 참된 교육이다.

1890년에 한국의 선교사로 와서 평양을 중심으로 선교활동을 폈던 마포삼열 선교사는 매일 가정예배를 드렸다. 경건한 부모의 신앙생활은 훗날 자녀들에게 깊은 영향을 주기에 넉넉했다. 그의 아들 5형제 모두 아버지의 뒤를 이어 선교사가 되었다. 그 후손들 역시 신앙의 전통을 이어가고 있다. 그 아들의 회고록 속에 이런 대목이 있다. "어느 날 저녁, 아버지와 어머니가 우리 형제들을 위해 무릎 꿇고 기도하는 것을 보았다. 나는 지금도 그때 두 분의 그 모습을 잊을 수 없다. 그것은 우리 형제들을 하나님께 전적으로 위탁하는 간절한 기도였다."

권사는 자녀에게 좋은 믿음의 유산을 물려주어야 한다. 재산을 물려주는 것은 자녀에게 큰 의미가 없다. 지혜로운 권사는 자녀의 인생을 빛나게 할 수 있는 의미 있는 유산을 물려주어야 한다.

미국 프린스턴대학교 설교학 교수인 블랙우드는 부모인 그리스도인이 남겨야 할 세 가지 유산을 이렇게 말한다.

"첫 번째는 기쁜 기억의 유산이다. 어머니는 아이들이 어렸을 때 가정에서 좋은 기억을 갖도록 해주어야 한다. 그런 기억이 있으면 죄악 가운데서도 건질 수 있다. 부모들의 주일성수 모습, 예배드리는 모습, 기도하는 모습, 어른 존중하는 모습, 남을 돕는 모습 등은 아이들에게 매우 좋은 기억으로 남게 된다. 두 번째는 좋은 습관의 유산이다. 아이들의 생일날 음식점에서 낭비하는 모습보다 아이들과 함께 보육원이나 양로원을 찾아가 추억을 심어주는 일이다. 세 번째는 높은 생의 목표 유산이다. 우리 아버지는 교회에 나가지만 돈을 위해 산다는 등의 기억을 남겨주는 것은 불행이다. 자라나는 아이들에게 고귀한 기억을 간직할 수 있게 해주는 것이야말로 세상에서 가장 좋은 유산이다."

권사는 자녀에게 신앙이라는 가장 좋은 유산을 물려주어야 한다. 그러기 위해서는 스스로가 살펴서 자녀에게 본이 되지 못하는 행동을 삼가야 하며, 하나님을 경외하는 믿음으로 본을 보여주어야 한다.

>>> PART_3

행복의 오솔길을
찾아가는 권사가 되라

어떤 시대이건 간에 사람들이 원하는 게 있다면 바로 행복일 것이다. 따지고 보면 신앙생활을 하는 것도 행복해지려는 것 때문이다. 이 땅에서도 행복하지만 영원한 세계에서도 행복을 누리고자 하는 것이 바로 신앙의 길이다. 직분 역시 행복해야 한다. 행복하지 않은 직분이라면 뭔가 문제가 있다.

"목사님, 권사 직분을 감당하기가 그렇게 행복한 일인 줄 아세요?" 혹시 이런 물음을 던지고 싶은가? 그렇다. 쉽지 않다. 그러나 행복한 직분자는 십자가를 지고 눈물을 흘리면서도 행복하다. 힘들지 않아서가 아니다. 힘들어서 행복하다. 직분자는 모름지기 십자가를 지고 눈물을 흘리면서도 행복하게 걸어가는 평신도 사역자이다. 그래서 신앙의 세계는 신비롭다.

유다는 거짓 교사에 대해 경계하면서 이렇게 말했다. "이 사람들은 원망하는 자며 불만을 토하는 자며 그 정욕대로 행하는 자라. 그 입으로 자랑하는 말을 하며 이익을 위하여 아첨하느니라"(유 1:16). 혹시 내가 원망하고, 불만을 토하며, 정욕을 따라 행하고, 자기 자랑만 일삼는 권사는 아닌지 스스로 점검해야 한다. "이 사람들은 분열을 일으키는 자며 육에 속한 자며 성령이 없는 자니라"(유 1:19). 권사가 이렇게 된다면 자신을 위해서도, 공동체를 위해서도 매우 불행한 일이다.

사실 행복한 권사가 되는 것은 그리 어려운 일이 아니다. 큰 변화를 가져와야 행복한 권사가 되는 것이 아니다. 아주 사소하면서도 간단한 것들을 점검해보면 누구나 행복한 권사의 길을 걸어갈 수 있다.

그렇다면 어떻게 행복한 오솔길을 찾아가는 권사가 될 수 있을까?

받기보다 섬기는 권사가 행복하다

어느 날, 식당에 들어갔다. 직원이 상냥하게 웃으면서 "맛있게 많이 드세요"라고 인사한다. 음식을 먹다가 반찬이 떨어지면 "반찬 좀 더 갖다주세요"라고 하지도 않았는데 종업원이 알아서 달려와 보충해준다. 고객의 처지에서 기분 좋은 일이다. 식당을 이렇게 유형별로 분류할 수 있을 것이다. 필요를 알아서 채워주는 식당, 시켜야 채워주는 식당, 시켜도 안 채워주는 식당. 당신은 어떤 식당을 찾아가겠는가?

식당 이야기 하나 더 해보자. 식당에서 세 사람이 식사하는 중이었다. 한 사람이 김치가 먹고 싶어서 찢으려고 하는데 잘 안 되었다. 그때 옆에서 바라보던 다른 사람이 재빨리 자신의 젓가락으로 다른 쪽을 잡아주었다. 그런데 다른 한 사람은 그냥 말똥말똥 쳐다보고만 있었다. 당신은 어떤 사람인가? 다른 사람의 필요를 섬김으로 채워주는 사람인가, 아니면 모른 체 내버려두는 사람인가? 섬기는 권사는 자신도 행복하고 다른 사람도 행복하게 만든다.

목회자가 하기 어려운 설교가 있다. 짐작하겠지만 헌금에 관한 설교이다. 교인들의 영적인 성숙과 축복을 누리기 위해 당연히 십일조와 헌금 설교를 해야 한다. 그런데도 헌금 설교가 나오면 받은 은혜도 다 쏟는다고들 한다. 그래서 목회자는 헌금 설교를 하는 것에 대해서 많은 부담이 있는 게 사실이다.

그런데 헌금 설교보다 더 어려운 설교가 있다. 목회자 섬김에 대한 설교이다. 사실 목회자 섬김에 대해서는 바울이 많은 부분에서 언급하고 있다. "가르침을 받는 자는 말씀을 가르치는 자와 모든 좋은 것을 함께하라"(갈 6:6). 사실 교인들이 가르치는 목회자와 함께 좋은 것을 나누는 것은 아름다운 일이다. 목회자를 섬기는 것이 복을 받는 길이라고 설교하기 전에 목회자를 섬기는 것 자체가 행복한 일 아니겠는가! 그리고 영적인 유익을 가져다주는 것도 사실이다.

바울은 감옥에 있을 때 자신을 돌보기 위해 후원헌금을 보내준 빌립보교회 교인들에게 감사했다. 바울에게는 분명한 확신이 있었다. 그래서 이렇게 말했다. "내게는 모든 것이 있고 또 풍부한지라. 에바브로디도 편에 너희가 준 것을 받으므로 내가 풍족하니 이는 받으실 만한 향기로운 제물이요 하나님을 기쁘시게 한 것이라. 나의 하나님이 그리스도 예수 안에서 영광 가운데 그 풍성한 대로 너희 모든 쓸 것을 채우시리라"(빌 4:18-19).

바울은 사역을 위해 보내온 후원금이 하나님께서 받으실 만한 향기로운 제물이라고 말한다. 구약의 제사에서 드려지는 제물을 묘사한 것이다. 그뿐만 아니라 하나님을 기쁘시게 하는 것이라고 표현한다. 이러한 예물이기에 하나님이 빌립보교회 교인들에게 모든 쓸 것을 채우시리라고 확신하는 것이다.

어떤 권사님은 명절이면 시골에 계신 목회자의 어머니에게 옷을 사서 보내드린다. 권사님의 어머님은 이미 소천하셨다. 그래서 목회자의 어머님을 자신의 어머니로 생각하면서 섬기겠다는 것이다. 사실 목회자에게 얼마나 큰 기쁨을 주는 일인지 모른다. 목회자를 섬기는 것보다 목회자에게 더 큰 기쁨을 주는 일이다. 지혜로운 권사이다.

어떤 권사님이 외국 여행을 다녀왔다. 외국을 다녀온 권사님은 기념으로 선물을 하나 사 와서 목양실 문을 두들겼다.

"목사님, 선물이에요. 근데 목사님 게 아니고 사모님 거예요. 죄송해요."

그러나 목사님은 웃으며 말한다.

"아니에요, 저는 사모에게 선물해주는 게 저에게 하는 것보다 훨씬 더 행복해요. 고맙습니다."

그렇다. 사실 목회자는 많은 교인에게 황송한 섬김을 받는다. 때로는 먹는 것이 부담스러울 때도 있다. 그러나 사모는 그렇지 못하다. 목사는 만인의 애인이라고 하지만 사모는 만인의 경쟁 대상으로 여겨진다. 그래서 사모는 고독하다. 이렇게 해도 말을 듣고 저렇게 해도 말을 듣는 것이 사모이다. 그런데 사모를 생각해서 선물을 해주었으니 목회자의 마음이 얼마나 기뻤겠는가? 목회자를 사랑하는 마음으로 사모를 섬긴다면 목회자는 행복하게 사역을 할 것이다.

격려와 칭찬을 아끼지 말라

예수님은 빌립이 데려온 나다나엘에게 "이는 참으로 이스라엘 사람이라. 그 속에 간사한 것이 없도다"(요 1:47)라고 칭찬하셨다. 예수님은 빌립의 전도로 찾아온 나다나엘을 만나기도 전에 이미 그를 다 알고 계셨다.

예수님은 병에 걸려 죽을 지경이 된 종을 위해 예수님께 사람을 보낸 로마의 백부장을 이렇게 칭찬하셨다. "이스라엘 중에서도 이만한 믿음은 만나보지 못하였노라"(눅 7:9). 예수님은 백부장의 믿음을 이스라엘 가운데서도 찾기 어려운 큰 믿음의 소유자라고 칭찬하셨다. 또한 예수님은 세례 요한을 보고 "여자가 낳은 자 중에 가장 큰 자"라고 칭찬하셨다. 이와 같이 예수님은 칭찬과 격려에 능하신 분이셨다.

그렇다면 권사는 칭찬과 격려를 잘하는 일꾼이어야 한다. 칭찬에는 에너지가 있다. 칭찬하는 사람이 행복하고 칭찬받는 사람이 행복해진다. 칭찬의 말 한마디로 낙심한 자에게 용기를 주고 절망하는 자에게 소망을 줄 수 있다. 칭찬은 쓰러진 자를 일으켜 세울 수 있고 사람을 변화시키는 괴력을 갖고 있다.

맥아더는 어려서 말할 수 없는 개구쟁이였다. 그는 많은 사고를 치고 말썽을 피웠다. 그를 바라보는 주변 사람들은 그의 장래를 염려했다. 그러나 그의 할머니는 달랐다. 늘 그에게 "너는 군인의 기질을 타고났나"라고 칭찬하셨다. 결국 맥아더는 훌륭한 장군이 되었다. 그래서 한국이 위기에 처했을 때 인천상륙작전을 펼쳐 그 위용을 나타냈다.

10년 이상 진급을 하지 못한 채 육군 소령 계급장을 단 아이젠하워는 낙심하게 되었다. 그러나 그의 아내는 실망하지 않고 아이젠하워를 격려하고 칭찬했다. "여보, 저는 당신을 믿어요. 어쨌든 진급 생각은 말고 교육의 일인자가 되세요. 당신이 뭘 하건 하루 세 끼 굶겠어요." 아내의 격려와 칭찬 덕분에 그는 교육의 일인자가 되었다. 아이젠하워는 후에 대장, 원수, 대통령까지 되었다.

이처럼 칭찬과 격려는 사람의 운명을 바꿔놓는 위력을 갖고 있다. 칭찬과 격려를 아끼지 말자. 당연할지라도 칭찬하자. 작은 변화와 성장일지라도 격려하고 칭찬하자. 비록 잘못되었을지라도 과정 자체를 칭찬해주자. 설령 결점이 있을지라도 칭찬하자. 그 격려와 칭찬은 그에게 결점을 장점으로 만드는 힘을 실어줄 것이다.

권사는 격려와 칭찬으로 교인들을 섬겨야 한다. 칭찬과 격려를 잘하는 권사에게 교인들이 가까이 다가올 것이다. 그러나 책망과 비난을 잘하는 교인의 주변에는 교인들이 사라진다. 험담을 잘하는 권사에게 다가가야 할 이유가 있겠는가? 인간은 하나님의 인정과 위로가 필요하다. 그러나 사람의 인정과 격려 역시 필요하다. 칭찬은 고래도 춤추게 하는 능력을 갖추고 있다. 그렇다면 당신의 칭찬과 격려는 교인들을 춤추게 할 것이다.

미국의 조지 부시는 인기 없는 대통령이었다. 수없이 벌여놓은 전쟁으로 세계적으로 비난을 받았다.

어느 날, 기자들이 그에게 물었다.

"어떤 일이 가장 어렵습니까?"

그때 조지 부시 대통령은 이렇게 대답했다.

"여러 번 하나님의 가슴에 기대어 눈물을 흘렸습니다."

조지고 부시고 하면서 전쟁만 잘하는 대통령인가 싶었는데, 그에게도 지도자로서의 고독과 외로움이 있었다는 것이다.

목회자도 마찬가지다. 목회자는 고독하다. 마음에 있는 소리를 누구에게도 털어놓을 수 없다. 더구나 가시 노릇을 하는 사람들로 인해 목회자의 어깨가 축 늘어질 때가 한두 번이 아니다. 목회자도 한 인간이다. 주변에서 해주는 한마디의 칭찬과 격려가 큰 힘이 된다. 낙심했다가도 격려 한마디 때문에 용기를 얻는다. 립서비스인줄 알면서도 "목사님, 오늘 은혜 많이 받았어요"라고 하는 한마디가 얼마나 힘이 되는지 모른다.

주일 저녁에 자주 문자를 보내는 성도분이 있다.

"목사님, 오늘 설교 짱이에요. 너무너무 은혜로웠어요. 감사해요!"

그 문자를 받는 순간 얼마나 행복한지 모른다. 어쩌면 목회자만큼 격려와 칭찬에 굶주린 존재도 없을 것이다. 아니, 그게 무슨 믿음 없는 말이냐고? 그만큼 목사에게는 칭찬과 격려보다는 비난과 끌어내리는 말이 난무하였다는 뜻이다.

교인을 돌보는 행복한 권사가 되고 싶은가? 그렇다면 다음 것들을 조심해야 한다. 첫째, 보는 것을 조심하라. 나쁜 점이나 실수한 것이나 단점을 보지 말고 좋은 점이나 잘한 것이나 장점을 보라. 땅의 것을 보지 말고 위의 것을 보라. 높은 것을 쳐다보지 말고 낮은 곳을 쳐다보라. 둘째, 듣는 것을 조심하라. 나쁜 말이나 부정적인 말은 하지도 듣지도 말아야 한다. 셋째, 말하는 것을 조심하라. 사기를 꺾는 말을 하지 말라. 불평하는 말은 입 밖으로 내지도 말라. 비난하는 말은 서로를 다 망하게 만든다. 넷째, 어울리는 사람을 조심하라. 누구를 만나느냐에 따라 신앙이 달라진다.

교회를 세우는 창조적 소수가 되라

이스라엘이 블레셋으로부터 고통과 압제를 당할 때 사사 삼갈이 분연히 일어났다. 그는 이방인으로 추정되며 다산의 신 아낫을 섬긴 사람으로 보인다. 그런데 그는 소를 모는 막대기로 철제 병기와 창을 든 블레셋 사람 600여 명을 죽였다. "에훗 후에는 아낫의 아들 삼갈이 있어 소 모는 막대기로 블레셋 사람 육백 명을 죽였고 그도 이스라엘을 구원하였더라"(삿 3:31).

그뿐만 아니라 삼손은 강력한 블레셋 군사들이 쳐들어왔을 때 나귀 턱뼈 하나를 가지고 천 명을 죽였다. "삼손이 나귀의 새 턱뼈를 보고 손을 내밀어 집어 들고 그것으로 천 명을 죽이고 이르되 나귀의 턱뼈로 한 더미 두 더미를 쌓았음이여 나귀의 턱뼈로 내가 천 명을 죽였도다 하니라"(삿 15:15-16). 온 이스라엘 백성들이 주저앉아 있을 때 이들은 민족을 구원하는 창조적 소수로 하나님으로부터 쓰임을 받았다.

역사학자 토인비의 역사이론에 따르면 역사의 발전을 이끄는 사람은 군중이 아닌 창조적 소수라고 한다. 그는 「역사의 연구」에서 이렇게 말한다. "인류문화를 한 단계 높이는 사람은 극소수의 창의력이 있는 사람들이며, 각 문명권의 흥망성쇠를 결정하는 중요한 요인도 '그 사회에 창조적 소수가 존재하느냐'의 여부에 달렸다." 나머지 사람 대부분은 기존 문화를 떠받치고 유지하는 데 이바지한다.

미국 인구는 약 2억 7천만 명 정도가 된다. 그런데 미국 사회를 움직이는 사람은 약 800명이라고 한다. 미국 전체 인구 가운데 0.3%밖에 안 되는 숫자이다. 창조적인 소수가 다수를 움직여간다.

교회도 마찬가지다. 어떤 이는 교회 구성원을 10:50:40으로 표현한다. 교인 중 10%는 교회의 모든 목회 프로그램에 적극적으로 참여하는 창조적 소수에 해당한다. 50%는 중간에서 관망하는 사람들이다. 40%는 주일 낮 예배와 절기 때나 나오는 사람들이다. 그렇다면 권사는 마땅히 자기 자리를 찾아야 한다. 당신이 속한 자리는 어디인가? 교회 안에 있는 일꾼을 보면 '꼭 있어야 하는 성도'가 있지만 '있으나 마나 한 성도'도 있다. 더구나 '없었으면 좋을 뻔한 해가 되는 성도'도 있다.

창조적 소수는 매사를 하나님의 영광을 위해 사역한다. 교회에서 자기 영광과 이권을 추구하는 일꾼도 적지 않다. 그러나 교인을 양육하는 행복한 권사는 무엇을 먹든지 마시든지 하나님의 영광을 추구해야 한다.

대부분 사람은 미켈란젤로의 이름은 기억한다. 그러나 보톨도 지오바니라는 이름을 기억하는 사람은 그리 많지 않다. 보톨도 지오바니는 미켈란젤로의 스승이다. 미켈란젤로가 열네 살이 되었을 때 그는 보톨도의 문하생이 되기 위해서 찾아왔다. 그의 놀라운 재능을 본 보톨도는 그에게 물었다.

"너는 위대한 조각가가 되기 위해 무엇이 필요하다고 생각하느냐?"

그러자 미켈란젤로가 대답했다.

"제가 가지고 있는 재능과 기술을 더 닦아야 한다고 생각합니다."

그 대답을 들은 보톨도는 단호하게 말했다.

"네 기술만으로는 안 된다. 너는 네 기술로써 무엇을 위하여 쓸 것인가 먼저 분명한 결정을 해야 된다."

그리고 미켈란젤로를 데리고 나가서 두 곳을 구경시켜주었다. 처음으로 구경시켜준 곳은 바로 술집이었다.

"스승님, 술집 입구에 아름다운 조각이 있어요."

"이 조각은 아름답지만 조각가는 술집을 위해서 이 조각을 사용했단다."

보톨도는 다시 미켈란젤로의 손을 잡고 아주 거대한 성당으로 가서 아름다운 조각상을 보여주었다.

"너는 이 아름다운 천사의 조각상이 마음에 드느냐, 아니면 저 술집 입구에 있는 조각상이 마음에 드느냐? 똑같은 조각이지만 하나는 하나님의 영광을 위해서, 또 하나는 술 마시는 쾌락을 위해서 세워졌단다. 너는 네 기술과 재능을 무엇을 위하여 쓰기를 원하느냐?"

스승의 물음에 미켈란젤로는 세 번씩 대답했다.

"하나님을 위하여, 하나님을 위하여, 하나님을 위하여 쓰겠습니다!"

교회 안에는 하나님의 영광을 도둑질하는 사악한 일꾼이 많다. 하나님의 영광을 가로채려 하다 보니 교회 안에서 경쟁하고 시기한다. 왜 분쟁하고 다투는가? 교회는 어찌 되든 자신의 영광을 위해 분란을 일으키고 분쟁하는 것이다. 교인들을 온전히 양육하기 원하는가? 목회자를 세워주기 원하는가? 그렇다면 이제 미켈란젤로처럼 외쳐보라. "하나님을 위하여, 하나님을 위하여, 하나님을 위하여 쓰겠습니다!"

즐겁고 행복하게 소명을 감당하라

종은 주인의 명령에 복종해야 한다. 그러나 주인의 명령을 잘 수행했다고 자랑할 수 없다. 권리를 주장할 수 없다. 나를 알아달라고 떼를 쓸 수도 없다. 그래서 예수님은 이렇게 말씀하신다. "우리는 무익한 종이라. 우리가 하여야 할 일을 한 것뿐이라"(눅 17:10).

어느 교회에서 청소하시는 집사님이 계셨다. 그분은 아파트 청소부로 일하다가 교회 청소부로 들어오신 분이다. 어느 날, 담임목사님이 교회로 들어가는데 그 집사님이 계단을 닦고 있었다. 목사님이 보니 집사님의 얼굴이 어두워 보였다. 그래서 집사님에게 물었다.

"집사님, 오늘 무슨 일을 하고 계십니까?"

"예, 계단을 닦고 있습니다."

"일하는 재미가 있습니까?"

"일하는 재미가 있기는요. 아주 쓴맛입니다."

집사님이 쓴맛이라고 하는 말을 듣고 목사님은 '교회 일을 하면서 기뻐야 하는데 쓴맛이라니 이거 안 되겠구나' 하는 생각이 들었다.

그래서 목사님은 다시 물었다.

"이 계단을 닦으면 누가 다니지요?"

"교인들이 예배드리러 다니지요."

"예배드리다가 어디로 가게 됩니까?"

"천국에 가는 거 아닙니까?"

이번에는 목사님이 아주 진지하게 물었다.

"집사님이 닦는 이 계단은 어디로 가는 길입니까?"

한참 생각하던 집사님은 입을 열어 대답했다.

"천국 가는 길 같아 보입니다."

"집사님은 지금 천사의 일을 하고 싶으세요? 아니면 청소부로 일하고 싶으세요?"

집사님은 대답했다.

"이왕이면 천사의 일을 하고 싶지요."

목사님은 그때서야 집사님에게 하시려고 하는 말을 했다.

"집사님, 우리 교회에 천사가 되어주실 수 없으세요? 성도들이 예배드리다가 천국 가는 길을 닦고 있다고 생각하세요."

목사님의 말씀을 들은 집사님의 얼굴이 환하게 밝아지기 시작했다. 그 후로 집사님의 얼굴은 언제나 밝았다. 그리고 찬양하면서 기쁘고 즐겁게 청소했다.

나는 늘 주장하는 게 있다. "교회에서 일하는 것보다 더 중요한 것은 관계입니다. 일 때문에 관계를 깨지 말아야 합니다." 일꾼들 가운데 일 중심적인 사람들이 있다. 일은 잘한다. 그런데 일 때문에 얼굴을 붉히고 상처를 주며 관계를 깬다. 나는 그렇게 마음에 들지 않는다. 좀 느리더라도, 좀 부족하더라도 웃으면서 좋은 관계 속에서 일하기를 주문한다.

너무 지나친 열심도 병이 될 수 있다. 오해하지는 말라. 결코 열심을 내지 말라는 뜻이 아니다. 나의 열심이 다른 사람에게 상처를 주고 해를 입히지 말아야 한다는 뜻이다. 나의 열심이 의가 되어 다른 사람을 비판하고 비난하는 자리로 나아가지 말아야 한다는 의미다. 열심을 바로 사용해야 한다. 지혜 없는 열심이 오히려 공동체를 아프게 한다. 교회를 세우려면 뒤끝을 흐리는 봉사가 아니라 공동체와 지체들에게 덕이 되게 섬겨야 한다. 숨은 봉사자가 되어야 한다. 드러나는 봉사를 하더라도 웃으면서 자원하는 마음으로 해야 한다. 자기 의를 세우려고 섬길 때는 섬기고도 욕을 먹는다.

주님은 우리가 어떤 태도로 섬기는지 다 아신다. 우리가 게으름을 피우는 것도 다 아신다. 우리가 악한 동기로 섬기는 것도 다 아신다. 주님은 우리가 행한 그대로 갚아주신다. "인자가 아버지의 영광으로 그 천사들과 함께 오리니 그때에 각 사람이 행한 대로 갚으리라. 진실로 너희에게 이르노니 여기 서 있는 사람 중에 죽기 전에 인자가 그 왕권을 가지고 오는 것을 볼 자들도 있느니라"(마 16:27-28).

자신에게서 아름다운 향기가 나게 하라

예수님은 우리가 "세상의 소금이요 빛이라"고 말씀하셨

다. 음식의 맛을 내는 소금, 부패를 방지하는 소금이 되어 버림받아 사람들에게 짓밟히지 말아야 한다. 어둠이 아닌 빛으로 세상의 어둠을 밝혀야 한다. 그뿐만 아니라 바울은 우리가 그리스도의 냄새라고 말한다. 그리스도인은 복음의 향기, 그리스도의 향기를 내야 한다. 사람들이 우리를 통해 그리스도를 읽을 수 있는 편지 역할을 감당해야 한다. 적어도 권사는 이런 의무를 잘 감당해야 한다.

나무마다 독특한 냄새가 있다. 향나무가 있다. 나무질에서 향냄새가 난다고 향나무라고 한다. 향나무는 톱으로, 도끼로, 칼로 상처 내고 잘라 내도 향을 낸다. 자신이 고통당하면서도 향냄새를 낸다. 자신이 죽어가면서도 향냄새를 내고, 자신이 이미 죽었어도 향냄새를 피운다. 향나무는 온통 향으로 가득 채워져 있다.

권사가 되어 향냄새가 아니라 쓰레기 하차장 냄새, 하수구 냄새를 나게 해서야 하는가! 권사는 사나 죽으나 그리스도의 향기로운 냄새를 풍겨야 한다. 죽음에서 살리는 향, 죄악에서 용서하는 향, 미움에서 사랑하는 향, 다툼과 분쟁에서 화목하여 화평을 이루는 향, 원망과 불평과 짜증에서 감사하고 기뻐하고 즐거워하는 향, 모든 이에게 은혜와 축복을 끼치는 향을 낼 수 있어야 한다. 그 향기를 잃는 순간 권사의 생명력은 상실되고 만다.

가까이 가면 몸에서 냄새가 진동하는 사람이 있다. 다행히 향수이면 기분 좋은 일이지만 악취가 난다면 괴로운 일이다. 교회에서 아름다운 향기를 내도록 권사를 세웠는데 그들이 악취를 낸다면 어떻게 되겠는가? 도박을 즐기는 사람은 도박 냄새가 난다. 술을 즐기는 사람은 술 냄새로 찌들어 있다. 담배를 즐기는 사람은 담배 냄새가 배어 있다. 돈을 많이 만져도 돈 냄새가 난다.

아름다운 향기를 내고 싶은가? 그렇다면 마음과 영혼을 그리스도로 물들여야 한다. 예수님은 우리의 인생을 아름답게 장식하신다. 하나님의 은혜는 얼굴을 아름답게 만든다. 하나님의 은혜를 아는 사람은 얼굴이 밝다. 은혜를 경험한 사람은 웃음으로 물들어 있다. 은혜의 냄새, 사랑의 냄새, 긍휼과 자비의 냄새가 풍겨나게 해야 한다.

권사는 전도를 잘해야 한다. 전도하는 일에 누구보다 앞장서야 한다. 권사가 얼굴을 관리하고 생활을 아름답게 하는 것도 간접적인 전도이다. CEO들도 직원을 채용할 때 스펙보다도 얼굴을 본다고 한다. 얼굴에는 그 사람의 성품과 능력이 어느 정도 드러나 있기 때문이다. 교회도 마찬가지다. 권사의 아름다운 인격에서 나오는 향기는 불신자들을 그리스도께로 인도하는 매력이 담겨 있다.

사람들은 네 가지 본성을 지닌 사람으로 나뉜다고 한다.

첫째, 악마적인 본성을 지닌 사람이다. 선을 악으로 갚고 은혜를 저주로 갚는다. 사랑을 미움으로 돌려주는 사람이다. 나를 축복하는 이를 도리어 저주한다.

둘째, 동물적인 본성을 지닌 사람이다. 나를 미워하는 사람을 미워하고 손해를 끼친 사람에게 보복하는 사람이다. 나를 괴롭혔기 때문에 나도 괴롭히는 사람이다.

셋째, 인간적인 본성을 지닌 사람이다. 자기를 사랑하는 사람을 사랑하는 사람이다. 남에게 대접을 받았으니 그 보답으로 대접하는 사람이다. 나에게 잘해 준 사람이기에 잘해 주는 사람이다.

넷째, 하나님의 본성을 지닌 사람이다. 나를 미워하는 사람을 도리어 사랑하고, 나를 학대하거나 저주하는 사람을 도리어 축복해주는 사람이다. 자기를 향하여 돌팔매를 던지는 사람을 위해 기도하고 용서하는 사람이다. 원수를 사랑하는 사람이다.

교인을 양육하고 목회자를 세우는 행복한 권사는 바로 하나님의 본성을 지녀야 한다. 그래서 그리스도의 향기를 풍겨야 한다. 그 향기로 불신자들을 그리스도께로 안내해야 한다. 권사는 분명히 전도하는 일에 온 교인의 귀감이 되어야 한다. 그러나 그것 못지않게 아름다운 향기를 발하는 행복을 전하는 행복 전도사가 되는 것 또한 중요하다. ■

"우리는 그리스도의 사도로서 마땅히 권위를
주장할 수 있으나 도리어 너희 가운데서
유순한 자가 되어 유모가 자기 자녀를
기름과 같이 하였으니 우리가 이같이 너희를 사모하여
하나님의 복음뿐 아니라 우리의 목숨까지도
너희에게 주기를 기뻐함은
너희가 우리의 사랑하는 자 됨이라"
(살전 2:7-8).

특별 부록

돌보는
권사를 위한
상황별
대표기도문

교회 절기 및 주일예배 대표기도문
구역예배 및 심방, 상황별 대표기도문

Prayer

교회 절기 및
주일예배 대표기도문

절기예배
- 사순절 -

>>> Prayer_1

왕이신 예수님을 온전히 섬기는
종이 되게 하소서

✽ 감사와 찬양

굶주린 자에게 먹을 것을 주시고 헐벗은 자에게 입힐 것을 공급하시는 주님, 우리의 모든 일상을 책임지시고 인도하심을 감사합니다. 광야 생활 40년 동안 이스라엘 백성을 안으사 축복의 땅 가나안에 정착하게 하신 하나님을 찬양합니다. 거칠고 황량한 광야를 거니는 나그네 인생들에게 하늘 양식과 하나님의 임재로 채우시는 성령께서 이 시간도 우리의 예배 가운데 충만하게 임재하옵소서.

✽ 주님께 쓰임받은 나귀처럼 살게 해주옵소서

아무도 사용하지 않은 나귀를 타시고 예루살렘으로 입성하신 주님, 우리도 나귀처럼 세상에 물들지 않고 사람을 기쁘게 하기보다 왕이신 주님의 기쁨을 위해 쓰임받게 해주옵소서. 주님이 쓰시려고 할 때 나약하다 변명하거나 핑계하지 않게 하시고, 힘들다고 불평하며 짜증 부리지도 않게 해주옵소서. 능력 주시는 자 안에서 모든 것을 할 수 있다는 믿음으로 왕이신 주님께 드리기를 기뻐하게 해주소서. 주님을 모신 것이 기쁨이요 행복이 되게 하시고, 주님께 쓰임받을 수 있다는 사실에 감사하게 해주옵소서.

세상에는 지혜 있고 능력 있는 사람들이 많지만 그들을 선택하지 않으시고 우리처럼 연약하고 무지한 자를 사용하시는 것을 은혜로 알게 하시고, 왕 되신 주님을 위해 온몸 바쳐 충성하게 하옵소서. 왕을 섬기는 종으로 억지로 섬겼던 것 용서하시고, 불평하고 짜증을 내면서 봉사했던 삶을 용서하여 주옵소서. 왕이신 주님! 우리가 가진 장점이 다른 사람을 불편하게 하지 않게 하시고, 남보다 조금 나은 능력을 내세워 다른 사람을 무시하여 상처주지 않게 하소서. 그저 좋은 종일뿐이니 왕이나 주인처럼 굴지 않는 성숙함을 주옵소서.

✴ 왕이지만 종처럼 살게 하옵소서

하늘의 모든 영광과 권세를 가지신 주님! 왕이신 주님이 죄 많은 우리를 위해 그 모든 것을 버리고 이 땅에 오셔서 친히 종이 되어 인간을 섬기신 그 은혜에 감사드립니다. 왕이신 주님이 우리를 위해 십자가에 죽으심으로 참된 종의 도를 가르쳐주시니 감사합니다. 왕이신 주님이 죄인인 우리를 그렇게 섬겨주셨건만 정작 종이 되어야 할 우리는 스스로를 높여 왕이 되려고 교만했습니다.

예루살렘에 입성하는 예수님을 향해 "호산나 다윗의 자손이여"라고 외쳤지만 실제로는 왕 앞에 삶을 굴복시키지 않았던 유대인들처럼, 우리 역시 예수 그리스도의 왕 되심을 고백하지만 실제로는 주님을 부리려 하고 다른 사람을 마음대로 조정하려고 했던 죄악을 용서하여 주옵소서. 어디서나 내가 드러나기를 원했고, 자기 생각을 관철하려 했으며, 자기 목소리를 높이고, 다른 사람의 의견을 무시하며 살았습니다. 주님! 우리 안에는 다스리고자 하는 포기하기 어려운 욕망의 쓴 뿌리가 지금도 꿈틀거리고 있습니다. 늘 왕이신 주님을 드러내고 자랑하고 싶지만 정작 삶의 현장에서는 육체의 소욕에 무릎 꿇는 연약함이 있습니다. 성령께서 우리가 가진 육체의 소욕을 다스려 주옵소서. 가정에서 가족을 종의 마음으로 섬기게 하시고, 직장에서 모든 사람을 예수님의 마음으로 섬기게 하옵소서. 우리는 연약하오니 이 시간도 주의 종이 전하는 말씀으로 우리를 견고하게 세우시고 강한 군사가 되게 해 주옵소서.

영원한 왕이신 예수님의 이름으로 기도드립니다. 아멘.

절기예배
- 종려주일 -

>>> Prayer_2

예수님을 왕으로 섬기고
주님의 겸손을 본받아 살게 하소서

* 감사와 회개

어둡던 이 땅에 밝은 태양을 허락하시고 시온의 영광을 비춰주신 주님, 착잡하고 어둡던 우리 마음을 밝히 비춰주시고, 소망을 잃었던 마음에 하늘 소망으로 영혼의 문을 열어주신 주님을 찬양합니다. 주님의 영광이 비춰지는 곳에 미움이 사랑으로 변하고, 분열과 다툼이 화합으로 변하게 하셔서 감사합니다. 평화의 왕으로 오신 주님이 우리를 평화의 도구로 삼으시고, 절망의 땅에 희망의 씨를 뿌리는 자가 되길 원하지만 그렇게 살지 못한 저희 죄를 용서하옵소서. 한 주간의 삶 속에서 주님의 빛을 따라 사랑하게 하시고, 온유와 겸손으로 살지 못함을 용서하시며, 가난한 우리의 마음을 하늘 양식으로 가득 채워주옵소서.

* 영원한 우리 왕이 되소서

모든 무릎을 예수의 이름에 꿇게 하시고 모든 입으로 예수 그리스도를 주라 시인하게 하신 하나님, 예수님을 우리의 영원한 주요 왕으로 모시게 하심을 감사합니다. 영광의 주로 예루살렘에 입성하신 주님, 예루살렘 도성의 많은 무리가 종려 가지를 흔들며 예수님을 왕으로 영접했듯이 우리도 예수님을 우리의 유일한 왕으로 삼고 살아가게 해주옵소서. 오, 주님! 예루살렘 백성들처럼 예수님을 하루만의 왕으로 고백하는 것이 아니라 영원한 통치자로 인정하고 우리의 모든 삶을 예수님의 다스림 속에서 행하게 하옵소서.

우리의 위대한 통치자가 되신 주님! 주님의 통치 앞에 우리 삶을 내려놓게 해주옵소서. 우리가 계획하는 삶의 비전이 주님의 적극적인 개입을 방해하고, 우리가 만든 마스터 플랜이 주님의 일하심을 거부하게 만듦을 발견하게 해주옵소서. 어떤 상황이 닥쳐올지라도 하나님의 통치는 여전한데 우리가 기대하는 상황이 너무 뚜렷하기에 하나님의 다스리심이 불편해질 때가 있음을 고백합니다. 어떤 상황에서도 우리의 입술과 삶이 그리스도의 주 되심을 온전하게 고백하는 삶이 되게 해주옵소서. 우리 교회가 예수 그리스도의 주되심 앞에 살아가게 하시고, 모든 성도가 일상생활 속에서 그리스도의 주인 되심을 인정하며 살게 해주옵소서.

* 주님의 겸손함으로 살게 하옵소서

위대한 메시아시요 영원한 왕이신 예수님께서 예루살렘에 들어가실 때는 개선장군이나 왕의 입성과 달랐습니다. 그것으로 인해 감사합니다. 어린 나귀 새끼를 타시고 겸손한 왕으로 예루살렘에 들어가신 주님이 우리의 영원한 표상입니다. 그런데 주님, 우리는 자신을 너무 잘 알고 있습니다. 우리가 교만의 늪에 얼마나 잘 빠지는지, 우리가 주님의 온유하고 겸손한 마음으로부터 얼마나 멀어져 있는지, 우리가 얼마나 자주 주님이 용납하셨던 사람을 무시하고 거부했는지요. 그래서 우리는 주님을 더 사모하고 의지합니다. 겸손하셨던 예수님에게 도저히 도달할 수 없는 우리를 주인 되신 주님이 다스려주시니 감사합니다.

우리는 여전히 연약하지만 결코 아무것도 자랑하지 않으셨던 주님을 닮고 싶고, 모든 것을 다 소유하셨으면서도 겸손하셨던 예수님을 따라가고 싶습니다. 온유함과 겸손함으로 누구에게도 방어벽을 쌓지 않고, 다른 사람이 요청하는 필요를 거절하지 않으셨듯이 우리도 그렇게 살기를 원합니다. 많이 가졌어도 거들먹거리지 않고 없어도 기죽지 않으며, 모든 것을 가지셨으나 아무것도 없는 것처럼 사신 주님을 본받아 가진 것을 나누며 살게 해주옵소서.

겸손의 본을 보이신 예수님의 이름으로 기도드립니다. 아멘.

절기예배
- 고난주간 -

>>> Prayer_3

그리스도의 남은 고난을
내 육체에 채우며 살게 하소서

✻ 감사와 회개

십자가에서 죽으심으로 죄의 권세와 능력을 깨뜨리신 주님을 찬양
합니다. 십자가 보혈의 능력으로 우리 죄를 사하시고, 이제 죄의 종이
아닌 의의 종으로 살아가게 하심을 감사합니다. 그렇지만 의의 무기로
우리를 온전히 하나님께 드리지 못하고, 의의 열매를 맺지 못했음을 용
서해 주옵소서. 이 시간, 보혜사 성령님께서 우리의 온 마음과 영을 다
해 하나님의 임재 앞으로 나아가게 해주시고, 그리스도의 영 안에서 주
님과의 참된 교제를 누리게 해주옵소서.

✻ 그리스도를 위해 고난받게 하소서

죄 없으신 주님이 우리 대신 저주의 형벌을 받으셔서 우리로 영원한
생명의 잔치에 참여하게 하심을 감사합니다. 우리 죄가 주님을 십자가
에 못 박게 하였음을 잊지 않게 하시고, 이제는 죄를 미워하고 멀리하

여 근절하는 믿음을 주옵소서. 우리 죄 때문에 고난받는 삶이 아니라 예수님처럼 선을 행함으로 고난받게 하시고, 의를 위해 핍박받게 해주옵소서. 주님이 우리를 위해 고난받으셨으니 이제 우리가 주님을 위해 십자가에 못 박히는 결단을 하게 하시고, 주님을 위해 십자가 지는 것을 기쁨으로 여기게 하옵소서. 사랑하는 주님, 나로 하여금 그리스도의 남은 고난을 내 육체에 채우겠다는 거룩한 결단을 미루지 않게 하소서.

믿지 않는 가족이나 주변 사람에게 당하는 신앙의 박해를 견디고, 예수님 때문에 주님의 일을 위해서 손해를 보아야 한다면 기꺼이 받아들이게 해주시며, 다른 사람이 우리를 무시하고 자존심 상하게 하더라도 노하지 않고 믿음으로 승리하게 하옵소서. 작은 이권 때문에 교회를 욕먹이지 않게 하시고, 다른 사람의 생명을 얻기 위해 우리의 생명을 내려놓게 해주옵소서.

＊ 형제와 이웃을 위해 고난받게 하소서

십자가에서 모든 모멸과 고통을 다 참으셨던 주님, 형제와 이웃에게 당했던 비난과 해로움을 참지 못하고 대적했던 삶을 용서해 주옵소서. 주님을 닮고 싶다고 늘 고백하지만 정작 주님의 발자취를 따르지 못하는 우리 모습을 고백합니다. 한 알의 밀알처럼 우리가 썩어지고 죽어서 많은 열매를 얻는 영광을 누리게 해주옵소서. 형제나 이웃에게 당하는 억울함 속에서도 십자가에서 죽으신 주님을 생각하게 해주시고, 칼과 몽치를 들고 오는 자들을 향해서도 욕하지 않고 주님을 바라봄으로 축복하고 기도하게 하옵소서.

하나님과 우리 사이의 막힌 담을 십자가로 허무신 은혜에 감사합니다. 우리가 날마다 하나님과 화목한 관계로 나아가게 하시고 하나님과 누리는 교제의 풍성함을 맛보게 해주옵소서. 오, 주님! 세상이 알지도 못하고 맛볼 수도 없는 평안과 기쁨을 맛본 우리가 원수 된 자에게 먼저 손 내밀게 하시고, 십자가의 정신으로 화목하게 하옵소서. 용서할 수 없는 사람을 십자가의 마음으로 품게 하시고, 우리 안에 쌓아 둔 분노와 원한을 내려놓게 하옵소서. 우리는 할 수 없다고 말하기 전에 성령의 소원을 강하게 느끼게 하시고, 십자가에서 자신의 몸을 화목제물로 드린 주님을 묵상함으로 화평하게 하는 자의 삶을 살게 하옵소서. 형제나 이웃으로 인해 당하는 불편함을 짜증 내지 않고, 그들의 편리와 유익을 위해 우리가 감당해야 할 희생을 감수하게 하옵소서. 자신을 유익하게 하는 삶이 아니라 남을 유익하게 하는 삶을 살기 위해 선한 사마리아인처럼 우리의 가진 것을 내어놓게 하옵소서.

십자가에서 죽으심으로 화목을 이루신 예수님의 이름으로 기도드립니다. 아멘.

>>> Prayer_4

부활의 신앙으로
삶이 회복되게 하소서

＊ 감사와 회개

무덤 문을 여시고 하늘 가는 밝은 길을 만드신 주님, 부활의 첫 열매가 되어 우리 부활의 근거가 되신 주님을 찬양합니다. 주일 아침 무덤에 계신 주님을 만나러 갔다가 부활하신 주님을 만난 여인들처럼 우리도 부활하신 주님을 만나 뵙기를 원하오니, 이 시간 성령께서 부활의 생명으로 우리 가운데 충만히 임재하옵소서. 부활의 영광을 알고 있건만 부활의 신앙으로 죄와 어둠의 권세를 이기지 못하고, 사탄의 유혹에 넘어지고 죄를 지으며 무기력했던 우리를 용서하여 주옵소서. 이 시간, 부활하신 주께서 연약한 우리에게 부활의 생명을 넉넉하게 공급하여 주옵소서.

＊ 부활의 신앙을 회복시켜 주소서

무덤 문을 여시고 사망 권세를 이기신 주님! 우리의 소망을 주께 두게 하심을 감사합니다. 죽은 자 가운데서 다시 살아나신 주님이 지금도 우리 안에 살아계심을 확신합니다. 부활하신 주님이 우리 안에 살아계심을 믿고, 우리 믿음을 연약하게 하려는 사탄의 권세 앞에 두려워 떨지 않게 하시고, 죄가 가져오는 유혹 앞에 넘어지지 않게 하옵소서. 자신을 쳐서 이기고, 죄를 멀리하며, 어둠의 세력 앞에 십자가의 군사로 강력하게 맞서게 해주옵소서. 더 이상 세상을 두려워하여 떨지 않게 하시고 성령으로 무장하여 그리스도의 군사로 당당하게 나아가게 해주옵소서.

때로는 주변의 돌아가는 복잡한 정세로 인해 마음에 두려움과 공포가 엄습하고, 악한 사람의 공격에 무기력하기도 하며, 좀처럼 풀리지 않는 문제로 인해 분노하고 마음 상하기도 하지만, 모든 염려를 주님께 맡기고 부활하신 주님이 우리 가운데 살아계심을 잊지 않게 해주옵소서. 우리를 고아처럼 버리지 않고 이 세상 끝날까지 함께하시겠다고 약속하신 주님을 신뢰합니다. 우리의 염려와 불안은 작은 믿음 때문인 줄 압니다. 우리에게 세상을 이길 큰 믿음을 주옵소서. 어떤 상황에서도 절망을 이기신 주님을 붙잡게 하시고, 포기함으로 모든 것을 얻으신 주님처럼 우리 역시 희망의 찬가를 부르게 하옵소서.

＊ 삶이 회복되게 하소서

부활하셔서 우리 가운데 살아계신 주님! 우리를 둘러싸고 있는 절망적인 상황 앞에서 주눅 들어 있는 우리를 굽어 살펴보옵소서. 부활하신 주님이 우리의 도움과 방패가 되시지만 우리는 주님을 바라보기보다는 자꾸 환경을 바라보는 습관에 길들어 있습니다. 환경에서 생명의 주님으로 우리 눈을 돌리게 해주옵소서. 잠시 있다가 사라지는 것을 바라보는 우리에게 보이지 않는 영원한 세계를 바라보는 믿음을 주옵소서. 보이는 것이 아니라 보이지 않는 것에 소망을 두게 해주옵소서. 비록 죽을지라도 다시 산다는 확신을 갖게 하시고, 이 세상에서의 삶이 끝날 때 하늘 아버지와 나누는 영원한 하나님 나라의 교제 가운데로 나아감을 잊지 않게 하옵소서. 잠시 당하는 고난으로 인해 영원한 영광의 중한 것을 포기하지 않게 하시고, 현재의 불편한 여건에 낙담하지 않고 내일 새로워질 환경을 바라보며 인내하게 하옵소서. 부활하신 주님! 시들어가는 영혼이 회복되고, 상한 마음이 고침받으며, 깨진 관계가 새로워지게 해주옵소서. 에스겔 골짜기에 하나님의 생기가 불어 하나님의 군대를 이루었듯이 우리를 둘러싸고 있는 고통스러운 여건이 새로워지게 해주옵소서.

부활의 첫 열매가 되신 예수님의 이름으로 기도드립니다. 아멘.

>>> Prayer_5

추수의 기쁨을 함께 나누고,
풍성한 인생의 추수도 거두게 하소서

* 찬양과 감사

알파와 오메가가 되시고, 처음과 마지막이 되시는 존귀하신 주님, 올해도 풍성한 수확의 계절을 주셔서 추수감사예배로 드리게 하심을 감사합니다. 한 해를 돌아보면 부족함이 없도록 채워주시고 인도하셨건만 때때로 불평하고 원망하고 욕심을 통제하지 못했던 죄악을 용서해 주옵소서. 이 시간, 추수감사예배를 통해 감사가 새롭게 회복되는 은총을 허락해 주옵소서.

* 추수의 기쁨을 함께 나누는 영성을 주소서

빈손으로 왔던 인생인데 우리에게 풍요로운 삶을 주신 주님, 올해도 추수감사절을 하나님께 감사함으로 나아가게 하심을 감사합니다. 먼저 감사의 영성을 회복시켜 주옵소서. 일할 수 있는 건강을 주셔서 감사하고, 수확할 수 있는 능력을 주심도 감사하고, 손으로 수고한 것을 거두게 하신 것도 감사하고, 무엇보다 존재 자체에 감사드립니다. 범사에 감사하라고 하신 말씀을 따라 항상, 절대 감사의 인생을 살게 하시고, 그럼에도 불구하고의 감사로 살아가게 해주옵소서.

우리 공동체가 하나님의 비전을 이루기까지 끊임없이 일하시는 성령님을 찬양합니다. 우리 교회가 이 땅과 이 세대를 향해 품고 계시는 하나님의 마음에 주목하게 해주옵소서. 우리 마음을 넓히시고, 우리 눈을 크게 뜰 수 있게 해주옵소서. 지역에 있는 불신자들을 바라보게 하시고, 세계 오지에서 고통당하는 하나님의 백성을 보게 해주옵소서. 선교 현지에서 복음을 위해 헌신하는 선교사들을 품게 하시고, 복음이 필요한 곳으로 우리 눈을 돌리게 해주옵소서.

하나님이 주신 것으로 내 배만 채우고 내 가족을 위해서만 사용하는 것이 아니라 돌아보아야 할 사람들과 함께 나눌 수 있는 넉넉한 영성을 허락해주시고, 이기적인 탐심을 버리고 주님이 주신 것을 주님이 기뻐하는 곳에 투자할 수 있는 믿음을 주소서.

＊ 풍성한 인생의 추수도 준비하게 하소서

잃어버린 영혼을 추수할 일꾼을 부르시고 영혼의 추수를 위해 일하시는 주님, 추수의 계절에 영혼의 추수를 위해서도 열심히 씨를 뿌리고 수확할 준비를 하게 하옵소서. 전도할 영혼을 찾게 하시고, 그에게 다가가게 하시며, 씨를 부지런히 뿌려서 아름다운 결실을 거두게 하옵소서. 나가면 있고 나가지 않으면 없는 법인데, '나가'라고 하시는 주님의 명령을 거역하지 않게 해주옵소서.

마지막 날 풍성한 결실을 거두고 결산하기를 원하시는 주님, 초라했던 인생을 아름답게 변화시키시고 풍성한 삶을 누리게 하신 은혜를 감사합니다. 오늘보다 더 나은 내일, 지금보다 더 의미 있는 미래를 만들기 위해 부지런히 인생의 씨를 뿌리게 하시고, 뱀처럼 지혜롭게 인생을 일구어가게 해주옵소서. 좋은 관계를 맺어가게 하시고, 남보다 더 열심히 노력하게 하시며, 노력하되 주님이 기뻐하는 방향을 향한 열정을 갖게 하소서. 매사에 사람에게 하듯 하지 않고 그리스도께 하듯 섬기고, 사람의 칭찬보다 주님의 칭찬을 바라며, 어떤 조직이든지 그 조직과 사람들에게 꼭 필요한 사람이 되게 하소서. 걸림돌이 아닌 디딤돌로, 짐이 아닌 힘이 되어 인생 추수를 위해 최선을 다해 씨를 뿌리게 하소서.

풍성한 추수를 거두게 하신 예수님의 이름으로 기도드립니다. 아멘.

절기예배
- 성탄절 -

>>> Prayer_6

성탄하신 예수님처럼
평화의 사닥다리로 살게 하소서

* 찬양과 감사

육신을 입고 어둡고 차가운 세상 가운데 찾아오신 주님을 찬양합니다. 이 땅에 하나님 나라를 심으시고, 하늘나라의 아름다운 소식을 들려주신 주님이 우리 삶의 주인이요 왕이 되어 다스리시니 감사합니다. 왕이신 예수님이 이 땅에 찾아왔지만 어둠에 속한 자들이 주님을 거부했듯이 우리가 그러한 삶을 살았음을 고백합니다. 이 시간, 성탄하신 주님을 다시 깊이 만나고 경험함으로 주님이 기뻐하는 인생으로 새롭게 변화되게 하옵소서.

* 자기를 낮추는 겸손을 배우게 하소서

하늘과 땅의 모든 권세와 영광을 갖고 계신 주님, 크고 위대하신 주님이 자신을 스스로 비우시고 이 땅에 한 아기의 모습으로 찾아오신 은혜에 무한 감사드립니다. 로마제국이 아닌 유대 땅, 예루살렘 도성이 아닌 베들레헴 고을에, 궁궐이나 저택이 아닌 허름한 여관 마굿간에서 짐승들의 먹이통인 구유에 탄생하신 주님께 너무너무 감사드립니다. 그 모든 것이 허물과 죄로 죽었던 우리를 위한 대속제물이 되기 위함이었습니다. 하나님이셨지만 인간이 되기를 마다하지 않으신 주님, 왕이셨지만 어린 나귀새끼를 타고 예루살렘으로 입성하셨던 주님, 스승이셨지만 제자들의 더러운 발을 거침없이 씻어주셨던 주님, 우리는 주님을 너무 닮지 못했음을 고백합니다. 누가 큰 자인지를 다투고, 누가 상좌에 앉을 것인지를 다투었던 제자들의 모습이 바로 우리 모습이었습니다.

우리가 주님을 닮아가기를 그렇게 원하셨던 주님, 우리가 가진 교만의 쓴 뿌리를 제거하시고, 온유하고 겸손한 영을 부으소서. 다른 사람을 나보다 낮게 여기고, 피조물인 자신의 자리를 잘 지키게 하소서. 남을 업신여기고 판단하고 평가했던 죄를 용서하시고, 그들의 연약함과 허물을 비난하고 험담했던 죄악을 사하소서. 겸손히 주님을 섬기고, 겸손한 마음으로 사람들을 섬기는 종이 되게 하소서.

✽ 평화의 도구로 살아가게 하소서

가는 곳마다 분열과 불화가 가득하고, 다툼과 전쟁의 소식으로 난무한 이 세상에 복음으로, 사랑으로 평화를 이루셨던 주님, 평화의 왕으로 오신 주님이 우리 인생과 공동체와 지구촌의 왕으로 통치해주심을 감사합니다. 사탄과 어둠의 영이 가는 곳마다 아픔과 다툼과 불화가 일어나지만 예수님이 가시는 곳에는 화평과 하나 됨이 이루어진 것처럼, 화평하게 하는 제자로 부름받은 우리가 가는 곳마다 화목의 불꽃이 일어나게 하옵소서. 이미 우리를 화평하게 하는 자로 삼아주심을 감사합니다. 우리에게 화목하게 하는 직분을 주시고, 화목하게 하는 도구로 화목하게 하는 복음의 말씀을 주심을 감사합니다. 인간의 능력과 인간적인 입술의 말로 화평하게 하는 것이 아니라 성령의 인도하심에 민감하게 반응함으로 성령의 열매로 맺게 하소서.

우리 가정이 화목한 공동체가 되어 언제나 돌아오고 싶은 따뜻한 가정이 되게 하시고, 그런 가정을 이루기 위해 내가 화평을 잇는 다리가 되게 하소서. 그 어떤 곳보다 말이 많고 탈이 많은 곳이 교회임을 인정합니다. 그러나 우리 교회 안에 화평의 왕이신 예수님이 왕으로 통치하셔서 화목하고 연합된 공동체가 되게 하시니 감사합니다. 목사와 장로가 화평하고, 중직자들이 서로 존중하고 화목함으로 온 성도가 본받게 하옵소서. 화평을 이루지 않고 하나님을 뵐 수 없고, 예배를 드릴 수 없기에 먼저 화목하게 하는 일꾼이 되게 하소서.

평화의 왕으로 온 세상을 통치하시는 예수님의 이름으로 기도드립니다. 아멘.

주일예배
- 신년 -

>>> Prayer_7

새로운 인생을 출발하게
하나님의 은총이 임하는 공동체가 되게 하소서

＊ 감사와 회개

온 우주 만물의 주인이신 전능하신 하나님! 지나간 한 해를 은혜로 인도하시고 새로운 한 해를 맞이하게 하셔서 감사합니다. 낙심되는 마음에 용기를 주시고, 상처를 싸매어주셔서 하나님의 은혜를 떠나지 않게 하심을 감사합니다. 힘들고 어려워 흔들릴 때마다 진리로 이끄사 하나님과 동행하게 하심을 감사합니다.

인간의 욕심으로 하나님의 영광을 가렸던 삶을 용서하시고, 하나님을 즐거워하기보다 육체의 쾌락을 따랐던 삶을 용서해 주옵소서. 하나님을 사랑한다고 하면서도 하나님 앞에 예배하는 삶을 살지 못하고, 주님을 전하는 데 게을렀던 삶을 용서하시고, 이 시간 하나님의 은혜로 회복하게 하옵소서.

＊ 새로운 인생을 출발하게 하소서

하나님의 은총으로 한 해를 설렘과 감사로 출발하게 하시니 감사합니다. 인간의 욕심을 따라 살아가는 것이 아니라 성령의 인도하심을 따라가게 하시고, 인간의 비전을 성취하기보다 하나님의 뜻에 집중하는 삶을 살게 해주옵소서. 무엇을 하든지 내가 앞장서지 않고 주님을 따라가는 삶을 살게 하시고, 인간의 목소리를 높이기보다 하나님의 음성에 귀를 기울이게 하시며, 어디에 있든지 나를 자랑하지 않고 하나님을 자랑하게 해주옵소서. 인간의 유익을 위해 주님의 마음을 아프게 하는 일이 없게 하시고, 성령의 소욕을 따라 열매 맺는 삶을 살게 해주옵소서.

다가오는 한 해는 불평과 불만이 사라지고, 감사와 찬양만이 흘러넘치게 하시고, 불편한 관계를 청산하고 주님 안에서 아름다운 관계를 맺게 하옵소서. 하나님이 기뻐하지 않는 것은 믿음으로 잘라내게 하시고, 주님이 기뻐하는 일에는 목숨 걸고 달려가는 불타는 열정을 허락해 주옵소서. 다른 사람을 유익하게 만들지언정 해가 되지 않게 하시고, 그리스도의 심정으로 남을 섬기는 삶을 살게 하옵소서.

* 하나님의 은총이 임하는 공동체가 되게 하소서

자기 명예를 위해 우리 삶을 인도하시는 주님, 올 한 해 동안 온 성도의 가정에 하나님의 평화와 사랑이 넘치게 해주옵소서. 부부의 사랑이 회복되고, 부모와 자녀의 대화가 회복되게 해주옵소서. 미움과 시기가 사라지고 서로 섬기고 사랑하는 공동체가 되게 해주옵소서. 어둠의 세력이 가정을 흔들지 못하도록 진리로 지켜주시고, 악한 사람으로부터 위협을 당하지 않게 해주옵소서.

자기 백성의 삶을 경영하시는 하나님, 온 성도의 직장과 사업장에 넘치는 은총을 허락해 주옵소서. 직장에서 인정받게 하시고, 사업장이 확장되는 은혜를 주옵소서. 매사에 정직하고 성실한 삶을 살되, 누구에게나 주께 하듯 섬김의 삶을 살게 해주옵소서.

공의가 강같이 흐르는 민족이 되게 하시고, 하나님의 지혜와 진리로 다스려지는 정치가 되게 해주옵소서. 하나님의 거룩함을 드러내는 문화가 되게 하시고, 하나님의 성품을 드러내는 사람으로 가득 차게 해주옵소서. 세계 복음화를 섬길 수 있는 선교 대국이 될 수 있도록 이 민족의 경제를 지켜주옵소서. 이 시간도 말씀을 전하시는 주의 사자에게 성령의 능력을 더하사 우리의 심령과 골수를 쪼개는 치유와 회복이 있게 해주옵소서.

때를 따라 도우시는 예수님의 이름으로 기도드립니다. 아멘.

주일예배
- 설 명절 -

>>> Prayer_8

사모할 것과 나눌 것을 발견하는
설 명절이 되게 하소서

＊ 감사와 회개

역사의 주인이 되셔서 모든 것을 세밀하게 감찰하고 돌보시는 하나
님을 찬양합니다. 하나님의 주권 아래 있는 인생이 아름답기에 주님이
쓰시는 역사에 동참하게 하심을 감사합니다. 설 명절을 맞이하지만 주
님을 향한 감사를 상실하고 가족과 이웃을 사랑하라는 주님의 명령에
순종하지 못한 삶을 용서하소서. 주님이 주신 삶을 최선의 선물이라고
인정하지 못한 욕심으로 얼룩진 자아가 이 시간 설 명절을 맞이하는 예
배를 통해 깨어지고 고침받게 하옵소서.

＊ 사모할 것을 바로 알게 하소서

하늘의 만나로 우리 곁을 찾아오신 주님, 우리가 몸에 필요한 양식만
을 위해 살아가는 존재가 아니라 하늘 양식이 필요한 존재임을 알게 하
시니 감사합니다. 로마의 권세와 힘을 두려워하는 것이 아니라 몸과 영

혼을 죽이고 살릴 수 있는 하늘 아버지를 두려워하는 눈을 뜨게 하시니 감사합니다. 생명의 양식인 주님이 우리 안에 오셔서 하늘 본향을 사모하는 존재가 되게 하셨사오니, 이번 명절에는 육신의 고향을 찾는 것 이상으로 하늘 본향을 사모하는 갈망이 일어나게 하옵소서. 육신의 고향을 찾기 위해서 많은 시간과 돈을 투자하듯이 하늘 본향을 사모하는 갈증도 더 커지게 하소서. 육신의 고향을 찾지 못하는 자들이 하늘 본향뿐만 아니라 마음의 고향까지 상실하지 않게 하옵소서.

설 명절에 조상신을 섬기는 가족문화 때문에 우상숭배의 죄를 짓지 않게 하시고, 이 모든 복을 주시는 분이 여호와이심을 발견하게 하소서. 가족 가운데 복음을 알지 못하는 자들이 믿는 성도를 통해 예수님께로 돌이키는 은혜가 있게 하시고, 가족 구원을 위해 더 사랑하고 양보하고 배려하는 본을 보이게 하옵소서. 고향을 찾는 우리 마음에 가족을 향한 진정한 사랑이 있는지 점검하게 하시고, 늘 가족을 향한 사랑의 마음을 잃지 않게 하옵소서. 고아와 과부와 나그네를 돌아보라고 명령하신 주님, 명절에도 육신의 고향을 찾지 못하는 이들을 돌아볼 수 있는 넉넉한 마음, 그들과 함께 나눌 수 있는 경제적인 여유도 허락해 주옵소서.

* 가족 사랑을 함께 나누는 명절이 되게 하소서

설 명절에 고향을 찾을 수 있는 은혜를 주신 주님, 성도들이 오가는 길에 경미한 사고도 없이 안전한 명절을 보내게 하시고, 가족과 함께 보내는 시간에 배려하는 마음을 갖고 서로에게 상처를 입히지 않게 하소서. 누구 하나 명절 노동에 지치지 않게 하시고, 서로 돌아보아 자기 짐을 지고, 다른 사람의 무거운 짐도 져줄 수 있는 넓은 마음을 주시고, 주님의 마음을 품고 서로 섬기게 해주옵소서. 매사를 자기 입장에서 생각하고 판단하는 무례를 범하지 않고 상대방의 입장을 헤아리는 역지사지의 마음으로 서로에게 힘이 되고 용기를 주는 명절이 되게 하옵소서.

하나님이 주신 풍요와 부요함이 나에게 있다면 가난한 이웃뿐만 아니라 명절에 함께하는 가족과 더불어 나눌 수 있는 넉넉한 마음도 허락하시고, 가족과 나누는 사랑의 선물이 상대방을 아프게 하는 상처로 남지 않게 하옵소서. 형제의 아픔과 슬픔을 함께 나눌 수 있는 소통과 대화의 시간이 되게 하시고 돌아올 때는 모두가 뿌듯하고 인상 깊은 명절이 되게 하셔서 다음 주일에 행복한 웃음으로 만나게 해주옵소서.

육신의 고향뿐만 아니라 하늘 본향을 주신 예수님의 이름으로 기도드립니다. 아멘.

주일예배
- 어린이주일 -

>>> Prayer_9

예수님을 닮아가는 영향력 있는 아이들이 되게 하소서

＊ 감사와 회개

어린아이를 무시하고 홀대하던 시대에도 어린이를 하나님 나라에 합당한 자로 받으시고 존중하셨던 주님을 찬양합니다. 똑똑하다고 자부하던 종교지도자와 어른에게는 배척받으셨지만 어린아이 입술의 찬양을 받으셨던 주님, 우리 심령을 어린아이처럼 주님께 의존적이고 겸손하게 하심을 감사합니다. 그 주님을 올바로 알지 못하고, 바로 섬기지 못한 죄를 용서하시고, 이 시간 성령께서 임하셔서 어린아이를 소중히 여기고 존중하셨던 주님의 마음과 눈을 갖게 하옵소서.

＊ 예수님의 마음을 닮아가는 어린이가 되게 하소서

어린아이들이 오는 것을 마다하지 않고 품에 안고 축복하셨던 주님, 우리 가정과 교회에 어린아이들을 선물로 주셔서 감사합니다. 이 아이들이 자라가면서 세상이나 세상 사람의 영향을 받기보다 주님에게 푹

빠져 깊은 영향을 받는 아이들이 되게 해주옵소서. 세상의 공부도 열심히 하되 그보다 먼저 하나님 말씀을 가까이하고, 영향받게 해주옵소서. 세상 풍습을 답습하고 본받기보다 예수님의 마음과 생각을 품게 하시고, 예수님의 눈으로 세상을 바라보고 해석하고 받아들이는 아이들이 되게 해주옵소서. 하나님이 기뻐하지 않는 문화와 풍습에 저항할 수 있는 영적 분별력을 갖고, 주님의 기쁨을 추구하는 아이들이 되게 해주옵소서.

수많은 병자를 고치고 회복시켜주신 주님, 어린 자녀가 성장하면서 예수님처럼 키가 자라고 지혜가 더해가게 하시고, 하나님뿐만 아니라 사람에게도 사랑받고 인정받는 은총을 허락해 주옵소서. 마음 밭에 교만의 씨를 거절하고 겸손의 씨앗을 뿌리게 하시고, 거칠고 완악한 마음보다 온유하고 겸손한 예수님의 마음을 닮아가게 해주옵소서. 가룟 유다까지도 끝까지 사랑하셨던 주님의 사랑과 포용력을 갖게 하시고, 나보다 남을 먼저 생각하고 배려할 줄 아는 이타적인 사람으로 성장하게 해주옵소서.

＊ 선한 영향력을 끼치며 살게 하소서

상한 갈대도 꺾지 않고 꺼져가는 등불도 끄지 않으시는 주님, 사랑하는 우리 아이들이 애굽에서도 하나님의 사람으로 살고 하나님과 동행하던 요셉처럼, 서 있는 그 자리에서 하나님과 사람들 앞에 인정받는 아이가 되게 해주옵소서. 어떤 유혹에도 흔들리지 않고 코람데오의 신앙으로 살아가는 거룩하고 성결한 아이들이 되게 해주옵소서. 어떤 위험한 상황에서도 시대나 사람을 탓하지 않고 영적인 진보를 포기하지 않으며 오히려 예루살렘을 향해 창문 열고 기도하던 다니엘처럼 하나님과의 관계에 목숨 거는 아이들이 되어 그 힘으로 사람을 살리고 선한 영향력을 끼치게 해주옵소서.

사랑하는 주님! 우리 아이들이 일등뿐만 아니라 2등의 행복도 알게 하시고, 최선을 다하지만 차선의 여유도 갖게 해주옵소서. 머리가 되고자 하는 비전을 주시되 꼬리의 자리도 소중함을 깨닫게 하소서. 나는 쇠하고 주님은 흥해야 한다는 원칙을 잊지 않게 하시고, 내 몸에서 그리스도가 존귀하게 되기를 소망하는 아이로 자라게 해주옵소서. 어떤 일이 있어도 나의 영광보다 하나님의 영광을 추구하는 아이가 되게 하시고, 최고를 추구하기보다 하나님이 주신 잠재력을 극대화해서 하나님의 기쁨을 추구하게 해주옵소서.

어린아이를 사랑하시고 존귀하게 여기시는 예수님의 이름으로 기도 드립니다. 아멘.

주일예배

- 어버이주일 -

>>> Prayer_ 10

자녀에게 존중받고,
부모를 잘 공경하는 부모가 되게 하소서

＊ 감사와 회개

허물 많고 죄로 얼룩진 우리로 하여금 하나님을 아버지라 부르게 하시고, 우리를 형제라 불러주시는 주님을 찬양합니다. 아무런 자격 없이, 선함과 흠모할만한 것이 없음에도 불구하고 하나님의 백성이요 자녀로 인정해주심을 감사합니다. 그 놀라운 은혜를 알면서도 주님 뜻대로 살지 못했던 저희를 용서하여 주옵소서. 이 시간, 성령께서 우리의 마음을 더 밝히셔서 부모를 공경함으로 여호와를 경외하는 믿음으로 살아가는 법을 깨닫게 하옵소서.

＊ 먼저 좋은 부모가 되게 하옵소서

부족하고 연약한 우리를 하나님의 대리자인 부모로 세워주신 주님, 부모로서 공경을 받으려 하기보다 먼저 자녀에게 아픔과 상처를 주지 않는 좋은 부모가 되게 해주옵소서. 우리의 부주의함으로 자녀의 몸과 마음에 상처를 입힌 것을 용서해 주옵소서. 책임지고 돌봐야 할 자녀를 주님이 기뻐하는 방식으로 바로 세워가지 못했음을 고백합니다. 더 세심하게 그들을 돌봤어야 하는데 돈 벌기에 바빠서 그들의 필요를 채워주지 못했음을 고백합니다.

자녀들에게 늘 좋은 것으로 채워주시기를 기뻐하시고 좋은 것으로 응답하기 원하시는 주님, 우리 자녀를 위해 더 많은 눈물의 기도를 흘리게 하시고, 그들의 마음 밭을 풍요롭게 할 칭찬과 격려를 아끼지 않는 부모가 되게 하옵소서. 세상 것을 움켜잡기에 바빠서 자녀에게 시간을 내주지 못하고 그들의 관심을 저버리고 함께 놀아주지 못했지만, 더 늦기 전에 더 후회하기 전에 자녀들의 세계로 파고드는 부모가 되게 하옵소서. 그들의 필요를 볼 수 있는 눈을 주시고, 그들의 아픔과 고민을 느낄 수 있는 가슴을 주시고, 그들과 함께 삶을 나눌 수 있는 손과 발을 주시고, 그들과 함께 묵상하고 찬양하는 영성을 주소서.

* 부모를 공경하는 삶을 살게 하소서

부모를 공경하면 장수하고 땅에서 잘 되는 복을 주시겠다고 약속하신 주님, 하나님의 약속의 말씀에 불순종했던 죄악을 용서해 주옵소서. 갚을 수 없는 희생적인 사랑을 넘치도록 받았건만, 내 힘으로 자랐고 내 힘으로 사는 것처럼 교만하게 행했음을 고백합니다. 우리가 어리고 힘없을 때 무한한 사랑과 돌봄을 받았으니 이제 힘없고 어린아이처럼 된 부모를 정성껏 돌아보고 공경하게 해주옵소서. 우리 곁을 떠날 즈음에 후회하고 통곡하기보다 곁에 있는 지금 한 번 더 찾고 돌아보는 세심한 마음을 주옵소서. 특별한 날과 때에 효도하려고 하는 것보다 평소에 부모의 마음을 헤아리고 한 번 더 돌아보는 지혜로운 마음을 주옵소서.

이 땅에 계실 때에 육신의 부모를 사랑하시고 존경하셨던 주님, 십자가에 죽으실 때 사랑하는 어머니를 요한에게 부탁하셨던 주님, 우리에게도 그런 마음을 부어주소서. 하나님의 사람인 우리가 누구보다 더 효도하게 하시고, 혹여 경제적으로 여유가 없어서 물질적인 봉양을 하는 데 어려움이 있을지라도 심리적이고 영적인 돌봄은 앞서게 해주옵소서. 이 세상 부요를 갖고 하나님께 가난한 부모가 있다면 그를 주님 품으로 인도하여 영적인 부자로 만들어가는 지혜도 허락해 주옵소서.

하나님의 대리자로 육신의 부모를 파송하신 예수님의 이름으로 기도드립니다. 아멘.

주일예배
- 광복절 -

>>> Prayer_11

광복과 해방의 자유를
방종의 기회로 삼지 않게 하소서

＊ 찬양과 감사

하늘과 땅에 충만히 임재하시는 하나님! 우리의 내면과 영혼뿐만 아니라 이 시간 드리는 예배 가운데 그 영광의 풍성함을 드러내심을 감사합니다. 하늘의 하나님께 뿌리를 내리고 있는 우리의 소망이 헛되지 않음은 하나님이 영원무궁토록 살아계시기 때문입니다. 그럼에도 불구하고 헛된 소망에 연연하며 살았던 삶을 용서하시고, 들녘에 핀 피조물조차도 외면하지 않고 돌아보시는 주님, 이 시간 예배하는 주의 자녀들에게 한없는 은혜와 사랑으로 충만하게 해주옵소서.

＊ 날마다 광복을 누리게 하소서

우리를 흑암의 권세에서 건져 내사 그의 사랑의 아들의 나라로 옮기신 주님, 우리를 죄에서 해방시키시고, 사탄의 권세와 죽음의 세력에서 자유하게 하심을 감사드립니다. 영원한 저주와 형벌에서 건져 하늘의 안식과 영광에 동참하게 하신 하나님께서 이 민족을 돌보시고 보호하시니 감사합니다. 일제의 무단 정치에서 이 민족을 구하시고, 민족말살 정책에도 굴하지 않고 기도의 향을 피웠던 이 민족에게 해방의 감격을 허락하심을 감사합니다. 천황숭배 사상을 강요하고 우상 앞에 절할 것을 강요하던 일본의 압제 하에서도 신앙의 정절을 굽히지 않고 민족의 해방을 위해 싸우고 기도하던 한국 교회의 기도를 들으심을 감사합니다. 한국 민족과 한국교회가 그 기개를 녹슬게 하지 않게 해주옵소서.

조국의 광복을 위해 싸웠던 수많은 선조의 피와 땀이 스며 있는 광복절을 지내면서 우리 역시 조국의 평안을 위해 날마다 깨어 있는 삶을 살게 해주옵소서. 우리 가슴에서 태극기를 꺼낼 때마다 하나님의 은혜를 잊지 않게 하시고, 국내외에서 조국의 해방을 위해 싸웠던 순국열사의 숭고한 정신을 이어받아 이 나라를 굳건하게 세워나가는 후손이 되게 해주옵소서. 지금도 독도가 자기 땅이라고 우기고, 위안부로 수치를 당한 이들의 상처를 외면하고, 역사를 날조하고 왜곡하는 저들의 뻔뻔스러운 행동 앞에 약자의 서러움을 당하지 않게 해주옵소서.

* 자유를 방종의 기회로 삼지 않게 하소서

전에는 어둠이었던 저희를 주 안에서 빛이 되게 하신 주님, 이제 우리가 빛의 자녀들처럼 살아가게 해주옵소서. 하나님이 주신 자유를 육체의 종으로 살아 방종하지 않게 하시고, 사랑으로 서로 종노릇하게 해주옵소서. 이 민족에게 주신 해방과 자유를 죄짓는 도구로 삼지 않게 하시고, 더 절제된 삶으로 하나님이 주신 자유를 지켜 나아가게 해주옵소서. 일제의 압제를 경험하지 못한 젊은이들이 글로벌 시대를 살아가면서도 약자의 굴욕을 잊지 않게 하시고, 더 성숙한 삶으로 나아가 이 민족의 위상을 높여가게 해주옵소서.

주님! 이 민족 가운데 공의가 흐려지지 않게 하시고, 법과 질서가 무너지지 않게 하셔서 하나님 앞에 의로운 민족으로 서게 해주옵소서. 육체의 욕망을 제어하는 절제력을 허락하시고, 하나님이 주신 축복을 가치 있게 사용하는 바른 정신력을 갖게 하시며, 하나님의 은총을 우상에게 돌리지 않고 감사함으로 하나님을 섬기는 데 사용하게 해주옵소서. 어두운 역사 속에서도 깨달음을 주셨고, 연단의 기회를 허락하셨던 주님, 풍요의 시대를 살고 있는 우리에게 어두운 역사에서 배운 깨달음을 전수받는 지혜를 허락하소서. 지금 우리가 누리고 있는 이 자유를 더 가치 있는 자유를 창출하는 밑거름으로 사용하게 해주옵소서.

우리의 영원한 해방자가 되시는 예수 그리스도의 이름으로 기도드립니다. 아멘.

주일예배
- 추석 명절 -

>>> Prayer_12

영적 귀소 본능을 회복하는
추석 명절이 되게 하소서

* 찬양과 감사

풍성한 열매로 추석 명절을 맞이할 수 있도록 저희의 삶을 도우신 하나님께 감사와 찬양과 영광을 돌립니다. 나의 나 됨이 하나님의 은총이요, 오늘의 평안이 주님이 보호하시는 날개 때문임을 고백하오니 예배하는 이 시간 하늘의 신령한 은총을 맛보게 하시고, 땅에 내리시는 여호와의 은총에 감사하는 예배가 되게 해주옵소서.

* 여호와의 은총 아래 머무는 추석 명절이 되게 하소서

추수의 계절에 민족이 대이동 하는 추석 명절을 허락하신 하나님, 추수의 영광 이전에 하나님의 존재를 잊지 않게 하시고, 명절의 기쁨을 하나님께 돌릴 줄 아는 민족이 되게 해주옵소서. 여호와의 은총을 떠난 명절이 아니라 여호와의 은총을 감사하는 명절이 되게 하시고, 유일하신 여호와 하나님을 감사함으로 섬기는 명절이 되게 해주옵소서. 가족

이 모이는 자리에 가족애가 돈독히 살아나게 하시고, 선조의 은덕을 자녀에게 전수하고 그들의 덕을 더 발전시켜 가는 계기가 되게 해주옵소서. 예수를 모르는 가족에게 이미 믿음을 가진 자들이 예수님의 사랑을 몸으로, 입으로 전할 수 있는 기회가 되게 해주셔서 가족 구원의 은총이 일어나게 해주옵소서.

우상을 숭배하던 이 민족과 우리 가정이 예수 그리스도를 만나서 하나님만 섬기는 가정이 되게 하심을 감사합니다. 사랑하는 아버지 하나님, 여호수아의 고백처럼 "오직 나와 내 집은 여호와를 섬기겠노라"고 결단하게 하시고, 여호와를 섬기는 것이 복임을 알게 해주옵소서. 부귀와 장수를 그 손에 잡고 계시는 여호와여, 성공과 행복의 근원이 되시는 하나님께만 예배하는 은총을 허락하시고, 예배하되 가인과 같은 예배자가 아니라 아벨과 같이 성공적인 예배자가 되어 하나님께 영광 돌리는 인생을 살게 해주옵소서.

* 영적인 귀소본능을 갖게 하소서

"내가 너희를 위하여 거처를 예비하러 가노니"라고 하신 주님, 우리에게 돌아갈 본향이 있게 하시니 감사합니다. 추석 명절에 민족 대이동이 일어나지만 오가는 길에 경미한 사고도 없게 하시고, 평안한 가운데 가족을 만나 사랑과 우애를 나눌 수 있게 해주옵소서. 이동하는 동안 우리가 나그네임을 생각나게 하시고 이 세상에 대한 집착을 떨치고 하늘에 소망을 둘 수 있게 해주옵소서. 나그네이면서 너무 많은 짐을 갖고 있어서 머문 곳에 대한 집착이 생기지 않게 하시고, 언제라도 목적지를 향해 가볍게 일어날 수 있는 준비를 하며 사는 지혜를 허락해주소서.

오, 주님. 우리에게 손으로 짓지 아니한 하늘에 있는 장막을 사모하는 마음을 주셔서 세상을 살아가면서도 세상의 원리를 초월해서 사는 비결을 알게 하시고, 하늘 아버지의 마음을 알아 그의 뜻대로 행하게 하시니 감사합니다. 가진 형제라고 가난한 형제 앞에서 우쭐대거나 으스대는 일 없게 하시고, 다른 형제보다 가난하다고 열등감과 비교의식에 시달리지 않게 하시고, 가진 자가 베풀 수 있고 나눌 수 있는 여유로운 마음을 허락해 주옵소서. 이국 만리타국에서 오고 싶고, 가고 싶어도 고향을 찾지 못하는 동포들도 있습니다. 외국에 있는 동족들과 북한을 고향으로 두고 있는 형제들과 군복무 중에 있는 젊은 장병들 그리고 한국에 나와 있는 외국인들에게 하나님의 위로와 평안을 허락해 주옵소서.

풍성한 결실의 계절을 주신 예수 그리스도의 이름으로 기도드립니다. 아멘.

졸업하는 이들에게 새 출발과 새로운 발전의 기회가 되게 하소서

* 감사와 찬양

빛나는 졸업장을 받기까지 절망하지 않고 달려올 수 있도록 환경을 조성해주신 하나님께 찬양과 영광을 올립니다. 영광된 졸업예배의 주인공이 여기에 있는 졸업자가 아니라 여기까지 도와주신 하나님임을 고백하는 은혜의 시간이 되게 해주옵소서. 이들을 위해 더 큰 응원의 박수를 보내지 못하고, 더 많은 투자와 후원을 하지 못한 걸 용서하시고, 졸업예배에 참석한 모두가 하나님의 은혜와 능력의 깊이를 깨닫고 그에게 매달리는 새로운 출발이 되게 해주옵소서.

* 달려갈 길을 주님께서 도우소서

아브라함이 모리아 산에서 제사드릴 수 있도록 양을 준비하신 여호와 이레의 하나님, 오늘 여기 영광스러운 졸업예배를 드리는 졸업생들을 위해 필요한 것을 미리 준비하셔서 여기까지 인도하심을 감사합니다. 여기까지 오는 동안 태산과 같은 장애물로 인해 염려하고 절망하기도 했지만 주님께서 그때마다 도우셔서 능히 극복할 수 있게 하셨고, 포기하고 싶은 마음이 들 때마다 "내가 너와 함께하겠다"고 약속하신 말씀을 붙들고 여기까지 달려오게 하심을 감사합니다. 오늘 여기까지 달려오는 삶이 험난한 길이었지만 하나님의 은혜가 있었고, 지루한 여정이었지만 하나님께서 도우셨으며, 기막힌 상황이 많았지만 기도할 수 있는 힘을 주셨습니다. 하나님이 이루신 역사였습니다. 답답하고 막막한 순간마다 하나님 앞으로 나아가 은혜의 보좌 앞에서 부르짖게 해주옵소서.

졸업생들을 살피시고 늘 돌아보시는 주님, 앞으로 달려갈 길이 멀고 험한데 막막한 현장마다 주님의 손길을 경험하는 기회가 되게 하시고, 내가 돕는 삶이 아니라 하나님이 돕는 삶을 살게 해주옵소서. 아득한 앞날을 생각하며 돌베개를 베고 잠이 든 야곱에게 하늘에서 내려온 사닥다리에 천사가 오르락내리락했던 것처럼 하나님의 임재 앞에 살아가는 인생이 되게 해주옵소서.

＊ 달란트를 계발하게 하소서

졸업이 끝이 아니라 새로운 세계를 향해 나아가는 새로운 출발이오니 각자가 달려가야 할 길에서 최선을 다하는 인생이 되게 해주옵소서. 게으른 종처럼 각자가 받은 달란트를 땅에 묻어두지 않게 하시고 달란트를 잘 계발하여 최대의 인생을 살아가게 해주옵소서. 더 공부하기 위해 진학하는 학생들은 더 깊은 연구를 위해 하나님이 주시는 지혜를 얻게 하시고, 사회를 향해 진출하는 학생들은 일할 수 있는 터전을 주시며, 직장생활 속에서 성실하게 섬겨서 하나님과 사람에게 인정받게 해주옵소서.

사랑하는 주님, 졸업생들이 글로벌 리더로 멋진 삶을 살게 하시고, 혹여 최고의 자리에서 최고의 인생을 살아가지는 못할지라도 하나님께서 맡기신 자리에서 최선을 다하는 인생을 살아가게 해주시고, 사람에게 평가받는 것보다 마지막 날 하나님 앞에 결산할 것을 두려워하면서 열매 맺는 인생이 되게 하소서. 사람 눈치 보며 일하는 것이 아니라 주님의 눈치를 보면서 소신껏 일하게 하시고, 겉치레로 일하는 것이 아니라 정직하게 일함으로 없어서는 안 될 사람이 되게 해주옵소서. 이들이 어떤 길을 걸어가든지 세상과 사람을 탓하지 않고 환경에 불평하지 않고 매일매일 새로운 꿈을 꾸고 비전에 매여 살아가는 인생이 되게 하소서.

달란트를 맡기시고 언젠가 결산하실 예수님의 이름으로 기도드립니다. 아멘.

>>> Prayer_ 14

송구영신예배를 통해
마무리와 새 출발을 준비하게 하소서

＊ 찬양과 감사

알파와 오메가가 되시고, 시작과 끝이 되시는 하나님, 파란만장했던 인생을 여기까지 오게 하심을 감사하고 모든 영광을 주님께 올립니다. 한 해를 살아오는 동안 순간순간 주님의 뜻대로 살지 못하고, 주님의 영광을 가렸던 모든 죄를 용서하시고, 이 시간 드리는 송구영신예배를 통해 하늘에서 내려오는 신령한 은총으로 가득하게 해주옵소서.

＊ 한 해를 지혜롭게 성찰하고 마무리하게 하소서

인간이 생각하는 것보다 더 크고 높고 위대한 생각을 갖고, 내가 설계하는 인생 프로그램보다 더 아름답고 완벽한 설계도를 그리시는 주님, 부족하고 연약한 우리를 주님이 여기까지 인도해 오심을 감사합니다. 주님의 은혜가 아니었으면, 주님의 도우심이 아니었으면 한 걸음도 뗄 수 없는 존재인데, 모든 것을 주님께서 하셨습니다. 부끄러운 것이 있다면 그건 우리의 연약함과 불순종의 소치였음을 고백하고, 아름다운 결실이 있다면 그것은 모두 주님의 은혜였음을 고백합니다. 우리의 게으름과 나태함 때문에 부족했던 모든 것을 용서하시고, 새로운 해에는 부지런하게 작은 일에도 세심하게 심혈을 기울이며 살게 해주옵소서. 먼 훗날 나의 어리석음이 후회를 남기지 않도록 주님의 지혜와 은혜를 부어주시길 원합니다.

한 해를 살아오면서 다른 사람에게 아픔을 준 것이 있다면 용서하시고, 나로 인해 아파하는 사람의 상처를 어루만져 주옵소서. 나로 인해 공동체가 힘들었다면 지금부터라도 해악을 끼친 그 자리를 회복시키는 새로운 출발이 있게 하시고, 서로 협력하지 못하고 독선과 고집을 부렸다면 협력과 공생의 길을 걷게 해주옵소서. 혹시 불화와 다툼의 불씨가 되었다면 이제는 화평의 도구가 되어 웃음과 행복 바이러스만 유포하게 해주옵소서. 성장과 발전에 찬물을 끼얹었다면 이제는 부흥과 풍요의 불씨로 살게 하시고, 누구에게든지 유익을 끼치는 인생이 되게 해주소서.

* 주님과 함께 산지를 개척하게 하소서

불평하고 원망하고 불신앙으로 광야 길을 걸었던 이스라엘 백성을 버리지 않고 기필코 가나안 땅까지 인도하신 주님, 그들의 모습이 우리의 모습이었음을 고백하고, 그 은혜가 우리가 누린 은혜와 축복임을 감사합니다. 새로운 한 해는 주님과 동행하게 하시고, 주님과 함께 호흡하게 하시고, 주님의 통치에 온전히 복종하게 해주옵소서. 아무리 험악한 산지가 눈앞에 놓였을지라도 불평하지 않고 나를 통해 일하실 주님을 바라보며 감사하게 하시고, 나의 능력으로 하는 싸움이 아니라 주님의 능력을 힘입어서 나아가는 싸움임을 기억하며 감사하고 찬양하며 그 고지를 향해 나아가게 해주옵소서.

없는 것을 보고 실망하지 않고, 안 되는 것을 보고 원망하지 않으며, 주님이 주신 것에 감사하고, 주님이 행하실 일들을 바라보며 찬양하게 하소서. 나보다 나를 더 사랑하시는 주님이 모든 염려와 불안을 극복하게 하실 것을 기대하고, 인간의 시야에서는 불가능해 보여도 전능하신 주님이 행하시면 얼마든지 결과는 달라질 수 있음을 기대하며 믿음으로 힘차게 나아가게 해주옵소서. 주님이 주신 환경이 나에게 가장 소중한 선물이고, 주님이 맺은 결과라면 어떤 것이든 아멘으로 감사하고 찬양하는 큰 믿음의 소유자가 되게 하소서.

한 해뿐만 아니라 이 세상 끝날까지 항상 함께하실 예수님의 이름으로 기도드립니다. 아멘.

특별행사
- 교사단기대학 -

교사 단기대학을 통해 교사들이 살아나고 교회학교가 부흥하게 하소서

＊ 감사와 회개

날마다 우리 마음과 영혼을 푸른 초장으로 인도하시는 주님! 사람을 세우고 섬기는 사역으로 우리를 불러주셔서 감사합니다. 한 영혼이 천하보다 귀한 줄 알고 섬기는 모든 교사가 사람을 세우는 기쁨을 맛보게 하시고, 이번 교사단기대학을 통해 먼저 교사들이 영적인 진보를 이루게 해주옵소서. 맡은 직분에 충성하며 헌신하지 못하고 게을렀던 우리 죄악을 용서하시고 새로운 각오로 다시 시작하는 은혜를 주옵소서.

＊ 거룩한 직분 의식을 갖게 하소서

모든 민족을 제자로 삼아 아버지와 아들과 성령의 이름으로 세례를 베풀라고 하신 주님의 명령을 따라 우리에게 제자 삼는 직분을 주셔서 감사합니다. 비록 부족하고 연약하지만 우리를 부르신 주님께서 감당할 수 있는 지혜와 능력을 주실 줄 믿습니다. 인간의 얄팍한 지혜와 경

힘을 의지하지 않게 하시고, 늘 겸손한 마음으로 하늘로부터 채우시는 은혜를 기다리게 해주옵소서. 인간의 생각이 하나님의 생각을 앞지르지 않게 하시고, 우리의 걸음이 하나님의 인도하심보다 앞서지 않게 해주옵소서. 늘 하나님의 마음으로 사역하게 하시고, 학생들에게 하나님의 마음을 보여줄 수 있는 교사로 삼아주옵소서.

우리에게 사람이 희망임을 깨닫게 하시니 감사합니다. 한 영혼의 가치를 잃지 않게 하시니 감사합니다. 한 영혼을 세우는 일이 작지만 온 세상을 변화시킬 힘임을 알고 작은 변화부터 시도할 수 있게 해주옵소서. 이번 교사대학을 통해 교사들의 가슴에 소명감과 사명감이 다시 불타오르고, 게으름의 습관을 벗어버리고 사람을 세우는 일에 부지런함과 열정을 쏟아붓게 해주옵소서. 교사가 성장한 만큼 학생들이 성장하도록 도울 수 있으며, 교사가 경험한 만큼 학생들이 하나님을 경험할 수 있도록 도울 수 있음을 깨닫고 날마다 새로운 변화 속에 살게 해주옵소서.

* 바른 태도를 갖고 섬기게 하소서

우리가 구하거나 생각하는 모든 것에 더 넘치도록 채우시는 주님, 모든 교사에게 성령 충만을 입히시고, 인간의 생각과 방법보다 성령의 인도를 따라 온전히 섬기게 해주옵소서. 수건을 두르고 제자들 앞에 무릎 꿇으시고 그들의 더러운 발을 씻으신 주님처럼 종의 마음을 갖고 섬기게 하시고, 그 어떤 자도 실족시키는 일이 없도록 하나님의 은혜가 지배해 주옵소서. 말하는 것이나 교회 안에서 사역하는 모든 일에 학생들의 본이 되게 하시고, 말로서 가르치는 교사가 아니라 삶으로 가르치는 참된 교사가 되게 해주옵소서. 교사대학을 통해 배우는 것을 구체적으로 적용하게 하시고, 학생들을 세워가기 위한 새로운 결단이 일어나게 해주옵소서.

교사대학에서 섬기는 모든 강사에게 지혜와 능력을 허락하셔서 교사에게 꼭 필요한 가르침을 베풀게 하시고, 매 시간 은혜로운 시간이 되게 해주옵소서. 교사대학을 섬기는 모든 일꾼들에게 건강과 신령한 은혜를 허락해 주옵소서. 교사대학을 주도하는 모든 사람, 주방과 주차장에서 섬기는 모든 이에게 자원하는 마음과 기쁨으로 섬기는 은혜를 주옵소서. 교사대학 기간 동안 좋은 일기도 허락하시고, 모든 교사가 은혜와 도전을 받을 수 있도록 악한 사탄의 세력을 막아주옵소서.

교사의 영원한 모델이 되시는 예수 그리스도의 이름으로 기도드립니다. 아멘.

>>> Prayer_16

다음세대가 성령의 사람으로
세워지게 하소서

＊ 찬양과 회개

지치고 연약해진 우리의 영혼을 일으키시고, 큰 근심으로 무거운 우리 마음을 하나님의 영으로 회복시키시는 주님을 찬양합니다. 한 주간도 진리로 저희를 인도하시고 하나님의 평강을 누리게 하심을 감사합니다. 그러나 우리 안에 거짓된 마음과 정직하지 못한 생각이 가득함을 고백합니다. 하나님이 주신 은혜를 저버리고 우리의 마음대로 행했던 저희를 용서하시고 하나님의 사랑으로 품어주옵소서.

＊ 어린이들을 위하여

어린아이를 품에 안으시고 축복하신 주님, 우리 가정에 어린 자녀들을 여호와의 기업으로 허락하신 것을 감사합니다. 이들이 진리 안에 자라서 예수님을 닮아갈 수 있게 해주옵소서. 어린아이와 같은 자가 천국에 들어갈 수 있다고 말씀하신 주님, 우리 교회 안에 어린 영혼들을 주신 것을 감사합니다. 어려서부터 하나님 말씀을 배우고 훈련하여 하나님의 거룩한 사람으로 온전하게 자라나게 해주옵소서. 하나님 앞에 예배드리는 것을 기쁨으로 아는 다음세대가 되게 하시고, 예수님의 마음을 더 많이 알아가고 닮아가게 해주옵소서.

한 사람을 천하보다 귀히 여기시는 주님, 다음세대를 교육하고 훈련하는 교역자와 교사들이 영혼들을 위해 더 많은 눈물을 흘리게 하시고, 그리스도의 심장으로 돌아보게 해주옵소서. 예수님처럼 한 영혼을 소중히 여기게 하시고, 바울처럼 영적 아버지와 어머니의 마음으로 그들을 돌아보고 섬기게 해주옵소서. 하나님 말씀에서 벗어날 때 경책하고 경계하여 온전한 사람으로 세워나가는 진실한 사랑의 마음을 주옵소서.

교회의 미래가 어린아이들에게 있사오니 교회 학교가 날마다 부흥하는 역사 있게 해주옵소서. 이 지역에 있는 영혼들을 우리에게 붙여주시고, 그것을 위해 온 성도가 하나 되어 기도하고 전도하게 해주옵소서. 어린이 전도를 위해 헌신할 자가 많이 일어나게 하시고, 민족과 하나님 나라를 위해 일할 지도자를 많이 키울 수 있게 해주옵소서.

* 성령의 사람이 되기 위하여

하나님을 아버지라 부를 수 있는 성령을 우리에게 보내주신 주님, 우리로 성령 안에서 하나 되게 하심을 감사합니다. 우리를 진리 가운데로 인도하시는 성령께서 진리를 깨닫게 하시고 진리에 따라 순종하는 삶을 살게 해주옵소서. 날마다 성령과 동행하게 하시고, 성령의 소원을 따라 아름다운 열매를 맺게 해주옵소서. 육체의 소욕을 따라 사는 삶을 대적하시는 성령께서 우리 안에 있는 불의한 삶을 제거해 주옵소서. 우리의 생각이 주님을 바라보게 하시고, 우리의 감정이 아버지의 마음을 따르게 해주옵소서.

우리 마음이 아플 때 성령의 위로 앞에 서게 하시고, 우리가 교만을 향해 나아갈 때 성령께서 우리의 생각을 멈추게 하시며, 우리의 거친 마음을 하나님의 형상으로 채워주옵소서. 거룩한 성령이시여! 진리를 분별하지 못하는 우리에게 총명한 마음을 주셔서 세상을 분별하게 하시고, 진리를 따라 살아가는 용기가 없을 때 우리 마음을 강하게 하옵소서. 복음의 씨가 아름다운 열매를 맺도록 만드시는 성령께서 우리의 거친 마음을 부드럽게 하셔서 옥토로 만들어 주옵소서. 이 시간, 말씀을 전하는 자나 듣는 자가 성령 안에서 하나 되어 아름다운 열매를 맺게 해주옵소서.

성령을 보내주신 예수님의 이름으로 기도드립니다. 아멘.

특별행사
- 북한선교 -

>>> Prayer_17

어둠의 북한 땅에도
복음의 계절이 오게 하소서

* 감사와 회개

노하기를 더디 하시며 크신 인자를 베푸시는 주님! 우리를 살리신 하나님의 무한한 사랑에 감사합니다. 하늘을 두루마리 삼고 바다를 먹물 삼아도 다 형언할 수 없는 사랑을 입은 우리가 무한한 영광을 찬미하오니 영광을 받아주옵소서. 한 주간도 거룩하게 살지 못한 저희를 책하지 아니하시고 아버지의 임재 앞으로 나아와 예배할 수 있게 하신 하나님, 이 시간 예배 가운데 우리의 눈을 들어 하늘의 영광을 바라보게 해주옵소서.

* 북한 땅에도 복음의 계절이 오게 하소서

어둠에 갇힌 자를 자유롭게 하시는 주님! 십자가의 보혈로 우리 죄악의 형벌을 면하게 하시니 감사합니다. 씻을 수 없고, 고칠 수 없는 우리 죄가 주님을 십자가에 못 박았음을 고백합니다. 그러나 주님은 우리를 진노의 자녀에서 해방시키어 하나님의 아들로 삼아주셨으니 감사합니다. 하나님의 그 큰 사랑을 받은 우리가 이제 얼어붙고 묶인 땅 저 북한에 주님의 사랑을 전함으로 그곳에도 복음의 계절이 오게 해주옵소서.

고아와 과부의 신음을 외면하지 않고 돌아보시는 주님, 북한 땅에 압제당하고 먹을 것이 없어 죽어가는 동족들을 불쌍히 여겨주옵소서. 나약한 부녀들을 보호하시고, 자기 힘으로 버틸 수 없어 죽어가는 어린아이들을 건져주옵소서. 빈부격차로 도탄에 빠진 빈민들에게 일어설 수 있는 용기를 주시고, 가난한 자를 압제하는 자들의 손을 꺾어주옵소서. 하나님의 공의와 성실함이 죽어가는 북한 땅을 구원하여 주옵소서.

복음이 땅끝까지 전해지기를 바라시는 주님, 말씀을 듣고 싶어도 듣지 못하고, 지하 저 깊숙한 곳에서 작은 신음으로 하나님께 아뢰는 믿음의 형제들의 기도를 응답하여 주옵소서. 방송을 타고 흐르는 복음의 소리를 듣게 하시고, 몰려 전해지는 복음의 소식에 마음이 움직이게 하시며, 독재 체제가 무너지고 민주화의 물결이 나부끼는 날을 허락해주소서. 예배를 갈망하는 형제들이 마음껏 목청 높여 찬송하고 밤을 지새우며 하나님 말씀에 귀 기울이는 감격의 그날을 하루빨리 허락해 주옵소서.

* 책임감 있는 삶을 살게 하소서

영원한 언약을 맺으시고 신실하게 언약을 지키시는 주님! 우리가 하나님과의 약속에 신실하지 못했음을 고백합니다. 그럼에도 하나님께서는 우리를 버리지 아니하시고 자기 백성으로 인정해주시니 감사합니다. 하나님의 돌보심을 입은 우리가 이제 하나님이 언약 안에 거하되,

그 언약을 신실히 지키는 백성이 되게 해주옵소서.

예루살렘을 향해 기도하라고 하신 주님, 우리를 이 땅에 보내시고 가정과 직장에 선교사로 파송해주심을 감사합니다. 파송받은 선교사의 사명을 잊지 않게 하시고 충성스럽게 사명을 잘 감당하게 하옵소서. 좋은 가장으로 남편과 아버지의 사명을 감당하고, 지혜로운 아내와 어머니로 내조하게 해주옵소서. 좋은 자녀로서 부모를 공경하고 사회를 위해 해야 할 책임을 감당하게 해주옵소서. 그리스도의 마음으로 주인을 섬기기를 원하시는 주님, 직장에서 부끄럽지 않은 그리스도인이 되게 하시고, 누구보다 더 성실하고 책임감 있게 맡겨진 일을 잘 감당하게 해주옵소서. 남들이 꺼리는 일이라도 기꺼이 섬기게 하시고, 정직하고 친절하게 그리스도의 향기를 발할 수 있게 해주옵소서.

우리를 선교사로 파송하신 예수님의 이름으로 기도드립니다. 아멘.

특별행사
- 세계선교 -

>>> Prayer_ 18

세계 선교의 주역이 되고
사랑의 실천가로 살게 하소서

* 찬양과 회개

우리를 하나님의 형상으로 지으시고 온 땅을 통치하는 하나님의 사
역에 동참하는 은총을 주신 주님, 우리가 날마다 예수 그리스도를 알아
감으로 하나님의 형상을 회복해 가게 하심을 감사합니다. 영광의 나라
에 이르기까지 우리가 예수 그리스도를 온전히 닮도록 날마다 함께하
시는 성령님을 찬양합니다. 우리 예배 가운데 영광을 드러내시기를 기
뻐하시는 주님, 이 시간 충만하게 임재하셔서 우리로 하나님의 영광에
동참하게 하옵소서.

* 세계 선교를 위하여

우리를 예수 그리스도의 신실한 증인으로 삼으신 주님, 열방을 예배
하는 자로 세우기 위해 우리를 도구로 사용하시니 감사합니다. 오대양
육대주에서 복음을 위해 수고하고 헌신하는 모든 선교사님에게 성령의

권능을 더해주옵소서. 그들의 발걸음이 닿는 곳에 성령의 일하심이 드러나게 하시고, 그들의 손길이 닿는 곳마다 하나님의 기적이 나타나게 해주옵소서.

복음을 들을 귀를 여시는 주님, 선교사님들이 만나는 영혼들에게 마음 문을 열게 하시고 부드러운 마음을 갖게 해주옵소서. 악한 마음으로 복음을 배척하지 않도록 하시고, 더구나 이슬람권이나 불교권, 공산권에서 선교하는 주의 종들에게 담대하면서도 지혜로운 마음을 허락하옵소서. 순간순간 생명싸개로 보호해주시고 복음의 충만함을 드러내는 도구로 사용해 주옵소서.

선교를 주도해 가시는 주님, 선교사님들의 고민인 자녀교육에 어려움이 없도록 하시고 온 가족들에게 평강을 허락해 주옵소서. 악한 영들이 선교사님들의 가정을 공략할 때 불병거와 불수레로 친히 막아 주옵소서. 선교비로 인해 선교가 멈추는 일이 없도록 하시고, 선교비가 헛되이 사용되지 않게 해주옵소서.

* 사랑을 실천하는 삶을 위하여

십자가를 지심으로 하나님의 사랑을 확증해주신 주님, 우리도 십자가를 짐으로 하나님의 사랑을 이웃에게 드러내게 해주옵소서. 사람들은 말과 혀로만 사랑하려고 하지만 우리에게 행함과 진실함으로 사랑을 실천하기를 원하시는 주님, 구체적인 사랑으로 우리가 예수님의 제자인 것을 증명해 보이게 하옵소서.

사랑을 몸소 실천하셨던 주님, 다른 사람의 아픔을 볼 수 있는 눈을 주시고, 그들의 신음 소리를 들을 수 있는 민감함 귀를 주시며, 그들의 아픔을 어루만져줄 수 있는 따뜻한 사랑의 손을 허락해 주옵소서. 느껴지지 않는 사랑을 하지 않게 하시고, 다른 사람들이 피부로 느낄 수 있는 사랑으로 다가가게 해주옵소서. 가난하고 병든 이웃을 외면해 온 저희를 용서해 주옵소서. 헐벗고 가난한 자, 그리고 갇힌 자를 외면한 것이 주님을 외면한 것임을 알면서도 정작 우리는 그들을 외면했습니다. 높은 사람이나 권력자들에게 아부는 했지만 정작 소외되고 나약한 자를 돌아보는 사랑은 하지 못하였음을 고백합니다. 우리에게 다가오는 돌아보아야 할 자를 주님께서 우리에게 보내주셨음을 깨닫게 해주옵소서.

주님, 세상을 이길만한 지혜와 믿음이 우리에게 필요합니다. 이 시간, 우리의 나약함을 인정하면서 주의 말씀 앞으로 나아가오니 닫힌 마음 여시고 주의 은혜 나타내 주옵소서.

사랑을 몸소 실천하신 예수님의 이름으로 기도드립니다. 아멘.

주일예배
- 일반 1 -

>>> Prayer_19

거룩하고 경건한 습관으로
승리하게 하소서

* 감사와 회개

　말씀으로 천지 만물을 창조하시고 운영하시는 하늘 아버지! 새로운 날과 새로운 달을 소중한 선물로 주셔서 경영토록 하심을 찬양합니다. 주어진 상황에서 주님의 인도하심을 따라 활기차게 전진하는 삶을 살게 하셔서 감사합니다. 대단하지는 않아도 주님으로 인해 감사하고 자족하며 살아가는 믿음을 주셨사오니 모든 순간 하나님께 영광을 돌리게 해주옵소서.

　주님이 주신 은총이 한없건만 더 갖지 못한 것 때문에 불평하고, 원하는 것을 더 채우지 못해 힘들어했던 연약함을 불쌍히 여기시고, 주님의 사랑 안에 거하는 믿음으로 무장하게 해주옵소서. 주님이 주신 것 이상의 삶을 탐내지 않고, 주님이 주신 은혜와 축복을 나눌 수 있는 축복의 통로로 살게 해주옵소서.

* 경건 훈련에 충실하게 하소서

영적인 눈을 뜨게 하셔서 하나님을 아는 지식을 갖게 하시고, 여호와를 경외하는 것이 지식의 근본임을 인정하며 살게 하심을 감사합니다. 세상 것에 밝은 눈보다 영적 보화를 볼 수 있는 안목을 주시고, 육신의 화려함이나 풍요로움보다 영혼이 살찌는 삶을 소망하게 하옵소서. 경건의 모양은 가졌으나 경건의 능력은 상실한 인생이 아니라 모든 상황에서 하나님의 얼굴 앞에 살게 하시고, 아무도 보는 이 없는 순간에도 하나님의 임재를 의식하며 사는 코람데오의 인생이 되게 하옵소서. 형식과 외식에 치우친 믿음이 아니라 주님과 늘 동행하면서 주님의 기쁨을 추구할 줄 아는 알찬 성도가 되게 해주옵소서.

바리새인처럼 사람의 눈을 의식하는 것이 아니라 보이지 않게 금식하고, 기도하고 구제하는 참된 경건의 길을 걷게 하소서. 사람의 칭찬과 인정에 목말라하지 않고, 마지막 날 주님 앞에 설 때 "착하고 충성된 종아 잘했다"라는 칭찬을 들을 수 있는 인생 되게 해주옵소서. 예수님의 이름으로 능력을 행하고 귀신을 쫓아내는 데 그치지 않고, 말씀을 들은 대로 순종하는 지혜로운 건축자가 되게 해주옵소서.

* 말씀과 기도의 지팡이로 믿음의 행보를 걷게 하소서

늘 우리의 귓전에 생명의 말씀 들려주기를 기뻐하시는 주님, 매일 순간순간마다 주님 말씀을 가까이하고, 말씀의 은혜를 누리게 하시며, 주님 말씀에 순종하려는 선한 마음 주심을 감사합니다. 내 인생에 말씀의 관이 막히지 않게 하시고, 육신의 양식보다 영혼의 양식인 하나님 말씀을 일정하게 섭취하는 거룩한 습관을 갖게 해주옵소서. 그래서 말씀 부자로 살아가는 인생, 가정을 이루게 하옵소서.

하늘 아버지께 부르짖으면 크고 비밀한 일들을 보여주시겠다고 약속하신 주님, 부족하고 고통스러운 순간에 사람을 찾아가서 아쉬운 부탁을 하는 것이 아니라 은혜의 보좌에서 필요한 모든 것을 채우기를 기뻐하시는 주님께 구하는 기도의 사람이 되게 해주옵소서. 상황과 현실을 핑계하지 않게 하시고, 다니엘처럼 최악의 상황에서도 예루살렘을 향해 창문을 열고 기도하게 하시고, 중요한 일이 있을 때마다, 감당하기 어려운 순간마다 기도하는 습관을 갖고 하늘 아버지와 교통하셨던 주님처럼 기도로 승부를 거는 인생이 되게 해주옵소서. 없는 것을 탓하지 않고 기도하지 않는 삶을 탄식하게 하시고, 어두운 현실을 원망하지 않고, 현실을 바꾸실 주님을 신뢰하고 엎드리게 하소서.

정직한 자의 기도를 들으시고 응답하기를 기뻐하시는 예수님의 이름으로 기도드립니다. 아멘.

>>> Prayer_ 20

공동체를 세우는 아름다운 지체로 가득하게 하소서

* 감사와 회개

사탄의 권세에 속한 인생을 부르셔서 하나님의 백성으로 삼으시고, 어둠의 나라에서 사랑의 아들의 나라로 옮겨주신 하나님을 찬양합니다. 우리 시선의 초점을 치유하셔서 새로운 영적인 세계를 바라보게 하시고, 십자가에 죽으셨지만 부활하심으로 승리하셨던 주님에게 더 집중할 수 있는 은혜 주심을 감사합니다.

우리 모두 소망이 없던 자였는데, 그리스도 안에서 새로운 피조물로 재창조되어 참된 소망을 갖고 살아가는 희망의 사람이 되었지만 그렇게 살지 못했음을 자백합니다. 새로운 피조물이 되었으니 십자가를 품은 따뜻한 가슴으로, 십자가로 씻음 받은 눈으로, 십자가의 보혈이 묻어 있는 입술로 십자가 복음을 전하고, 이웃을 축복하며 살아가게 하옵소서.

* 아름다운 공동체를 세워가게 하소서

한 사람 한 사람을 십자가의 보혈로 씻어주셔서 그리스도의 보혈로 사신 교회가 한 몸을 이루게 하심을 감사합니다. 어떤 상황에서도 우리가 한 몸임을 잊지 않게 하시고, 한 몸을 이루기 위해 함께 힘쓰는 영성 깊은 공동체가 되게 해주옵소서. 사랑하는 주님, 우리 교회가 교회의 머리가 되신 주님만을 주인으로 모시고, 전적으로 주님의 통치를 받게 하시고, 사람이 주인이 되려고 하지 않게 해주옵소서. 사람의 목소리는 낮아지고, 성령님의 목소리가 커지게 하시고, 인간의 욕망에 이끌리지 않게 성령님의 소욕으로 이끌어주소서.

주님의 마음을 구하고, 주님의 기쁨을 추구함으로 사랑과 행복이 가득한 공동체가 되게 하시고, 초대 예루살렘교회처럼 사도의 가르침 아래 오로지 찬송과 기도에 힘쓰는 교회가 되게 하시고, 개인적인 이기주의에 사로잡히지 않고 물욕을 뛰어넘은 사람에게 가치를 둠으로 서로 나누고 돌아볼 수 있는 공동체가 되게 하소서. 모이면 기도하고, 흩어지면 전도하는 능력 있는 교회로 발돋움할 수 있도록 성령 충만과 권능을 주옵소서.

* 아름다운 지체 의식을 갖게 하소서

다양한 환경과 특성을 가진 사람들을 불러 그리스도의 십자가 아래 한 지체로 불러주신 주님, 우리 모두의 공통분모가 예수 그리스도가 되게 하시니 감사합니다. 그리스도의 피로 거룩하고 성결하게 된 우리 모두가 이기심과 욕망을 버리고 다툼과 분열이 없는 공동체로 세워나가는 데 온 힘을 모으게 해주옵소서. 공동체보다 내가 앞서지 않게 하시고, 나 때문에 다른 사람을 희생시키지 않는 성숙한 성도와 공동체가 되게 해주옵소서.

아름다운 마음으로 불러주신 주님, 성령으로 새롭게 변화된 마음이 죄로 오염되지 않게 하시고, 성령으로 하나 되게 하신 공동체가 세상을 향해 보여줄 그 무엇을 소유하게 하옵소서. 이웃의 짐이 되는 교회가 아니라 힘이 되는 교회가 되게 하시고, 세상이 근심하는 교회가 아니라 세상을 근심하는 교회가 되게 하시며, 지탄의 대상이 아니라 이웃에게 감동을 주는 공동체가 되게 하소서. 그러기 위해 모든 직분자가 하나 되게 하시고, 걸림돌이 아닌 디딤돌로 살아가게 하시며, 독이 아닌 약으로서의 사명을 감당하게 하셔서 지역사회에 선한 영향력을 끼치는 공동체가 되게 하소서. 서로가 아름다운 지체가 되어 서로 격려하고 위로하고 세워주게 하시고, '내'가 존재함으로 '너'가 행복해지고, 천국의 모델 하우스에서 '우리'로 살아가게 해주옵소서.

하늘과 땅의 모든 권세를 가지신 예수님의 이름으로 기도드립니다. 아멘.

주일예배

- 일반 3 -

>>> Prayer_21

성령 충만함으로
할 알의 밀알로 살게 하소서

＊ 찬양과 회개

바람 속에서 하나님의 숨결을 듣고 잔잔한 시냇물이 흐르는 물소리를 통해 하나님을 느끼게 하시니 감사합니다. 숲과 나뭇가지의 흔들림을 통해 주님의 웃는 얼굴을 보는 영성을 주신 하나님을 찬양합니다. 하나님을 알만한 것을 우리에게 주셨지만 하나님을 온전하게 인정하지 못한 삶을 용서하시고, 온 세상에 자신을 드러내신 하나님께서 우리가 드리는 공동체 예배 가운데 충만하게 임재하옵소서. 용서에 풍성하신 하나님, 우리의 거친 마음을 새롭게 하시고, 더럽혀진 양심을 맑히시며, 섬기지 못한 우리의 손과 발을 십자가의 보혈로 정결하게 해 주옵소서.

＊ 성령 충만한 인생이 되게 하소서

때마다 일마다 우리에게 평강 주시기를 원하시는 주님, 우리와 늘 함께하셔서 지도하시고 도와주심을 감사합니다. 제자들을 떠나시면서 "내가 너희에게 보혜사 성령을 보내주겠다"고 약속하신 주님, 우리에게도 영원히 떠나지 아니하시는 성령님을 모시게 하심을 감사합니다. 성령님의 인도 없이는 살 수 없는 존재이오니 날마다 성령님과 함께 호흡하고 생활하게 해주옵소서. 진리의 성령께서 우리 마음과 영을 성결하게 하시고, 하나님 말씀을 깨닫게 해주옵소서. 인간의 욕심을 따라 살아가는 삶이 아니라 성령의 소욕을 따라 살아가게 하시고, 인간의 지혜와 방법이 이끄는 삶이 아니라 성령께서 완전히 지배하는 성령 충만한 삶을 살게 해주옵소서. 순간순간마다 우리의 생각을 지키시고 통치하시며, 우리의 왜곡될 수 있는 감정을 온전히 다스려 주옵소서.

우리 교회 안에 성령의 역사가 나타나게 하시고, 예수 그리스도의 이름으로 기적과 이적이 나타나게 해주옵소서. 사람의 목소리가 커지고 유력한 사람이 다스리는 교회가 아니라 우리를 온전하게 하시는 성령이 다스리시는 교회가 되게 해주옵소서. 교회의 모든 조직과 기관이 성령의 온전한 통치 속에 움직일 수 있게 하시고, 성령의 은사의 다양성을 살리되 하나 되게 하시는 성령의 통치 속에 통일성을 이루는 교회가 되게 해주옵소서.

＊ 한 알의 작은 밀알로 살게 하소서

한 사람의 범죄로 모든 인류가 진노 아래 놓였지만 한 사람의 온전한 순종을 통해 모든 인류가 하나님의 영광에 동참하게 하신 주님, 한 사람의 중요함을 깨닫게 하시니 감사합니다. 한 알의 작은 밀알이 많은 열매를 맺듯이 우리가 이 땅의 작은 밀알 되게 하옵소서.

한 알의 밀알이 썩어 죽어지기를 원하시는 주님! 우리는 땅에 떨어지기는 했지만 썩기를 거부하는 자들입니다. 죽는 것이 두렵기 때문입니다. 썩어져 죽지 않기 때문에 아무런 열매를 맺지 못한 채 다투며 아픔만 남기고 있습니다. 바울이 날마다 자신을 쳐서 복종시킨 것처럼 우리 역시 스스로를 쳐서 복종시키는 삶을 살게 하옵소서. 우리가 썩는 그 자리에 새싹이 나올 수 있고, 우리가 죽은 그 씨앗에서 많은 생명이 탄생할 수 있사오니 십자가의 죽음 앞으로 당당하게 나아가는 믿음으로 허락해 주옵소서. 순교의 피를 통해 복음이 힘 있게 확장되었던 것처럼 순교의 제단으로 나아가지는 않을지라도 매일의 삶 속에서 자신을 죽이는 삶을 살게 해주옵소서.

한 알의 썩어질 밀알을 찾으시는 예수님의 이름으로 기도드립니다. 아멘.

주일예배

-일반 4 -

>>> Prayer_22

부흥을 갈망하고,
영적 자부심을 갖고 살게 하소서

＊ 찬양과 회개

병상에서 우리를 붙드시고 누워 있을 때마다 고쳐주시는 여호와여!
우리 영혼을 하나님께로 들 수 있게 하심을 감사합니다. 여호와의 은
총이 우리를 살리사 빛을 보게 하셨고, 주님의 긍휼이 우리를 하나님
의 영광 앞으로 인도하시니 감사합니다. 쉼 없이 내려주시는 하나님의
큰 사랑을 받으면서도 감사하며 살지 못했던 저희를 불쌍히 여기사 예
배 가운데 임재하시는 하나님께서 우리의 영적인 침체를 새롭게 해주
옵소서.

＊ 부흥을 위하여

에스겔 골짜기의 마른 뼈를 살리신 주님, 이 수년 내에 우리에게 부
흥을 주옵소서. 아무런 생기도 찾아볼 수 없는 마른 뼈에게 생명을 불
어넣으시고 흩어진 뼈들을 맞추시고 살을 입히신 주께서 지치고 상한

우리 삶에 영적인 기운을 불어넣어 주옵소서. 안식과 기쁨이 없는 영혼에 하나님으로 인한 감사와 기쁨이 넘쳐나게 하시고, 어려운 성도들과 교회의 경제에 활력을 불어넣으시며, 하나님의 일에 대한 꺼지지 않는 열정을 주옵소서.

영원 전부터 말씀으로 계셔서 우리 가운데 육신을 입고 오신 주님, 우리에게 여호와의 말씀에 대한 사모함을 주옵소서. 주님의 말씀이 우리 마음과 영혼을 만질 때 우리 안에 거짓된 영이 물러나고 거룩한 영으로 충만하게 하옵소서. 살아 있어 심령과 골수를 쪼개어 수술하시는 하나님 말씀이 우리의 양심을 만지사 회개의 영으로 충만하게 하옵소서. 회개하는 마음을 하나님의 마음으로 충만히 채워주시고, 하나님의 마음으로 세상을 살아가는 참 믿음의 열매를 허락해 주옵소서.

하나님! 우리 모두가 하나님이 일으키시는 부흥의 밑거름이 되게 해주옵소서. 우리의 의를 내려놓게 하시고, 우리의 완고한 마음을 뉘우치게 하시고, 우리가 가진 악함을 토설하게 하시며, 하나님이 주도하시는 거룩한 일에 복종하게 하옵소서. 우리를 복음의 도구로 삼으사 우리 교회에 주께서 더하시는 사람이 날마다 늘어나게 해주옵소서.

* 영적 자부심을 갖기 위하여

주의 이름을 부르는 자에게 구원을 주시는 주님, 진노의 자식이었던 저희가 하나님의 자녀가 되어 하늘에 대한 비전을 갖게 하신 것을 감사합니다. 이 땅에 살지만 이 땅을 소유한 자가 아니라 천국을 소유한 자로 살게 하시니 감사합니다. 우리에게 영원한 하늘나라를 유업으로 주신 주님, 우리로 하여금 땅의 것을 바라보는 자가 아니라 하늘의 것을 바라보며 살게 해주옵소서.

비록 가진 것은 없지만 하나님으로 인하여 부함을 알게 해주옵소서. 세상 사람이 가진 것을 갖지 못했다고 기죽거나 주눅 들지 않게 하시고, 하나님과의 풍성한 교제를 통해 참 기쁨과 평안을 누리게 해주옵소서. 세상에 대하여 가난할지라도 하나님께 대하여는 부요한 삶을 살게 해주옵소서. 세상의 가치관을 넘어 거룩한 가치관을 갖게 하시고, 세상의 자부심을 넘어 영적 자부심을 갖고 살게 해주옵소서. 우리를 살리는 것은 하나님 말씀입니다. 이 시간도 말씀을 맡은 주의 종에게 성령의 권세를 더하시고 권능을 입혀주셔서 말씀을 선포할 때 우리는 아멘으로 응답하게 하옵소서.

말씀이 육신이 되어 이 땅에 오셨던 예수님의 이름으로 기도드립니다. 아멘.

주일예배

- 일반 5 -

>>> Prayer_23

교역자들과 지체들을 통해
건강한 교회를 세우게 하소서

* 찬양과 회개

맑은 하늘과 아름다운 자연을 선물로 주신 하나님, 하나님이 만드신 세계를 통해 하나님의 오묘한 솜씨를 느끼게 하시니 감사합니다. 하나님이 주신 풍요로운 자연과 아름다운 결실을 통해 우리 삶을 만족하게 하시니 감사합니다. 모든 것을 아끼지 않고 우리를 위해 내어주시는 하나님께서 영광과 찬양을 받아주옵소서. 하나님으로부터 받은 것이 너무나 많기에 주님께 많은 것을 돌려드려야 하지만 그러한 삶을 살지 못한 것을 용서해주소서. 이 시간도 상한 마음과 가난한 심령으로 나아가오니 주의 임재로 채워주소서.

* 교역자들을 위하여

우리 영혼을 위하여 경성하는 사역자들을 세우신 주님, 교역자들 마음에 아픔과 근심을 안겨주는 성도가 되지 않게 해주옵소서. 사역자들이 마음 편하게 사역할 수 있고, 기쁘고 행복하게 주의 일에 전염할 수 있도록 배려하는 교회가 되게 해주옵소서. 좋은 것을 교역자들과 함께 나누는 행복한 교회가 되게 하시고, 그들을 존경하는 마음을 잃지 않는 온 성도가 되게 해주옵소서. 하나님이 세우신 교역자들의 권위를 인정하고, 그들과 협력하여 그리스도의 몸인 교회를 든든히 세워나가는 교회가 되게 해주옵소서.

교회를 위해 사역자들을 세우신 주님, 교역자들 모두 성령으로 충만하게 하시고 말씀의 권세와 능력을 덧입혀 주옵소서. 그들의 섬김 위에 성령의 기름 부으심이 충만하게 하시고, 교회와 성도들을 위해 온 열정을 다 쏟는 주의 종들을 강건하게 하시며, 그들이 뿌리는 땀과 눈물의 헌신을 통해 교회가 든든히 서 가고, 그리스도의 헌신된 일꾼들이 성숙하며, 교회가 부흥되는 기쁨을 주옵소서. 사역자들의 필요를 공급하시고 걱정 근심거리가 하나님의 채우심으로 해결되는 역사 있게 해주옵소서.

* 아름다운 지체 의식을 위하여
교회 안에 각각의 다양한 지체를 세워주신 주님, 우리가 서로 그리스도의 몸을 이루고 있음을 잊지 않게 하시니 감사합니다. 각각 받은 은사를 따라 주님을 효과적으로 섬기게 하시니 감사합니다. 서로가 걸림돌이 되지 않고, 서로 필요 없다고 무시하는 일이 없게 하시며, 서로를 내 몸처럼 아끼고 존중할 수 있는 지체들이 되게 해주옵소서.

우리가 모두 하나 되어 주님을 영화롭게 하기를 원하시는 주님, 다양성 속에 일치를 이루는 교회가 되게 하시고, 서로의 채워줌과 보완을 통해 조화와 일체를 가져오는 지체들이 되게 해주옵소서. '다름'을 서로 인정하고 자신만이 정답이라고 고집하는 교만을 버리게 하시고, 그리스도를 아는 일에 모든 지체가 하나 되게 하시며, 그리스도를 섬기되 다툼과 분열 없이 기쁨으로 섬기게 해주옵소서.

더불어 섬기는 기쁨을 누리기보다 섬김에서 더 많은 상처와 아픔을 경험하는 모습을 봅니다. 우리에게 선한 마음을 주셔서 서로 배려하고 존중하며 하나 됨을 지킬 수 있는 선한 마음을 부어주옵소서. 그래서 우리 교회가 이 지역에서 좋은 교회, 좋은 성도로 소문이 나게 해주옵소서. 좋은 이미지를 심는 교회가 되어 전도의 문이 활짝 열리게 하시고, 머물고 싶은 교회가 되게 해주옵소서.

말씀으로 변화시키기를 기뻐하시는 주님, 사슴이 시냇물을 갈망하듯이 우리가 주의 말씀을 갈망합니다. 갈급한 심령 위에 말씀의 씨를 뿌릴 때 풍성한 열매 맺게 해주옵소서.

새로운 관계를 창조하시는 예수 그리스도의 이름으로 기도드립니다. 아멘.

>>> Prayer_24

하나님의 영광에 집중하고
유혹의 손길을 뿌리치게 하소서

* 찬양과 감사

오가는 행보를 지키셔서 날마다 순간순간마다 하나님과 동행하는 은총을 허락하신 전능하신 하나님, 하늘과 땅에서 일어나는 모든 일이 하나님의 경륜 속에서 일어남을 감사합니다. 인간의 생각보다 깊고 높으신 하나님의 생각 속에서 살아가는 하나님의 자녀들이 이 시간도 아버지 앞에 진리와 성령으로 예배하오니 이 회중 가운데 하나님의 영광과 거룩하심을 선포하여 주옵소서.

* 하나님의 영광에 집중하게 하소서

여호와의 영광을 찬송하는 자로 우리를 지으시고 부르신 하나님, 우리로 하여금 먹든지 마시든지 하나님의 영광을 위하여 살아가게 하시니 감사합니다. 먹고 마심이 육체의 정욕을 위한 섬김이 아니라 하나님의 영광을 위한 섬김으로 나타나게 하소서. 온 백성과 교회가 하나님의 하나님 되심을 알게 하시고, 선하고 인자하신 여호와의 영광 앞에 무릎 꿇어 예배하는 지혜가 있게 하옵소서. 자연 만물이 여호와의 영광을 드러내건만 탐심과 교만으로 가득한 인간은 하나님의 영광을 욕된 것으로 바꾸는 어리석음을 자행하고 있습니다. 이스라엘 백성의 진영 가운데 비추신 하나님의 영광을 이 민족과 우리 교회 가운데 충만히 나타내 주옵소서.

믿는 자에게 여호와 영광의 빛을 비춰주신 하나님, 그 빛을 우리를 통해 이 땅에 나타내 주옵소서. 믿음의 사람들이 가정이나 직장에서 여호와의 영광을 나타내게 하시고, 이웃에게 선한 행실로 하나님의 영광을 증명할 수 있게 해주옵소서. 우리의 거짓된 입에서 나오는 말과 탐심에서 나오는 행동으로 인해 하나님의 영광을 가리지 않게 하시고, 어디에서 무엇을 하든지 하나님 말씀의 잣대에서 모자람이 없도록 축복해 주옵소서. 때로 믿음으로 인하여 사람들에게 버림받는 일은 있을지라도 불신앙적인 행동으로 인해 하나님으로부터 버림받는 일이 없도록 날마다 주의 말씀으로 경책하여 주옵소서.

＊ 유혹의 손길을 뿌리치게 하소서

유혹에 넘어지기 쉬운 우리 마음을 성령께서 붙드시고 지켜주심을 감사합니다. 주님, 섰다고 생각하는 그때에 넘어질까 조심하게 하시고, 보는 것으로 말미암아 넘어지지 않게 하시며, 먹고 마시는 것으로 말미암아 우리 육체를 더럽히지 않게 해주옵소서. 쉽게 살고 싶은 유혹으로 양심의 가책을 느끼면서도 악을 행하는 일이 없게 하시고, 선한 양심을 따라 살아가게 해주옵소서. 할 수 있고 누릴 수 있는 것도 공공의 유익을 해친다면 포기할 수 있는 용기를 주시고, 나의 유익보다 앞서는 공동체의 덕을 생각하게 해주옵소서.

이 땅에 성적인 문란이 사라지게 하시고, 게으름과 탐심에 물들지 않게 하시며, 화를 내는 것과 잔인함이 제거되게 해주옵소서. 여자와 아이들이 안심하고 거리를 다닐 수 있는 평화로운 사회가 되게 하시고, 불의와 거짓이 통용되지 않도록 질서와 법이 존중되는 사회가 되게 해주옵소서. 서로를 신뢰하고 존중하는 공정 사회가 되게 하시되, 온 국민이 양심의 법을 지키게 하시고, 혹여 잘못된 선택을 할지라도 돌이킬 수 있는 은혜를 주옵소서. 자신에게로 돌아올 수 있는 마지막 기회까지 놓치는 어리석음과 완악함이 없도록 저희 마음을 지혜롭고 부드럽게 해주옵소서.

유혹을 말씀으로 이기신 예수 그리스도의 이름으로 기도드립니다. 아멘.

주일예배
- 일반 7 -

>>> Prayer_25

예배에 대한 갈망과 말씀으로
변화를 거듭하게 하소서

* **감사와 찬양**

흩어져 있던 우리를 지키시고 안전하게 보호하신 주님, 우리의 온몸과 마음을 다하여 하늘과 땅의 주인 되신 주님께 감사와 찬양을 올립니다. 땅에 발을 딛고, 땅에 속한 것을 구하며 살았던 우리가 하늘 전망대로 올라가서 땅에 속한 자신을 볼 수 있게 하심을 감사합니다. 그동안 세상과 죄에 물들었던 우리 마음과 생각을 십자가의 거룩한 보혈로 깨끗하게 하시고, 하나님의 영광스러운 임재 앞으로 나아가는 우리에게 하늘의 비전과 소망으로 가득 채워 세상을 향해 당당하게 나아가게 하옵소서.

* **예배에 대한 갈망을 위해**

신령과 진정으로 예배하는 사람을 찾으시는 하나님! 이 시간, 여기에 모인 우리 모두 거룩한 예배자로 서기를 원합니다. 더러워진 양심을 회복시키시고, 정직한 영을 새롭게 하옵소서. 부정한 우리 입술을 성령의 불로 정결하게 해주소서. 더럽혀진 우리 손과 발이 예수 그리스도의 손과 발로 회복되는 은혜를 허락하옵소서. 존귀하신 하나님이시여! 우리로 하여금 하나님의 하나님 됨을 경험하게 하시고, 하나님의 넓고 크신 은혜와 사랑 앞에 감복하는 예배자가 되게 해주옵소서.

형식과 습관에 익숙한 예배를 청산하게 하옵소서. 하나님을 갈망하게 하시고, 예배를 사모하는 마음을 부어주옵소서. 그리스도의 임재를 갈망합니다. 성령이 우리 마음과 영혼을 적시는 은혜를 기다립니다. 주님 없이는 살 수 없다고 고백하는 예배가 되게 해주옵소서. 더 큰 은혜를 받기 위한 예배가 아니라 이미 받은 은혜에 감사함으로 우리의 모든 것을 하나님께 드리는 예배가 되게 해주옵소서. 예배 속에 임재하시는 하나님을 경험함으로 세상을 너끈히 이기는 승리하는 그리스도인이 되게 하소서.

 * 말씀으로 인한 변화를 위해

우리를 하나님의 말씀으로, 거룩한 하나님의 사람으로 변화시키기 원하시는 주님, 이 시간 우리 모두 겸손하게 말씀 앞으로 나아갑니다. 겸손한 우리 심령 위에 진리의 씨를 뿌려주소서. 우리 마음과 영혼이 부드러운 옥토가 되어 말씀이 심어질 때 30배, 60배, 100배의 풍성한 결실을 맺기를 소원합니다.

하나님 말씀을 귀로만 듣지 않게 하시고, 마음으로 듣게 하옵소서. 귀로 듣고 흘려버리지 않게 하시고, 마음 판에 잘 새겨서 삶의 현장에서 순종함으로 아름다운 말씀의 열매를 맺게 해주옵소서. 하나님 말씀을 들을 때 사탄에게 복음의 기쁨을 빼앗기지 않게 하시고, 하나님 말씀이 우리를 변화시키는 복음의 능력을 경험하게 하옵소서. 사람의 말이 아닌 성령의 음성으로 듣게 해주옵소서.

주께서 우리에게 들려주실 말씀이 있어 말씀의 대언자를 세워주심을 감사합니다. 묵상하고 준비한 말씀이 능력 있게 선포될 수 있도록 성령으로 기름 부어주옵소서. 진리를 밝히 깨닫게 하시고, 잘못된 생각이 무너지게 하시고, 하나님이 기뻐하지 않는 감정을 내려놓게 해주옵소서. 자신이 주도하던 인생을 이제부터는 하나님 말씀이 주도하는 인생으로 드리게 해주옵소서.

길이요 진리요 생명 되신 예수 그리스도의 이름으로 기도드립니다. 아멘.

주님의 뜻이거든

주여, 이것이 만일 당신의 뜻이거든
당신의 뜻대로 이루어지게 하소서.

주여, 그렇게 되는 것이 당신을 영화롭게 한다면
당신의 이름으로 그렇게 되게 하소서.

주여, 만일 당신께서 그것을 좋게 여기신다면
그것이 나에게도 유익하게 해주시고
나로 하여금 당신에게 영광스럽게
그것을 사용할 수 있도록 해주소서.

그러나 만일 그것이 나에게 해롭고
나의 영혼의 건강에 유익하지 않을 것으로 여기신다면
그러한 소원은 어떤 것이든 나에게서 앗아가주소서.

- 토마스 아 켐피스, 「그리스도를 본받아」의 저자

구역예배 및 심방,
상황별 대표기도문

구역예배
- 구역부흥 -

구역부흥과 연합을 위해
함께 노력하게 하소서

* 찬양과 감사

우리를 지켜 모든 환난을 면하게 하시고 날마다 순간마다 우리 영혼을 든든히 지키시는 여호와를 찬양합니다. 우리 가운데 늘 행복으로 채우시는 하나님께서 구역 식구들의 가정과 직장과 사업장을 지켜주셔서 감사합니다. 그동안 구역을 소홀히 하고, 서로 돌아보는 삶에 충실하지 못하고, 구역예배를 등한시했던 허물을 용서해 주옵소서. 이스라엘을 위하여 큰일을 행하신 하나님께서 오늘 이 시간 구역에 속한 모든 가정에게도 큰일을 행하여 주옵소서.

* 구역의 부흥을 위해 함께 노력하게 하소서

하나님 나라가 확장되기를 원하시는 주님, 우리 구역이 날마다 부흥되는 은총을 허락해 주옵소서. 성령께서 먼저 우리 마음부터 부흥되게 해주시고, 하나님 말씀으로 회개의 은혜가 부어지게 해주옵소서. 하나님 말씀을 가까이하고, 늘 깨어서 기도하는 구역원이 되게 하시고, 심령의 부흥을 통해 구역의 부흥을 일으키고, 구역이 부흥함으로 교회가 부흥되는 역사가 일어나게 해주옵소서. 구역이 부흥하지 않고서는 교회가 부흥할 수 없사오니 우리 구역이 교회 부흥의 불씨가 되게 해주옵소서. 우리 구역이 교회 안에서 가장 모범이 되는 구역이 되게 하시고, 모이기에 힘쓰고, 교회 사역에 앞장서며, 전도하는 데 주력할 수 있게 해주옵소서.

구역 식구들이 한마음이 되어 시간을 정하여 태신자를 위해 기도하고 그리스도의 사랑으로 찾아가게 해주옵소서. 하나님 앞에 드리는 공예배를 사모함으로 은혜 충만한 구역 되게 하시고 성령의 도움을 받아 살아가는 구역이 되게 하시고, 구역 안에서 재생산을 통한 배가 운동이 일어나게 하시며, 우리 구역을 통해 다른 구역들도 도전받게 해주옵소서. 구역이 부흥되기 위해서는 서로 한마음이 되어야 하고, 한 비전을 가져야 합니다. 교회와 목사님의 비전을 갖고 함께 기도하는 일에 힘쓰는 구역이 되게 하시고, 그 비전을 성취하기 위해 헌신하는 일에 앞장서게 해주옵소서.

* 연합하는 구역이 되게 해주옵소서

우리가 성령 안에서 하나 되기를 원하시는 주님, 우리 구역이 하나로 일치된 구역이 되게 해주시니 감사합니다. 사탄이 좋아하는 분쟁과 싸움이 없게 하시고, 서로 상처 없는 모범적인 구역이 되게 해주옵소서. 하나님과 교회가 세우신 구역장, 권찰에게 복주시고 성령으로 충만하게 해주옵소서. 구역을 돌아보기에 부족함이 없도록 건강과 지혜와 능력을 부어주옵소서. 주님의 일을 감당하기에 부족함이 없도록 물질과 가정의 평강을 허락해 주옵소서. 그래서 오직 주의 일과 구역을 돌아보는 데 전념하게 해주옵소서.

말씀을 전하는 구역장에게 늘 하나님 말씀의 권세와 능력을 부어주셔서 은혜롭고 담대하게 말씀을 전하게 하시고, 온 구역 식구들이 그 말씀으로 날마다 자라가는 기쁨을 허락해 주옵소서. 그래서 구역식구들이 영적으로 잘 자라나 앞으로 또 다른 영적 지도자들이 배출되게 해주옵소서. 영적 지도자를 본받아 구역원끼리도 서로 격려하고 세워주게 하시고, 한마음을 품고 복음을 위해 적극적으로 협력하게 해주옵소서. 교회가 하는 일에 부정적인 생각을 버리게 하시고 불평불만을 조장하는 악한 영을 좇지 않고 성령을 따라 행하게 해주옵소서. 지혜로운 자와 동행하면 지혜를 얻고 미련한 자와 사귀면 해를 받는다고 하셨사오니 동행할 자를 잘 분별하게 하시고, 이단이나 잘못된 영을 용납지 않게 해주옵소서.

구역을 통해 천국을 확장해 가실 예수 그리스도의 이름으로 기도드립니다. 아멘.

구역예배
- 한마음 -

>>> Prayer_27

가족의 사랑을 경험하고
가정을 세워가는 구역이 되게 하소서

＊ 찬양과 감사

형제가 연합하여 동거하는 아름다움을 만들어 가시는 하나님을 찬양합니다. 고아와 같은 우리를 부르셔서 자녀 삼으시고 하나님을 아버지라 부를 수 있게 하신 은혜를 감사합니다. 이 시간, 예수님의 사랑 안에서 한 가족 된 우리가 함께 모여 예배드리오니 성령께서 임재하셔서 영광 받아주옵소서.

＊ 가족의 사랑을 경험하게 하소서

사랑이 메마른 이 세대에 예수 그리스도의 한없는 사랑을 날마다 경험하며 살게 하시니 감사합니다. 하나님의 사랑 안에서 우리가 사랑의 띠로 묶였고, 하나님으로부터 사랑을 경험했기에 서로 사랑할 수 있게 하심을 감사합니다. 오늘 여기에 모인 모든 구역원이 서로 관심을 갖게 하시고, 서로 돌아보고자 하는 마음을 허락하시니 감사합니다. 서로의 필요를 알게 하시고, 우리로 하여금 서로의 필요를 채워줄 수 있는 아름다운 마음도 허락해 주옵소서. 온 구역 식구가 고통당하는 지체를 위해 서로 기도하게 하시며, 하나님 말씀으로 격려하고 세워주며 서로를 인해 일어설 용기를 얻게 해주옵소서.

자기 일에만 급급하지 않게 하시고, 서로에게 마음을 열고 나눌 수 있는 선한 열망을 허락해 주옵소서. 우리가 서로 사랑함으로써 그리스도의 제자가 된 것을 보여줄 수 있게 하시고, 말과 혀로만 하는 사랑이 아니라 행함과 진실함으로 사랑을 표현하고 실천할 수 있는 구역 식구들이 되게 해주옵소서. 구역 식구 가운데는 육신의 가족에게서 사랑을 느끼지 못하는 지체들도 있습니다. 이 구역예배를 통해 하나님의 사랑으로 서로 따뜻함을 경험하게 해주시고, 여기서 경험한 사람을 가지고 가정으로 돌아가서 온 가족을 품고 사랑하기에 부족함이 없게 해주옵소서.

＊ 가정을 세워가는 구역이 되게 해주옵소서

아담을 만드시고 그 갈비뼈를 취하셔서 하와를 지으신 하나님, 그들이 가장 적합한 짝을 이루어 살게 하셨듯이 우리에게도 아름다운 가정을 주셔서 행복한 가정을 이룰 수 있게 하심을 감사합니다. 주님이 주인 되셔서 온 가족을 행복하게 만드는 가정이 되게 하시고, 화목한 웃음이 떠나지 않는 가정이 되게 해주옵소서. 아내를 자기 몸처럼 사랑하는 남편이요 자식을 교양과 훈계로 양육할 수 있는 아빠가 되게 하시고, 남편을 존경하고 순종하는 아내요 자식을 돌아보고 필요를 채워주는 엄마가 되게 해주옵소서. 부모를 공경하고 효도하는 믿음의 자녀가 되게 하시고 그릇된 길을 걷지 않게 해주옵소서.

하나님의 사랑의 품을 떠나 죄의 길을 걷고 있는 가족이 하루 속이 주님의 품으로 돌아오게 하시고, 복음으로 하나 되어 하나님의 뜻을 이루는 가정이 되게 해주옵소서. 여우 같은 사탄이 가정의 울타리를 공략하지 않게 보호하시고, 외부에서 폭풍우가 몰아칠 때 온 가족이 오히려 연합하는 힘을 갖게 해주옵소서. 서로에게 상처주지 않고 세상을 살아갈 힘을 불어넣을 수 있는 가족이 되게 하시고, 우리 가정에 늘 임마누엘하시는 하나님을 주변 이웃에게 보여줄 수 있는 멋진 가정이 되게 해주옵소서. 인간적인 혈기가 앞서지 않게 하시고, 섬김을 받고 사랑받고자 하는 욕구를 내려놓고 먼저 대접하라고 하신 주님의 말씀대로 살아가는 가족이 되게 해주옵소서.

세상 풍조에 질질 끌려 다니는 그리스도인이 아니라 세상을 이기는 담대한 믿음을 가진 가정이 되게 하실 예수님의 이름으로 기도드립니다. 아멘.

시험과 환난을 당하는 가정이
영적 도약의 기회로 삼게 하소서

* 감사와 찬양

기록된 하나님 말씀으로 사탄의 달콤하고 집요한 유혹을 물리치시고 메시아의 길을 걸어가신 주님을 찬양합니다. 어떤 시련과 어려움과 장애물에도 흔들리지 않고 믿음의 길을 온전히 걸어가셨던 주님을 따라 하루하루를 믿음으로 살아가게 하신 은혜에 감사드립니다. 주님보다 세상을 더 사랑하고 가까이했던 못난 자아를 불쌍히 여겨주옵소서. 이 시간, 드리는 예배를 통해 하늘에서 내려오는 새 힘으로 세상을 이길 능력을 덧입게 해주옵소서.

* 환난 가운데 주님의 은혜만 구하게 하소서

환난 가운데서도 여전히 우리를 홀로 두지 않고 함께하시는 주님, 시험과 환난을 당하는 환경 때문에 하나님을 오해하지 않게 하시고, 하나님이 함께하심을 의심하지 않게 하소서. 사랑하는 주님! 시험과 환난의 때에 불평하거나 원망하지 않고, 낙담하거나 절망하지도 않고, 주님을 더 신뢰하는 강한 믿음을 주옵소서. 시험에 넘어지지 않기 위해 깨어 기도하라고 하신 주님의 음성을 기억하고 기도에 깨어 있게 하소서. 십자가의 죽음을 앞두고 기도로 승리하신 주님, 예수님과 함께 깨어 기도하지 못한 제자들의 실패를 거울로 삼게 하옵소서.

기도로 메시아의 길을 승리하신 주님, 우리 역시 약속의 말씀을 붙잡고 기도의 씨를 많이 뿌리게 하옵소서. 다윗이 사울 왕에게 쫓기는 신세에도 급한 상황이 일어날 때마다 하나님을 향해 도움을 구했듯이, 우리도 사람에게 도움의 구하기보다 하나님의 도움을 위해 기도의 손을 들게 하옵소서. "너희 중에 고난당하는 자가 있느냐. 그는 기도할 것이요 즐거워하는 자가 있느냐. 그는 찬송할지니라. 너희 중에 병든 자가 있느냐. 그는 교회의 장로들을 청할 것이요 그들은 주의 이름으로 기름을 바르며 그를 위하여 기도할지니라"고 하신 야고보서 말씀처럼 시험과 환난의 때가 바로 무릎 꿇어야 한다는 주님의 사인인 줄 알고 은혜의 보좌 앞으로 나아가서 엎드리게 해주옵소서. 그래서 기도응답의 행복을 경험하게 하소서.

* 고난이 영적 도약의 디딤돌이 되게 하소서

십자가의 고난과 죽음의 길을 마다하지 않고 기꺼이 순종의 길을 걸어가신 주님, 불같이 다가오는 시험과 시련 앞에서도 결코 낙담하지 않고, 포기하지도 않고 끝까지 견디고 인내하는 믿음을 주옵소서. 우리의 힘과 능력으로는 헤쳐 나갈 수 없습니다. 주님이 힘주시고 은혜 베풀지 않으시면 불가능합니다. 주님! 우리를 도우셔서 고난을 인생의 양념으로 삼게 해주시고, 영적 도약을 위한 디딤돌로 삼게 해주옵소서.

시험과 환난을 당할 때 약속의 말씀을 더 견고히 붙잡을 수 있게 하시고, 말씀에서 위로와 힘과 용기를 얻게 해주옵소서. 주님은 감당하지 못할 시험을 주시지 않고, 반드시 피할 길을 여실뿐만 아니라 이길 힘을 공급하심으로 믿음의 승리자가 되게 하심을 확신하게 하옵소서. 어려운 일이 있을 때마다 온 가족이 함께 뭉칠 수 있게 하시고, 서로 탓하고 원망하기보다 서로에게 힘과 용기를 불어넣게 하소서. 시험과 환난의 날에 주님을 더 묵상하고 바라보는 영적 뚝심을 허락하시고, 고난의 때를 잘 견뎌냄으로 영적 도약과 성장의 밑거름으로 삼게 하시며 인생의 맷집을 키워나가게 하소서. 고난당할 때 믿음의 지체들과 함께 기도하고, 교제함으로 견딜만한 힘을 얻게 하소서.

마귀의 시험을 받을 때 하나님 말씀으로 승리하신 예수님의 이름으로 기도드립니다. 아멘.

심방예배
- 독거노인 -

>>> Prayer_29

독거노인 성도들이
하늘 소망을 갖고 살게 하소서

＊ 찬양과 감사

가난한 자와 고아, 그리고 과부에게 은혜 베풀기를 기뻐하시는 주님, 날마다 우리 삶을 돌보시고 간섭하셔서 진리 가운데로 인도하심을 감사합니다. 선한 자나 악한 자에게 동일한 비를 내리시고 햇빛을 비추어 주시는 하나님께서 이 시간도 우리 모두 하나님의 영광의 빛 아래서 함께 은혜를 누리게 해주옵소서. 창조자 하나님을 아는 지혜를 주셨지만 하나님의 뜻을 따라 살지 못하고 때때로 육체의 욕심을 따라 살던 저희를 용서하시고, 이 시간 우리에게 주신 사명의 줄을 붙잡게 하옵소서.

＊ 날마다 은혜 안에 살아가게 하소서

가난한 자를 먼지 더미에서 일으키시며 궁핍한 자를 거름 더미에서 세우시는 하나님 아버지, 비록 사람들이 알아주지 않고 찾아주지 않는다고 해도 늘 우리에게 다가오셔서 돌봐주시고 은혜를 베풀어주시니 감사합니다. 사람의 외모를 보시지 않고 중심을 보시는 하나님을 늘 의식하며 깨끗하고 청결한 마음을 가지고 아름다운 하늘나라 시민으로 살아가게 하시니 감사합니다. 존귀하신 주님! 우리가 사람을 기쁘게 하는 인생을 사는 것이 아니라 하나님을 기쁘시게 하는 삶을 살게 하시고, 먹든지 마시든지 무엇을 하든지 하나님의 영광을 드러내는 믿음의 삶을 살게 해주옵소서. 믿음이 없이는 하나님을 기쁘시게 할 수 없다고 하셨사오니 입술의 믿음이 아니라 행함이 있는 믿음을 갖게 하소서.

날마다 우리의 주린 영혼에 하늘 양식으로 채우시기를 원하시는 주님, 우리가 떡으로만 살아가는 존재가 아니라 하나님의 입에서 나오는 하늘 양식으로 사는 존재임을 잊지 않게 하시고, 하늘 양식을 사모하게 해주옵소서. 하나님 말씀을 읽고 듣고 묵상하고 배움으로 위로받고 치유받게 하시고 날마다 하나님 말씀을 신뢰하며 도전하는 삶을 살게 하소서. 사람의 정에 얽매이는 인생이 아니라 하나님의 은혜에 매인 삶을 살게 하시고, 진리에 대한 갈증과 허기를 갖게 해주옵소서. 외로움을 느끼고 마음이 약해질 때 하나님께로 달려가게 하시고 거기서 위로하시는 하나님의 손을 느끼게 하시고, 인간적으로는 홀로 있지만 늘 마음 속에 계신 주님을 친구로 삼아 살게 해주옵소서. 비록 홀로 살아가지만 몸이 병들고 불편해서 고통당하지 않도록 건강을 허락해주시고, 손으로 하는 모든 일 가운데 하나님의 도우심을 얻게 하셔서 경제적으로 어려움을 당하지 않도록 인도해 주옵소서.

＊ 하늘 소망을 갖고 살게 하소서
우리가 비록 보잘것없는 나그네 삶을 살아가지만 하늘을 바라보며

노래하는 거룩한 나그네로 살게 하시니 감사합니다. 영광스러운 주님, 우리로 하여금 결코 외부 환경에 의해서 주눅 들지 않게 하시고, 하나님의 자녀가 된 영광을 알게 해주옵소서. 부요하지만 하나님께 가난했던 부자처럼 살지 않게 하시고, 가진 것은 없을지라도 하나님께 대하여 부요한 삶을 살게 하소서. 땅에 소망을 갖고 사는 자가 아니라 하늘 기업을 바라보며 소망 가운데 살게 하시고, 외적인 조건에서 행복을 찾지 않게 하시며, 마음과 영혼을 채우시는 하나님의 은혜로 족함을 얻게 해주옵소서. 교회 공동체를 통해서 하나님 나라의 가족 된 기쁨과 사랑을 경험할 수 있게 하셔서 날마다 감사와 찬양이 넘치고, 어디를 가든지 살아계신 하나님을 간증하는 삶을 살게 해주옵소서.

하늘 소망을 갖게 하시는 예수님의 이름으로 기도드립니다. 아멘.

심방예배
- 소년소녀 가장 -

소년소녀 가장들이 용기를 갖고 믿음으로 인생을 꾸미게 하소서

* 찬양과 감사

우리의 신음하는 간구를 외면하지 않으시고 들으시는 주님을 찬양합니다. 주께서 우리 기도에 귀를 기울이시므로 우리의 평생에 기도하기로 결심하게 하시니 감사합니다. 이스라엘 집과 아론의 집에 복을 베푸시는 주께서 이 시간도 가난한 소년소녀 가장들 위에 한없는 은혜와 사랑을 베풀어 주옵소서.

* 용기 잃지 않고 당당하게 살아가게 하소서

믿음의 사람에게 꿈을 주시고 친히 그 꿈을 성취시켜 가셨던 주님, 우리에게도 그 꿈을 갖게 하시니 감사합니다. 하나님을 위해서, 이 사회를 위해서 살아가야 할 이유를 발견하게 하시고, 그 가치를 실현하기 위해 시간을 아끼고 달려가게 해주옵소서. 현실이 어두운 것이 불행한 것이 아니라 내일을 바라보는 눈이 없는 것이 불행이고, 가진 게 없는 것이 속상한 게 아니라 달려가야 할 목표를 갖지 못한 것이 아픈 일이오니 우리에게 평생 목숨 걸고 폭풍처럼 질주할 수 있는 비전을 심어주옵소서.

소외된 자를 외면하시지 않고 오히려 가까이 다가가셔서 그들의 친구와 치유자가 되어주셨던 주님, 현실을 한탄하는 비겁자가 아니라 현실을 뚫고 나아갈 수 있는 용감한 믿음의 사람이 되게 하시고, 하나님과 사람 앞에서 부끄러움이 없이 최선을 다해 달려가는 인생이 되게 해주옵소서. 비록 지치고 힘들지라도 현실에 안주하지 않고 하나님이 이뤄주실 밝은 미래를 향해 쉬지 않고 달려가게 하시고, 하나님으로부터 받은 모든 것으로 이웃과 사회를 위해 기여할 수 있는 진정한 믿음의 영웅이 되게 해주옵소서. 육신의 장애나 소외보다 정신과 영혼의 장애나 소외를 당하지 않게 하시고, 어디를 가든지 그 공동체에 꼭 필요한 사람이 되게 해주옵소서. 요셉처럼 성실하고 정직한 믿음으로 살아서 하나님에게 인정받을 뿐만 아니라 사람에게도 칭찬받고 인정받게 해주옵소서.

✽ 믿음으로 인생을 꾸미게 하소서

예배하고 믿음으로 사는 자를 찾으시고 기뻐하시는 주님, 외롭기 때문에 더 주님을 가까이하게 하시고, 고달프고 힘들기 때문에 주님을 더 의지하며, 가진 자원이 없기에 주님을 전적으로 붙들게 하시니 감사합니다. 단점을 장점으로 활용하는 지혜를 갖게 하시고, 약한 데 부으시는 주님의 강함을 얻게 해주옵소서. 열악한 조건에서 오히려 하나님 말씀을 찾게 하시고, 하나님 말씀을 읽고 들을 때마다 가슴에서 솟아나는 기쁨과 감격을 경험하게 하시며, 하나님 말씀 안에서 인생의 비결을 체득하게 해주옵소서. 부모나 가족으로부터 받을 수 없는 사랑을 하늘 아버지를 통해 마음껏 누리게 하시고, 교회 안에 있는 사랑하는 믿음의 가족에게서 그 사랑을 경험하게 해주옵소서.

의인의 뿔을 높이시는 주여, 당신의 사랑하는 자녀를 하나님 나라와 민족 가운데 깨끗하고 거룩한 일꾼으로 삼으소서. 남들처럼 화려한 스펙이 아니라 하나님 앞에서 신실한 믿음과 아름다운 인격을 함양하여 하나님께 쓰임받는 그릇이 되게 해주옵소서. 인생을 준비하는 시간을 허비하지 않게 하시고, 광야학교에서 하나님이 다듬어 가시는 훈련에 합격할 수 있게 해주옵소서.

아픈 만큼 더 많이 성숙하게 하시고, 경험한 상처를 통해 주변 사람을 격려하고 도울 수 있는 아름다운 치유자로 살게 하실 예수 그리스도의 이름으로 기도드립니다. 아멘.

>>> Prayer_31

장애인을 강하게 하시고,
희망을 잃지 않는 가족이 되게 하소서

✻ 찬양과 감사

최악의 상황에서도 최선을 만들어 가시는 전능하신 하나님을 찬양합니다. 모든 인류의 역사를 친히 자기의 기쁘신 뜻을 따라 써내려 가시는 여호와여, 이 세상의 역사가 주님의 역사임을 확신합니다. 우리 주변에 장애를 가진 자들을 허락하셔서 그들을 돌보도록 하셨지만 그렇게 하지 못한 죄를 용서하소서. 불편한 몸과 마음을 갖고 고통당하는 지체와 그들로 인해 함께 아픔을 나누고 있는 온 식구 가운데 하나님의 영으로 충만하게 해주옵소서.

✻ 장애인을 강하게 하소서

가난한 자를 돌보시고 고와와 과부를 잊지 않으신 여호와여, 이 시간 장애로 말미암아 고통을 당하는 사랑하는 지체를 위해 기도합니다. 언제 어디서나 세상 끝날까지 함께하겠다고 언약하신 하나님의 약속을 붙잡고 강하고 담대한 마음을 갖게 해주옵소서. 육신적인 장애보다 더 심각한 문제는 바로 마음과 정신의 장애이오니 어떤 상황에서도 절망하지 않게 해주옵소서. 아픈 몸을 갖고서도 하나님 앞에 귀하게 쓰임받았던 사람이 많았듯이 사랑하는 형제를 귀하게 사용하여 주옵소서.

자신의 연약한 외적인 모습 때문에 낙담하지 않게 하시고, 속사람을 강하게 훈련하게 하시고, 자신만의 강점을 개발하는 결단을 하게 해주옵소서. 어떤 상황일지라도 꿈을 잊지 않게 하시고, 더 나은 내일을 향해 준비하고 하나님께 붙잡힌바 되어 깨끗하고 귀한 그릇으로 쓰임받게 해주옵소서. 자신만이 할 수 있는 것을 찾게 하시고, 자신을 최선의 모습으로 개발하여 하나님 앞에 30배, 60배, 100배의 열매를 맺어 결산하는 은혜를 허락해 주옵소서. 안 된다고 말하기보다 주께서 함께하시기 때문에 주님을 믿고 의지하면서 새롭게 도전하겠다고 말하게 하시고, 하나님의 명예를 안고 더 나은 내일을 향해 달려가는 용기를 허락해 주옵소서. 우리의 약함 위에 주께서 부으시는 강한 은혜가 있게 해주옵소서.

＊ 가족에게 희망을 주소서

수많은 병자를 가까이하시면서 그들에게 도전하고 치유하셨던 주님, 장애를 가진 가족 때문에 당하는 이들의 상하고 아픈 마음을 위로하시고, 지친 육신을 어루만져 주옵소서. 육신의 장애보다 마음의 장애와 영적인 장애가 더 큰 문제임을 알고 육신의 장애를 극복할 수 있는 힘을 부여할 수 있는 가족이 되게 해주옵소서. 주변 상황이 힘들다 보면 감사를 잃기 쉽고, 짜증을 내고 불평으로 가득 찰 수 있는데, 아픔을 당하는 지체에게 수치감과 자괴감을 심어주지 않도록 세심한 주의를 기울이는 가족이 되게 해주옵소서.

비록 최고는 아닐지라도 최선을 다하는 인생을 살아가도록 지원하는 가족이 되게 해주시고, 목표를 향해 달리는 것이 아름다운 인생임을 심어주게 해주옵소서. 때때로 아픔을 당하는 장본인은 희망을 잃을지라도 가족만은 희망을 잃지 않게 하시고, 예수님처럼 끝까지 포기하지 않는 사랑의 마음을 부어주옵소서. 하나님이 포기하지 않는 사람을 우리의 인내 부족으로 포기하지 않게 하시고, 그에게도 하나님의 선하신 계획이 있음을 확신하게 해주옵소서. 그를 돌아볼 수 있는 마음의 여유뿐만 아니라 경제적인 여유도 허락하시고, 일용할 양식으로 인해 걱정하는 일이 없게 해주옵소서. 혹여 마음이 힘들 때 다가오는 사탄의 속삭임에 귀를 기울이지 않게 하시고 하나님이 기뻐하시는 마음으로 굳게 세워주옵소서.

우리 몸을 온전히 회복시키시는 예수님의 이름으로 기도드립니다. 아멘.

심방예배
- 예비부부 -

>>> Prayer_32

결혼을 앞둔 이들이
지혜로운 준비자가 되게 하소서

＊ 찬양과 감사

아름다운 에덴을 창설하시고 아담과 하와가 부부 되어 하나님을 섬기게 하시고, 생육하고 번성하는 복을 주신 하나님을 찬양합니다. 결혼을 앞두고 준비하는 사랑하는 형제와 자매 위에 하나님의 은혜와 지혜를 베풀어 주옵소서.

＊ 지혜로운 준비자가 되게 하소서

힘이 없는 종류로되 먹을 것을 여름에 준비하는 개미에게서 인생의 지혜를 배우라고 하신 주님, 사랑하는 ○○○이 먼 미래를 내다보며 준비하는 지혜자가 되게 해주심을 감사합니다. 얼마 남지 않은 결혼을 위해 잘 준비해서 행복한 부부로 출발하고 안정된 가정을 이루게 해주옵소서. 결혼을 준비하는 동안 서로 간에 갈등이 없게 하시고, 양가를 둘러싸고 일어나는 갈등도 잘 조절할 수 있는 지혜를 주옵소서.

혼수를 준비하기 전에 냉철한 자기 성찰의 기회를 주시고, 자신의 단점과 연약함을 돌아보아 배우자에게 고통을 주지 않게 해주옵소서. 혼수를 준비하는 동안 서로의 생각을 존중하고 입장을 배려하는 넓은 마음을 갖게 하시고, 상대방과 그 가정을 먼저 생각하는 아량을 가질 수 있게 해주옵소서. 서로의 고집이나 자존심으로 상대방의 마음을 상하게 하지 않고, 서로 이해하고 용납하고 수용함으로 원만하게 준비하는 성숙함을 갖게 하소서. 어떤 일이 있어도 감정적으로 대응하지 않고 한 박자 쉬어가면서 열린 대화를 통해 합일점을 이루어가게 해주옵소서. 넉넉한 재정 속에서도 절약하는 미덕을 알게 하시고, 가난한 생활 속에서도 효과적이고 경제적으로 준비하는 지혜를 발휘하게 하옵소서. 결혼식을 준비하면서 가난한 이웃을 한 번 더 생각하는 믿음의 부부가 되게 해주옵소서.

* 영적이고 정신적인 혼수를 잘 준비하게 하소서

두 사람이 한 몸을 이루어 행복한 가정을 이루기를 원하시는 주님, 이들이 앞으로 살아가는 데 꼭 필요한 준비가 무엇인지 깨닫게 해주옵소서. 혼수 준비는 일시적인 것이지만 영적이고 정신적인 혼수는 평생을 좌우할 수 있사오니 예단을 준비하는 것 이상으로 정신적이고 영적인 준비를 철저히 할 수 있는 부부가 되게 해주옵소서. 사랑하는 주님, 결혼을 앞둔 이 두 사람에게 새로운 환경에 적응할 수 있는 지혜와 능력을 주시고, 갈등에 지혜롭게 대처하는 기술을 익히게 하시며, 두 사람이 가진 차이에도 불구하고 행복한 합일점을 찾아내는 능력을 갖추게 해주옵소서. 불쑥 일어나는 감정을 통제하지 못해서 서로의 가슴에

잊히지 않는 상처를 만들지 않고, 통제된 말과 행동을 할 수 있는 능력을 기르게 해주옵소서. 사랑받고 섬김을 받는 데 익숙한 부부가 아니라 먼저 사랑하고 섬기는 부부가 되어 믿음의 도를 가정 안에서 실천하고 훈련하게 해주옵소서.

두 사람이 가까워지기 위해 하나님으로부터 멀어지지 않게 하시고, 하나님께로 가까이 나아감으로 두 사람도 더 친밀해지고 가까워지는 비밀을 알게 해주옵소서. 이들 부부의 목표가 자신의 가정이 아니라 하나님의 왕국이 되게 하시고, 두 사람의 행복이 아니라 인류의 공익이 되게 하시며, 더 큰 비전의 세계를 향해 쓰임받는 가정이 되게 해주옵소서. 결혼하기 전보다 더 성장하는 인생이 되게 하시고, 결혼하기 전에 부모를 공경했던 것보다 부모님을 더 잘 공경하여 주변 사람에게 칭찬받는 부부가 되게 해주옵소서.

수십억 인구 가운데 기적적인 만남을 이루게 하신 예수님의 이름으로 기도드립니다. 아멘.

>>> Prayer_ 33

이사한 가정이
천국 잔치의 가정되게 하소서

＊ 감사와 찬양

가정을 창조하고 주도하시는 존귀하신 주님! 벳새다 광야에서 보리 떡 다섯 개와 물고기 두 마리로 수많은 사람을 배불리 먹이셨던 주님을 찬양합니다. 가난하고 헐벗은 우리를 부르셔서 복음으로 영적인 부요함을 발견하게 하신 주님, 이 시간 이사 예배를 드리는 이 가정과 우리 예배 가운데 하늘의 신령한 것과 땅의 기름진 것으로 충만하게 채워주옵소서.

＊ 이곳이 하나님의 집 벧엘이 되게 하소서

지치도록 도망하던 야곱에게 벧엘에서 하나님의 임재를 경험하게 하신 주님, 이 시간 이사예배를 드리는 사랑하는 성도의 가정이 야곱의 벧엘, 하나님의 집이 되게 해주옵소서. 온 가족이 자기 일터에서 열심히 일하고 돌아와서 평온한 안식을 누릴 수 있는 마음의 안식처가 되게 하시고, 영혼의 주인이신 하나님을 예배하고 기도하는 영혼의 안식처가 되게 하소서. 이곳에서 예배하고 기도할 때 하늘로 이어지는 사닥다리를 보게 하시고, 하늘 보좌에서 들려주시는 하나님의 음성을 듣게 하시며 천사들이 오르락내리락하는 광경을 보게 하옵소서. 매일 가정예배와 기도로 하나님께 제단을 쌓아 영적인 근력이 튼튼해지는 가정이 되게 하소서. 우선순위가 주님이 되게 하시고, 예배를 드리는 데 걸림돌이 되는 것은 단호하게 결단하게 하옵소서.

사랑하는 주님! 이 시간, 이사 예배를 드리는 사랑하는 성도가 주님이 주신 육신의 장막으로 인해 감사할 뿐만 아니라 하늘에 예비된 장막을 잊지 않게 하시고, 하늘의 장막을 사모하는 열정도 뜨겁게 하옵소서. 이 집에 채워진 좋은 가구로 만족하기보다 이 가정이 누리게 되는 말씀의 떡을 인해 배부른 은혜를 주시고, 이 집이 갖고 있는 외적인 좋은 환경보다 아름다운 예수님의 마음을 가진 사람으로 인해 행복이 만들어지게 해주옵소서.

* 천국 잔치를 누리는 가정 되게 하소서

가나의 혼인 잔치 집에서 물을 포도주가 되게 하심으로 잔치의 흥을 회복시켜주신 주님, 이 가정도 주님을 주인으로 모심으로 매일의 삶이 잔치가 되게 해주옵소서. 사람의 목소리보다 주님의 목소리가 커지고, 주도권을 주님께 전적으로 이양할 수 있는 가족이 되어 가정 천국을 이루고, 이 집이 천국의 지상 모델이 되게 하옵소서. 주인의 자리를 사람이 차지하지 않고, 돈이나 그 무엇에 양도하지 않으며, 온전히 주님께 내어드리는 가정 되게 하소서. 이 집에서 울려 나는 찬양소리와 웃음소리가 주변 사람에게 감동을 주게 하시고, 이들이 살아가는 행복한 모습이 주변 사람에게 도전이 되어서 그들을 그리스도께로 안내하는 전도지가 되게 해주옵소서.

이스라엘을 제사장 나라, 축복의 통로로 세우신 하나님, 이 가정이 바로 이 주변의 제사장이 되게 하시고, 축복을 나누는 통로가 되게 해주옵소서. 주변 사람과 함께 나눌 수 있는 넉넉한 물질도 주시고, 이들을 돌아보고 섬기고자 하는 넉넉하고 부요한 마음의 부자가 되게 하시며, 주는 자가 복되다고 하신 주님의 말씀이 진리임을 삶으로 드러내게 하옵소서. 이 시간, 이 가정을 위해 주시는 말씀이 주님의 음성으로 들리고, 이 가정을 이끌어가는 지표가 되게 하셔서 말씀으로 새로운 변화가 일어나게 해주옵소서.

가정을 만드시고 이끌어주시는 예수 그리스도의 이름으로 기도드립니다. 아멘.

행복한 가정,
하나님만 의지하는 삶을 살게 하소서

＊ 감사와 찬양

한 영혼을 천하보다 귀하게 여기시는 주님, 유한한 시간 속에 살아가는 우리에게 영원한 생명을 주셔서 감사합니다. 날마다 생명의 풍성함을 경험하게 하시고, 풍성한 교제의 삶을 살게 하신 주님을 찬양합니다. 그러나 우리 안에는 육신의 정욕과 안목의 정욕과 이생의 자랑을 향해 치닫는 마음도 있음을 고백하오니 용서하옵소서. 이 시간, 우리가 드리는 예배 가운데 하나님의 풍성한 생명력을 공급하여 주옵소서.

＊ 행복한 가정을 위하여

이 땅에서 부부로 맺어주시고 가정을 세워주신 하나님, 우리에게 행복한 가정을 이루고 아름다운 부부의 삶을 누리게 하심을 감사합니다. 주님이 주인 되셔서 다스리고 이끄시는 아름다운 가정이 되게 해주옵소서. 채소를 먹으며 서로 사랑하는 것이 살진 소를 먹으며 서로 미워하는 것보다 낫다고 말씀하셨는데, 채소만 먹어야 하는 삶을 불평하고 짜증 낸 저희를 용서해 주옵소서. 환경을 다스리시는 주님을 주인으로 모시고 있으면서도 늘 변하는 환경 때문에 주님을 신뢰하지 못했음을 고백합니다. 넘실거리는 폭풍우를 잔잔하게 하셨던 주님, 우리 가정의 열악한 환경을 다스려 주옵소서.

주님의 명령을 따라 남편은 아내를 자기 몸처럼 사랑하게 하시고, 아내는 남편에게 복종하게 해주옵소서. 우리가 사랑하고 복종해야 할 의무를 감당하지 못하고 서로 비난만 일삼지 않게 해주옵소서. 늘 하나님께서 짝지어주신 소중한 배필임을 잊지 않게 하시고, 서로를 인해 즐거워하게 해주옵소서. 부모를 공경하는 자녀가 되게 하시고, 자녀를 노엽게 하지 않는 부모가 되게 해주옵소서. 그래서 천국과 같은 우리 가정을 통해 하나님 자녀들의 탁월함을 보여주게 해주옵소서. 하나님 말씀을 떠나지 않는 가정이 되게 하시고, 좌로나 우로나 치우치지 않고 말씀을 무기 삼아 어떤 상황과 환경에도 온전히 순종하는 가정 되게 해주옵소서.

＊ 하나님을 의지하는 삶을 위하여

두려워 떨고 있는 여호수아에게 "내가 모세와 함께 있었던 것같이 너와 함께 있을 것임이니라"고 약속하신 주님, 이 시간 세상으로 나아갈 우리와도 동일하게 함께하심을 감사합니다. "여호와를 경외하는 자들아 너희는 여호와를 의지하여라. 그는 너희의 도움이시요 너희의 방패시로다"라고 고백한 다윗처럼 우리도 주님을 의지하고 세상으로 나아가되 당당하고 담대하게 해주옵소서.

험한 인생길, 홀로 가게 마시고 여호와를 경외함으로 하나님과 함께 가게 하시고, 하나님의 도우심을 받고 방패 되시는 주님이 경영하는 인생을 경험하게 해주옵소서. 우리가 나아가는 길에 불신 가족이 기다리고, 경쟁자들이 노려보고 있습니다. 그러나 주님이 우리 편이 되어 주심을 확신합니다. 주님을 신뢰함으로 정직하고 깨끗하게 살아가게 하시고, 모든 일을 주께 하듯 성실하게 해주옵소서. 우리 삶을 통해 주님의 영광이 가려지지 않게 하시고, 주님이 높아지고 자랑 되게 해주옵소서. 거친 삶의 현장에서 살아갈 힘이 필요합니다. 이 시간, 말씀의 사자를 통해서 준비한 주의 말씀으로 우리를 강건하게 세우시고 세상을 넉넉히 이길 힘을 주옵소서.

가정을 통해서 영광 받으시기를 원하시는 예수님의 이름으로 기도드립니다. 아멘.

상황별
- 식사기도 -

>>> Prayer_ 35

식사할 때마다 주님의 은혜 기억하고
나누는 삶을 다짐하게 하소서

＊ 감사와 찬양

광야에서조차도 이스라엘 백성의 모든 필요를 채우시고 인도하신 여호와여! 우리가 살아감이 하나님의 은혜임을 알고 감사와 찬양을 올립니다. 이 시간, 맛있는 식탁을 주신 하나님께서 날마다 우리에게 넘치는 은혜를 잊지 않게 하시고 은혜를 보답하는 마음으로 살게 해주옵소서.

＊ 하나님의 은혜를 기억하며 살게 하소서

물고기가 물을 떠나서 살 수 없고, 열차가 선로를 떠나서 달릴 수 없듯이 우리는 하나님의 은혜를 떠나서 살 수 없음을 고백합니다. 이 시간도 우리에게 일용할 양식을 풍족하게 허락하신 하나님께 감사드립니다. 없다고 불평하거나 푸념하지 않게 하시고, 많이 가졌다고 교만하지 않게 하시며, 오직 하나님만 바라보는 삶을 살게 해주옵소서. 하나님이 주신 것을 만족하게 여기며 감사하는 마음을 잃지 않게 하시고, 주께서 우리에게 주신 것을 취하시면 보잘것없는 존재임을 잊지 않게 해주옵소서. 가나안의 삶을 누릴 때 애굽의 삶을 잊지 말아야 하듯이 풍족할 때 없던 시절을 잊지 않게 하시고, 부요할 때 가난한 삶을 생각하며 하나님의 은혜를 구하는 삶을 살게 하소서.

육으로만 살 것이 아니라 영으로 살아가는 우리에게 육신의 필요만 아니라 영의 필요를 느끼게 해주옵소서. 육의 양식을 채우기에 급급한 삶이 아니라 하늘양식을 바라보게 하시고, 매일매일 하늘을 바라보고 사는 영의 사람이 되게 해주옵소서. 사람이 떡으로만 살 것이 아니요 하나님 말씀으로 살아가는 존재임을 기억하고 육의 양식을 채울 때마다 영의 양식도 사모하는 마음을 주옵소서. 이 음식을 통해 육신의 건강을 얻는 것처럼 하나님이 공급하시는 은혜로 영혼이 강건하게 하셔서 오늘도 우리에게 허락하신 시간을 아름답게 경영하게 해주옵소서.

＊ 나누는 삶을 살게 하소서

사랑하는 주께서 오늘도 아름다운 식탁을 허락하신 것처럼 우리도 아름다운 삶을 다른 사람에게 선물할 수 있게 해주옵소서. 우리가 섭취하는 음식이 우리를 위해 아낌없이 희생하듯이 우리 역시 부끄럽지 않은 삶을 살게 하시고, 하나님을 위해 헌신하고 사람들에게 희생하는 삶을 살게 해주옵소서. 음식을 먹을 때 투정하지 않게 하시고 이런 식탁도 대하지 못하는 가난하고 헐벗은 사람을 생각하게 해주옵소서. 주님! 우리가 취하는 식탁에서 나오는 음식 쓰레기를 바라보면서 지금도 지구촌 어느 곳에서 굶주린 배를 움켜잡고 죽어가는 사람을 생각하게 해주옵소서.

고깃덩어리가 차려진 기름진 식탁보다 비록 초라하지만 사랑으로 넘치는 식탁을 맞이하게 하시고, 식탁의 풍요로움보다 마음과 영혼의 풍요로움을 먼저 누리게 해주옵소서. 행복이 밥상의 무게에 있는 것이 아니라 사랑의 무게에 있음을 알고 우리에게 주신 하루를 사랑으로 가득 채우는 지혜를 주옵소서. 기름지고 아름다운 식탁을 대하는 것처럼 사랑의 마음과 트인 대화를 관계의 반찬으로 삼게 해주옵소서. 우리가 먹고 누리는 것에서 가난한 자들의 필요를 보게 하시고, 선교의 절박성을 깨닫는 넉넉한 마음을 주옵소서.

날마다 일용할 양식을 공급하시는 예수 그리스도의 이름으로 기도드립니다. 아멘.

>>> Prayer_ 36

우리 가정이 든든한
선교의 후원자가 되게 하소서

✽ 찬양과 감사

우리가 살아야 할 이유를 말씀하시고, 달려갈 길을 마지막까지 달려 갈 수 있는 힘을 주시는 하나님을 찬양합니다. 우리 가정에서 선교사가 나오는 영광을 주시고, 그 일을 위해 온 가족이 함께 쓰임받게 하시니 감사합니다. 복음이 온 열방에 선포되어 하나님의 영광이 드러나고 예배하는 자가 주께로 돌아오는 것처럼 우리 영혼도 하나님의 사랑과 영광으로 가득 차는 은총을 허락해 주옵소서.

✽ 든든한 후원자의 길을 걷게 하소서

우리의 방패와 산성이 되시는 전능하신 여호와여, 당신의 종이 걸어가는 선교의 모든 여정을 맡기오니 실족하지 않게 하시고 그의 생명을 생명싸개로 친히 보호해 주옵소서. 선교를 후원하는 온 가족이 영적으로 강하게 무장하게 하시고, 그들이 때를 따라 돕는 은혜의 보좌 앞으로 나아가 기도할 때 응답하시는 하나님을 경험할 수 있게 해주옵소서. 날마다 하나님이 채우시는 은혜로 선교를 후원하게 하시고, 그들의 사업장과 직장에 넘치는 복을 주셔서 하나님의 선교 사역을 후원하고도 남음이 있게 해주옵소서.

하나님이 주신 은혜와 사랑을 보답하는 양으로 빚진 자의 심정으로 드리는 선교비가 사용될 때 헛되이 사용되지 않고 생명을 살리는 데 유용하게 해주옵소서. 선교비가 전달될 때 선교 현지에서는 죽어가는 영혼이 살아나게 하시고, 민족이 주께로 돌아오는 역사 있게 해주옵소서. 바울에게 바나바와 같은 신실한 동역자를 붙여주셨고, 브리스길라와 아굴라 같은 부부를 세워주셨던 것처럼 이 가정이 선교사역의 아름다운 동역자가 되게 해주옵소서. 선교사가 지칠 때 좋은 멘토와 격려자가 되어 선교사에게 힘을 불어넣을 수 있게 해주옵소서.

* 선교사를 축복하소서

우리를 복음의 증인으로 삼기 위해 하늘과 땅의 권세를 가지신 주님이 성령의 권능을 주심을 감사합니다. 졸지고 않고 주무시지도 않으시는 주님, 선교 현지에서 복음을 위해 목숨을 걸고 사역하는 선교사의 생명을 친히 지키시고 보호해 주옵소서. 악한 사람들을 만나지 않게 하시고, 위험한 순간이 닥쳐올 때 주께서 친히 도움이 되시고, 방패가 되어 주시며, 피난처와 안식처가 되어 주옵소서. 선교사로 하여금 날마다 주님과 동행하는 기쁨을 누리게 하시고 하나님이 공급하시는 힘으로 사역하게 해주옵소서. 사람이 주도하는 선교사역이 아니라 하나님이 주도하시는 선교사역이 되게 해주시고, 사역마다 성령의 능력이 나타나 생명을 얻는 역사가 있게 해주옵소서.

선교사의 가정을 지켜주시고, 평화가 깨어지지 않게 하시며, 사탄의 유혹으로 갈등하지 않게 해주옵소서. 온 가족의 건강을 지켜주시고 경제적으로 어려움 당하지 않도록 채우시는 하나님의 은혜가 넘치게 해주옵소서. 선교사의 자녀를 축복하시고, 자라나고 공부하는 데 어려운 일이 없게 해주시고, 학업을 수행함에 있어 하늘로부터 말미암은 지혜가 있게 해주옵소서. 좋은 학교, 좋은 선생과 친구들을 만나게 해주셔서 그들의 앞날이 하나님의 도움으로 형통하게 해주옵소서. 좋은 이웃을 만나게 하시고, 이웃으로부터 해를 당하는 일이 없도록 하나님께서 친히 천군천사로 보호해 주옵소서.

우리를 증인 삼으시고 선교를 이루실 예수 그리스도의 이름으로 기도드립니다. 아멘.

하관예배를 통해
인간의 실체를 보게 하소서

✳ 찬양과 감사

하관 예배를 드리는 이 순간에도 하나님께 소망을 둘 수 있고, 애곡하는 통곡이 아닌 찬송과 감사하는 마음으로 예배드릴 수 있게 하신 하나님을 찬양합니다. 그동안 기쁨과 슬픔을 함께 나누던 고인의 육신을 이곳에 안치하면서 경건한 마음으로 예배하오니 하늘에 계신 아버지께서 우리 예배를 받으시고 이 시간 무덤 앞에서 슬픔에 잠긴 유족을 위로해 주옵소서.

✳ 변화를 사모하게 해주옵소서

겨울이 지나면 봄이 오고, 여름이 지나면 가을이 오듯이 인간에게도 태어난 때가 있으면 죽을 때가 있고, 만난 날이 있으면 헤어지는 날이 다가오는 법인데, 이 시간 우리가 나누는 이 땅에서의 작별의 장소에 하나님의 은총의 빛줄기를 비춰주옵소서. 우리 삶에 변화를 주도하시는 주님, 이미 우리 삶에 크나큰 변화를 경험할 수 있게 하시니 감사합니다. 예수님을 믿음으로 천국을 영원한 기업으로 물려받게 하심을 감사합니다. 이 땅에서 누리는 영광과 비교할 수 없는 영광스러운 세계가 우리를 위해 예비되어 있사오니 마지막 하관예배를 드리는 이 시간, 허무한 나그네 삶의 한 모퉁이에서도 천국의 영광스러움을 보게 해주옵소서. 이제 고인의 육신을 자그마한 무덤에 안치합니다. 얼마 있지 않으면 썩어져서 흙으로 돌아갈 텐데, 그래도 우리가 소망을 갖는 것은 주님의 약속을 믿기 때문입니다. "우리의 낮은 몸을 자기 영광의 몸의 형체와 같이 변하게 하시리라"는 약속이 반드시 성취될 것을 믿고 찬양합니다. 잠시 후면 썩어져 한 줌의 흙으로 돌아갈 육신인데 영광스럽고 신령한 부활의 몸으로 변하게 하실 하나님께 감사합니다. 여기에 모여 예배하는 우리 모두에게 부활에 대한 확신을 주옵소서. 지금 무덤에 묻고 있는 육신이 썩어질 것만 바라보지 않게 하시고 부활의 몸을 입고 다시 일어날 것을 바라보게 해주옵소서.

* 한 줌의 흙으로 돌아가는 인간의 실체를 보게 하소서

가족을 위해 밤낮을 가리지 않고 열심히 살아왔던 고인의 발자취를 생각하니 감사할 뿐입니다. 그 사랑의 빚을 다 갚지 못하고 서로 작별하는 아쉬움을 갖는 이 시간, 인간의 실존을 바로 바라보게 해주옵소서. 그렇게 분주하고 고달프게 살아왔던 인생의 종국이 바로 두어 평밖에 되지 않는 땅입니다. 아쉬움 때문에 금은보화를 넣어주는 이도 없고, 함께 따라가겠다고 죽음으로 뛰어드는 이도 없습니다. 홀로 왔다가 홀로 돌아가야 하는 길이요, 빈손으로 왔다가 빈손으로 돌아가야만 하는 길입니다. 그런데 평생 이것을 움켜잡기 위해 아귀다툼을 벌이는 인생이 아닙니까? 자비의 주님, 우리에게 깨닫는 영을 허락해 주옵소서.

가지고 갈 수 없는 것을 잡기 위해 동분서주하는 삶에서 주님이 주신 사명을 부여잡고 사는 인생이 되게 해주옵소서. 가지고 갈 수 없는 것을 위해 우리의 삶을 허비하지 않게 하시고, 더 중요하고 가치 있는 일을 위해 시간을 사용하고 에너지를 쏟을 수 있게 해주옵소서. 두고 가야 하는 것 때문에 지나치게 속 끓이지 않게 하시고, 이것을 좀 더 차지하기 위해 다른 사람을 해하고 싸우는 어리석은 인생을 살지 않게 하시고, 우리가 가진 것을 다른 사람에게 나누어주고 베풀다가 주님 앞에 가서 잘했다고 칭찬받는 인생을 살게 해주옵소서.

신령한 몸을 입고 부활하신 예수님의 이름으로 기도드립니다. 아멘.

>>> Prayer_38

장례를 통해 자랑하는 것이 바뀌고 정결한 신부로 단장하게 하소서

❋ 찬양과 감사

처음 하늘과 처음 땅이 사라질 때 새 하늘과 새 땅을 선물로 주실 하나님을 찬양합니다. 생명수 샘물로 목마른 자의 갈증을 해결해주시는 하나님이시여, 우리 예배 가운데 임재하셔서 하늘 소망으로 채우시고 부활의 영광을 바라보게 해주옵소서. 장례 가운데 지친 육신과 상한 마음을 회복시키시고, 영원한 길이요 진리요 생명 되신 주님을 만나는 시간이 되게 해주옵소서.

❋ 자랑하는 것이 바뀌게 하소서

우리를 거듭나게 하사 산 소망을 주신 주님, 우리에게 썩지 않고 더럽지 않고 쇠하지 아니하는 유업을 잇게 하시니 감사합니다. 우리 소망이 한 줌의 재로 나올 육신에 있지 않고 주님의 은총에 있으며, 가지고 가지도 못할 세상 것보다 하늘에 간직한 소망을 바라보게 해주시고, 그

동안 우리가 자랑했던 것이 한낱 허상에 불과함을 깨닫고 진정한 자랑 거리를 찾을 수 있게 해주옵소서. 세상 사람이 어리석다고 말하는 십자 가가 우리의 자랑이 되게 하시고, 세상 사람이 강한 것을 자랑하는 것 과는 달리 약한 것을 자랑하게 하시며, 우리에게 영원한 생명과 천국을 선물로 주시는 주님을 자랑하게 해주옵소서.

우리가 자랑하기 위해 취해왔던 돈으로 선한 일을 행하게 하시고, 출 세를 위해 취해왔던 지식을 사회를 위해 사용하게 하시며, 성공을 위해 움켜잡았던 권력과 힘을 약한 자를 돕고 사회를 공정하게 만드는 도구 로 사용하게 해주옵소서. 세상의 빛과 소금이 되어 아름다운 향기를 내 는 삶을 자랑하게 하시고, 나와 관계를 맺은 사람들에게 예수 그리스도 의 생명을 나누는 의미 있는 삶을 살게 해주옵소서. 자신을 위해 집중 하고 자기 필요에 집중된 우리 삶이 이제 한 차원 높은 삶으로 승화되 게 해주시고, 비록 땅을 딛고 살지만 하늘을 거니는 고상한 삶을 살게 해주옵소서.

＊ 정결한 신부로 살게 하소서

땅에 있는 장막이 무너지면 하늘에 있는 영원한 집으로 입히실 하나 님을 찬양합니다. 절망과 슬픔에 젖을 이 시간이지만 땅에 있는 육신의 장막 때문에 탄식하며 오히려 하늘로부터 오는 신령한 몸을 사모하게 하심을 감사합니다. 슬픔 가운데 있는 유족들이 하늘로부터 내려오는 하나님의 장막을 바라보게 하시고, 하나님이 우리와 함께하셔서 눈물 을 닦아주시고, 사망이나 애통하는 것이나 곡하는 것이나 아픈 것이 다 시 있지 않은 그날을 사모하게 해주옵소서.

이 시간, 사랑하는 유족들이 이 세상이 끝이 아니라 새로운 시작임을 알게 하시고, 죽음은 소멸이 아니라 단지 천국으로 이사하는 것임을 믿게 해주옵소서. 예기치 않은 언젠가 신랑 되신 주님께서 이 세상으로 오실 때 우리가 정결한 신부로 잘 단장하여 기쁨으로 신랑을 맞이할 준비를 하게 하옵소서. 세상의 유혹에 자신을 더럽히지 않고, 믿음으로 세상을 이기게 하시고, 사탄이 아니라 어린 양이 이끄는 대로 살아가는 하루하루가 되게 해주옵소서. 지금 나에게 주어진 시간만이 나의 시간임을 알게 하셔서 하나님 앞에 부끄러움 없이 최선을 다해 살게 하시고, 마지막 주님의 심판대 앞에 설 때 잘했다고 칭찬받는 충성된 일꾼이 되게 해주옵소서.

머지않아 다시 오실 예수 그리스도의 이름으로 기도드립니다. 아멘.

상황별
- 추도예배 -

>>> Prayer_ 39
추도예배를 통해 인생을 새롭게 준비하게 하고
천국소망으로 채우소서

✳ 찬양과 감사

우리가 거할 처소를 예비하시기 위해 가실뿐만 아니라 그 후에 언젠가 반드시 심판주로 영광스러운 모습으로 다시 오실 주님을 찬양합니다. 언젠가 떠날 인생, 헛되고 헛된 것을 영원한 것으로 착각하고 살았던 저희를 용서하시고, 고인을 천국에서 안식하게 하신 주님께서 이 시간 추모예배를 드리는 우리 모두에게 하늘 소망으로 가득 채우시고, 나그네 삶을 사는 동안 고인이 가신 천국을 사모하며 살게 해주옵소서.

✳ 인생을 준비하게 하소서

모든 육체는 풀이요 그의 모든 아름다움은 들의 꽃과 같다고 하신 주님, 이 시간 고인의 추모예배를 드리는 우리에게 인생의 실체를 바로 깨닫게 하시고, 인생의 연약함을 인정하게 하시며, 우리가 얻으려는 영광과 아름다움이 한순간에 사라질 수 있는 것임을 알고 겸손하게 하나님을 인정하는 삶을 살게 해주옵소서. 울 때가 있으면 웃을 때가 있고, 슬퍼할 때가 있으면 춤출 때가 있듯이 날 때가 있으면 죽을 때가 있음을 압니다. 죄의 삯은 사망이요, 한 번 죽는 것은 사람이 피할 수 없는 일이며, 그 마지막에는 하나님의 공의로운 심판이 있는데, 우리가 살아가는 모든 순간에 그날을 준비하며 살게 해주옵소서. 우리 삶이 이 땅에서 끝나는 것이 아니라 하늘나라로 연결됨을 알게 하시고, 이 땅에서의 삶이 다가 아니라 하나님 나라를 위한 준비과정임을 늘 기억하게 해주옵소서. 날마다 주님을 향한 믿음으로 살게 하시고, 그 믿음을 우리 삶의 모든 영역에서 실천하게 하시고, 모든 관계 속에서 믿음을 확증하며 살게 해주옵소서. 준비 없는 인생이 후회를 남기는 법이오니 마지막 날을 위해 믿음으로 준비하게 하시고, 그날 고인을 만날 수 있는 은총을 허락해 주옵소서.

* 천국 소망을 갖고 살게 하소서

영광의 주님! 우리에게 천국에 대한 소망을 주시고 부르심의 소망을 위해 달려가게 하시니 감사합니다. 짧은 인생을 살아가는 동안 썩어질 이 땅의 기업을 위해서만 달려갈 것이 아니라 하나님의 나라를 위해 질주할 수 있게 하시고, 날마다 주님과의 풍성한 관계를 유지하게 해주옵소서. 주님! 우리 모두 예배의 즐거움을 누리게 하시고 하나님의 사랑 안에 머무는 즐거움을 위해 애쓰게 해주옵소서. 고인을 천국으로 인도하신 주님, 썩지 않는 천국 기업에 대한 소망을 갖고 어떤 상황에도 낙심하지 않고 인내하며 믿음을 지킬 수 있게 하소서. 어떤 일을 만나든지 부활하신 주님이 고인을 다시 살릴 뿐만 아니라 우리를 다시 살리신다는 부활신앙을 갖고 살게 해주시고, 무슨 일을 만나든지 천국 소망을 저버리지 않고 믿음으로 자신과 세상과 마귀를 이기는 삶을 살게 해주옵소서.

죽음을 이기신 주님을 믿음으로 이 땅에 사는 동안 죄를 이기게 하시고, 매일의 삶 속에서 죄의 노예에서 벗어나 새 사람의 삶을 살게 해주옵소서. 날마다 주님이 기뻐하시는 일을 바라보게 하시고, 먹든지 마시든지 무엇을 하든지 하나님의 영광을 위해 하게 해주옵소서. 천국 소망이 없는 자처럼 죽음에 얽매인 삶이 아니라 죽음을 이기신 주님을 믿음으로 죽음을 초월해서 살게 하시고, 죽음을 두려워하지 않고 살았던 바울처럼 주의 일에 힘쓰는 삶을 살게 해주옵소서. 우리의 사명을 저버리지 않게 하시고, 주님의 나라에 이르기까지 사명에 목숨 걸고 살아가는 삶을 살게 해주옵소서.

소망이 없는 우리에게 천국 소망을 주신 예수님의 이름으로 기도드립니다. 아멘.